图书在版编目（CIP）数据

中国企业经营管理案例/张梦霞主编，佘镜怀副主编. —北京：经济管理出版社，2010.2

ISBN 978-7-5096-0886-9

Ⅰ. ①中… Ⅱ. ①张…②佘… Ⅲ. ①企业管理—案例—分析—中国 Ⅳ. ①F279.23

中国版本图书馆 CIP 数据核字（2010）第 010533 号

出版发行：经济管理出版社
北京市海淀区北蜂窝 8 号中雅大厦 11 层
电话：(010)51915602　　邮编：100038

印刷：世界知识印刷厂　　经销：新华书店

组稿编辑：勇　生　　责任编辑：勇　生　谭婷婷
技术编辑：杨国强　　责任校对：超　凡

720mm×1000mm/16　　22 印张　　407 千字
2010 年 3 月第 1 版　　2010 年 3 月第 1 次印刷

定价：58.00 元

书号：ISBN 978-7-5096-0886-9

首都经济贸易大学工商管理案例库

中国企业经营管理案例

THE MANAGEMENT CASES OF CHINESE ENTERPRISES

主　编 张梦霞　副主编 佘镜怀

第二辑

经济管理出版社
ECONOMY & MANAGEMENT PUBLISHING HOUSE

首都经济贸易大学工商管理案例库

总 序

大力推进案例教学 切实提高教育质量

戚聿东

首都经济贸易大学工商管理学院院长

管理是生产力中的软件，只有通过管理才能将劳动者、劳动资料和劳动对象这三个要素有机地结合起来，形成现实的生产力。所以，国际上对管理教育特别是工商管理教育非常重视，形成了比较成熟的教育体系，案例教学就是其中的最重要体现。在发达国家的高等教育中，案例教学已经有了百余年的历史。工商管理学如同医学、法学等学科一样，无论在教学、研究还是服务社会上，都离不开案例这种有效形式。研究案例是人们理论联系实际、认识客观世界、提炼客观规律的重要途径。通过案例教学，各层次学生不仅可以进一步消化所学书本上的理论知识，掌握基本的实践技能、方法和手段，而且还可以发现问题、提出问题、解决问题，进而达到培养创新意识和创新能力的目标。

20 世纪 80 年代初期，邓小平同志在访问美国时主动与美国总统卡特达成协议，签署了培训中国企业管理人才、引进美国哈佛大学案例教学法的中美合作议定书，确定的项目名称为“中国工业科技管理大连培训中心”。这个中心的目标是通过美国教授讲授美国现代化管理知识以及案例分析，使受训者能够较完整地学到美国工业企业现代化管理的基本理论和方法。从此，我国高校开始探索式地进行案例研究和教学工作。经过 20 多年的发展，案例教学已经有了一定程度的普及，人们越来越多地认识到了案例教学的价值和重要性。然而，我国开展工商管理教育的时间毕竟较短，案例教学仍处于起步阶段，案例教学的数量和质量与国外仍有较大的距离。北京大学光华管理学院 2000 年成立北京大学管理案例研究中心，承担“北大案例库”的建设工作。清华大学从 2001 年起，由清华大学和国家教育部共同出资 1000 万元，建设“中国工商管理案例库”。目前，在本科专业中，我国开设工商管理专业的高校已经有368家，市场营销专业380家，会计学专业410家，人力资源管理专业196家，旅游管理专业280家，电子商务专业212家，物流管理专业122家。在研究生专业中，我国开设工商管理类相关专业的高校共有287家，有企业管理专业硕士学位授予权的高校254家，有工商管理硕士（MBA）培养资格的高校共182家。由此可见，工商管理学已经成了名副其实的“显学”，在人才培养、科学研究和服务社会中发挥着越来越突出的作用。但也应该看到，绝大部分高校的工商管理案例教学都较为薄弱，因此，大力强化案例教学是摆在我国高校工商管理教育面前的迫切任务。

首都经济贸易大学是北京市属重点大学，作为地方高水平大学，担负着为首都培养高级经济管理人才的使命。首都经济贸易大学1964年就设立了企业管理专业，经过44年的发展和几代人的努力，首都经济贸易大学工商管理学院现已拥有博士、硕士、MBA、学士等完整的办学体系和学位授予权，设企业管理系、市场营销系、物流管理系、电子商务系、旅游管理系等5个系，专职教师64人，62%具有博士学位。另外聘请了张瑞敏、段永基、陈峰、杜昌焘、陈惠湘等30余位著名企业家担任本院兼职教授，形成了一支既有较高教研水平又有较多实践经验的实力雄厚的师资队伍，绝大部分教师在政府、学会、企业兼任着重要职务。我院还是中国工业经济学会、中国企业管理研究会等众多全国学术团体的副会长单位，首都企业改革与发展研究会、北京行为科学学会等北京市级学会挂靠我院。

2005年3月，我担任首都经济贸易大学工商管理学院院长，针对我院的历史传统和特色优势，提出了“格物致知，明体达用”的院训和“以三好教师育四好人才”的学院使命。所谓“三好”，是指教学好、科研好和实践好。“四好”是指德、智、体、美四好。工商管理学科作为历史性和实践性特别强的学科，对师资的要求不能不考虑实践背景。而目前世界范围内工商管理教育的一大弊病就是相当多的专业教师缺乏实践背景，教学内容脱离实践，科学研究“闭门造车”，在这种背景下，强调“三好”教师导向意义重大。我院一向重视理论联系实际，重视案例教学。从20世纪80年代开始，我院就受中共中央组织部和国家经委委托，与清华大学、复旦大学、上海财经大学一道，共同承担国有大中型企业厂长（经理）现代化管理培训试点任务。当时，我院教师的授课水平尤其是擅长理论与实践结合方面给广大学员留下了深刻印象。20世纪90年代以来，我们为社会各界包括政府部门进行了大量管理培训，获得了广泛的认同。目前所有的专任教师都具有一定的企业实践背景，有些从事过企业的管理工作，有些在企业中兼任独立董事、高级顾问，绝大部分教师都为企业从事过项目咨询、研究工作。对提高教师实践经验而言，案例研究开发和承接横向课题是最为现实的两种途径。

工商管理学科专业是实践性最强的学科专业之一，大力加强案例教学符合工商管理学院的使命追求和院训精神，通过加强案例教学和实践教学切实提高教学水平也会增加学院的生命力。只有这样，我们才能真正办出人民满意的高等教育院校，也才能打造出工商管理学院的教学特色和教育优势。我院对各个培养层次的工商管理案例教学都比较重视，专门成立了首都经济贸易大学工商管理案例研究与开发中心，致力于工商管理案例开发、研究、推广等工作。近些年来，我们先后与中国企业联合会、北京市企业联合会等多家单位合作，联合开发并获得国家级和北京市级企业管理现代化成果的有关案例。同时，我们也鼓励广大教师自己把项目咨询成果改造成教学案例。通过多管齐下，促进了案例教学工作的深入和普及。通过多年的积累，我院组织开发的原创型案例数量已经有了一定的基础，准备分卷结集出版，以与全国同行共享。2008 年 6 月，我们出版了《首都经济贸易大学工商管理案例库》第一辑，社会各界反响较好。经过一年多的准备，完全由本院教师开发的 15 个原创性案例已经完全到位，作为《首都经济贸易大学工商管理案例库》第二辑即将由经济管理出版社出版。在此，我们诚挚地欢迎全国同行专家学者、广大学生和读者提出批评和指导意见。

2009 年 12 月 1 日

前言

学院引入案例教学不仅是一种趋势，也是工商管理学学科教学特点使然。广为世界众多商学院采纳的美国哈佛商学院案例在工商管理学科案例教学中发挥了重要作用，它不仅将系统的案例教学方法引入商学院教学中，也引领着商学院教学得以朝着管理理论与管理实践有机结合的正确方向发展。

毋庸置疑，案例教学的特点决定了开发本土企业管理案例的重要性。自2007年以来，首都经济贸易大学工商管理学院开始开发本土企业原创案例库，案例开发的原则是突出企业管理理论与企业管理实践的紧密结合。第一辑于2008年出版发行，其中收集了12个原创案例。该辑案例的出版受到管理学界的普遍关注和采用。本辑案例是《首都经济贸易大学工商管理案例库》第二辑，共收集了15个案例，全部案例由首都经济贸易大学工商管理学院的教师或者由教师和教师指导的研究生们共同开发，且均为本土企业管理案例。

本辑的15个案例横跨十多个行业，涉及代表传统产业形态的制造业、房地产开发业等，代表现代产业形态的高科技产业、通信服务业、文化创意产业等；既有反映实体经济的传统经营模式，又有反映虚拟经济的电子网络经营模式；既有对纯本土企业的探索，又有对中外合作企业的研究。总而言之，本辑案例反映着中国企业管理实践与发展的与时俱进特征和发展态势。

具体地讲，本辑案例共分为三个篇章：企业管理篇、电子商务与管理信息化篇和旅游管理篇。

企业管理篇包括8个案例：“日方企业为中方企业贴牌生产”的北人集团公司与日本东京出版机械株式会社（TSK）的战略联盟案例；科技型企业HK公司不平凡的创业历程案例；基于汽车产业振兴规划的汽保企业发展模式及DCH集团公司的实践案例；大型国有独资企业云投集团在金融危机爆发后，努力应对全球金融危机冲击影响，在国内外复杂的经济形势下，为实现跨越式发展提出的二次创业战略规划案例；基于多种服务产品之内外部整合服务营销管理的天津移动公司“10086”案例；北京世纪宅公司的企业文化和产业链条整合案例；反映组织变革，克服电厂发展“瓶颈”案例；反映“北京奥运村空间规划及物资管理信息系统”的大型项目实施过程中的沟通问题和解决方案案例。

电子商务与管理信息化篇包括 4 个案例：老字号企业“内联升”如何通过从部门信息化到企业整体电子商务的案例；东方家园如何将电子商务战略与企业战略相结合，进而选择有效的电子商务模式案例；反映金算盘软件股份有限公司华丽转身的 SaaS 时代的全程电子商务案例；北京 XD 医院门诊就医流程优化与信息化案例。

旅游管理篇包括 3 个案例：通州皇木厂村通过旅游开发打造“运河古村、创意新园”的案例；密云县 101 农耕休闲产业带的旅游策划案例；“携程”的服务业制造化案例。

本辑案例面向的读者主要是工商管理研究生和高年级本科生。此外，也可供相关教学研究人员参考。本辑案例的编写目标有三个：①帮助学员丰富相关专业知识；②帮助学员了解企业，特别是本土企业的管理实践运作模式，加深对理论知识的理解；③提高学员分析问题和解决问题的能力。

本辑案例延续第一辑的写作体例，即参照了国家自然科学基金委管理学部、中山大学、香港浸会大学联合举办的案例教学研讨会正文规定的格式。内容包括两大部分：第一部分是案例正文，包括背景、决策和实施、效果和问题；第二部分是案例使用说明，包括案例类型与教学目的、启发思考题、案例分析路线、理论要点、参考资料等，可供教师和学生参考。由于经验不足，案例编写有不完善之处，敬请读者批评指正。

本辑案例是《首都经济贸易大学工商管理案例库》第二辑，首都经济贸易大学工商管理学院将继续开发和出版新的管理案例集，敬请各界关注和支持。

最后，特别鸣谢为本辑案例开发给予大力支持和帮助的案例背景企业或单位，并向他们致以崇高的敬意！

张梦霞

首都经济贸易大学工商管理学院副院长

2009 年 12 月 6 日于北京

目录

企业管理篇

进入21世纪，在经济全球化的背景下，企业间竞争已经转换为产业链间的竞争。整合优化产业链成为国内外印刷机械制造产业发展的趋势。以胶印机为主业的北人集团公司在向印后技术拓展的战略进程中，对发展途径进行了多个层次的选择：自主研发还是引进技术？引进技术又采用何种方式？合资还是合作？合作又采用什么样的合作方式？在不断的探索与实践中，北人集团最终选择了与外国企业战略联盟的形式谋求发展。2001年11月，正值中国加入WTO之际，北人集团宣布，北人集团公司与日本东京出版机械株式会社（TSK）在中国的独资企业福州黄晶印刷机械公司采用OEM方式合作，即日方设计的机器贴上"北人"牌商标上市销售。这一日本企业为中国企业贴牌的案例，曾被日本媒体称为"绝无仅有"。时至今日，北人集团公司与日本TSK公司的这一合作仍在继续。本案例具体阐述北人集团与日本TSK公司合作的背景、战略决策与战略实施的过程，以及这一项目实施的后续效果与对今后发展方向的思考。

还面临着许多复杂的问题，公司形成了从销售到设计，从生产到施工，从设备安装到售后服务的完整产业链，为产品的销售创造了集成住宅“4S店”销售模式，为公司的发展创造了基础条件。

案例7　组织变革，克服电厂发展“瓶颈” …………… 115

C公司是一家新建的大型火力发电企业，公司在建设的初期，由于种种原因，导致企业发生了一起重大的环境污染事故和采购质量事故，严重影响了公司建设工程的进度，总经理也被调换。在新任总经理的领导下，公司通过与外部管理咨询机构的合作，对公司在组织、人力资源以及内部管理等方面的问题进行了深入研究和改革，出台了一系列的改革措施。最终帮助公司走出困境，走上了正常发展的轨道。

案例8　项目沟通管理助力“科技奥运” …………… 141

项目沟通管理是对项目信息进行提取、收集、传播和处置的过程，对取得项目成功具有重要作用。本案例以“北京奥运村空间规划及物资管理信息系统”的项目沟通管理为主题，介绍该项目在具体实施中如何有效处理项目信息，协调委托方、承建方、监理方和测试方之间的工作，最终顺利通过项目验收、实施的全过程。本案例通过对相关资料的整理，进一步分析目前我国大型项目实施过程中典型的沟通问题和解决方案。

电子商务与管理信息化篇

旅游管理篇

旅游开发是提升旅游目的地吸引力、改善旅游目的地形象的系统工程。北京市通州区皇木厂村从自身旅游资源条件出发，结合目标客户的需求，对其旅游开发工作进行了整体策划和安排，力争将该村打造为“运河古村、创意新园”。本案例的研究有助于加深对旅游开发工作的全面理解，通过了解皇木厂村旅游开发的定位、旅游产品体系设计、重点项目建设和市场开拓，熟悉旅游开发工作的主要内容和应遵循的基本原则。

“101 农耕休闲产业带”是密云县委、县政府进一步贯彻首都生态涵养发展区战略，体现生态、环保、科普、崇尚自然的理念，并以“推动沿线休闲农业快速发展”为目的，沿潮河和 101 国道打造北京及周边地区农业旅游发展示范区，使之成为北京地区唯一一条以庄园文化、葡萄酒文化、有机种植和特色农产品加工为链条的精品休闲产业带，打造北京—密云—承德线路重要的休闲旅游及观光旅游产品。通过对本案例的研究可以对旅游产品开发的设计程序和内容策划有充分的认识；对农耕休闲旅游和农业观光旅游的特点与内容有明确的认知；对旅游产品的创新设计与开发有充分的理解。

企业管理篇

案例 1

北人集团公司与日本东京出版机械株式会社（TSK）的战略联盟

邹昭晞[1]　刘英骥[2]　杨　健[3]　李广博[4]

摘要：进入 21 世纪，在经济全球化的背景下，企业间竞争已经转换为产业链间的竞争。整合优化产业链成为国内外印刷机械制造产业发展的趋势。以胶印机为主业的北人集团公司在向印后技术拓展的战略进程中，对发展途径进行了多个层次的选择：自主研发还是引进技术？引进技术又采用何种方式？合资还是合作？合作又采用什么样的合作方式？在不断的探索与实践中，北人集团最终选择了与外国企业战略联盟的形式谋求发展。2001 年 11 月，正值中国加入 WTO 之际，北人集团宣布，北人集团公司与日本东京出版机械株式会社（TSK）在中国的独资企业福州黄晶印刷机械公司采用 OEM 方式合作，即日方设计的机器贴上“北人”牌商标上市销售。这一日本企业为中国企业贴牌的案例，曾被日本媒体称为“绝无仅有”。时至今日，北人集团公司与日本 TSK 公司的这一合作仍在继续。本案例具体阐述北人集团与日本 TSK 公司合作的背景、战略决策与战略实施的过程，以及这一项目实施的后续效果与对今后发展方向的思考。

关键词：战略联盟　OEM　ODM

① 邹昭晞：首都经济贸易大学工商管理学院教授、博士生导师。
② 刘英骥：首都经济贸易大学工商管理学院教授、博士生导师。
③ 杨　健：首都经济贸易大学在读硕士研究生。
④ 李广博：首都经济贸易大学在读硕士研究生。

一、北人集团公司概况

北人集团公司（以下简称北人集团）是中国著名的印刷机械制造企业，于1952年建厂，是国家重点扶植的520家企业之一。也是首批在中国香港上市的九家企业之一。它主要生产平张纸胶印机、卷筒纸胶印机和印后包装设备。主要产品对开单双色胶印机在同类产品中国内市场占有率达60%，在国内同行业竞争中以品种、质量、市场、规模、效益五大优势成为行业的“龙头企业”。北人集团拥有在北京、深圳、上海、江苏、无锡、青海、陕西等地的20多家子公司及分公司，在罗马尼亚还建立了合资企业。其中北人印刷机械股份有限公司于1993年及1994年分别在香港和上海发行股票，成为H股和A股的上市公司，2002年，北人集团对其控股达62.50%。北人集团拥有国家级的技术中心，有几百名科研开发人员，有完善有效的营销服务体系，在国内共有65个销售分公司，53个服务中心，近百家备品备件的销售网点，并在一些国家设立了销售代理。北人集团加工制造设备精良，其中加工中心、数控设备拥有率居国内同行业首位。主要产品有几十个系列，上百个品种规格的各类印刷机械，在品种、水平、规模、市场占有率等方面在行业中居优势地位。2002年北人集团的销售收入和利润居全国印刷机械制造业第一名。十几年来，北人集团公司各项主要经济指标持续增长，一直保持良好的发展势头。

二、印刷机械制造业的特点

在世界发达国家中，印刷工业产值占国民生产总值的1.3%左右，占制造业产值的5%左右，印刷工业在一个国家的政治经济生活中占有重要的地位。可以说，凡是有人类的地方，就缺少不了印刷。随着全球经济的发展，科学技术的不断应用，印刷业越来越多地介入社会的各个领域，发挥其重要的作用。

尽管互联网等新媒体迅速发展，对印刷业的影响在不断加大，但印刷业的发展仍然保持着旺盛的生命力。这主要是因为印刷制品具有它独特的美观、直接及方便阅读等特性，这些特性是新媒体所不具备的。同时，电子计算机、互联网络等技术在印刷业中的应用，也使印刷业产生了新的革命。跨媒体的出版技术正在迅速地发展，以前相对独立的印前、印刷和印后技术正在逐渐融合。

网络时代，纸质媒体的命运一直是IT业与出版印刷界争论不休的话题，但现实的发展可以确定，纸质媒体前景光明，印刷工业未来乐观。“即使在被称为IT革命的今天，纸张仍然是最优越的媒体之一，基于纸张的印刷作用在将来也绝不会继续缩小。”① “至少在未来10年内，印刷品仍然会在通信产品中起非常重要的作用。”② 传统出版业将与网络出版业互相促进，共同繁荣。

印刷机械制造业主要是为书刊印刷、新闻出版、包装装潢、商业印刷、办公印刷、金融票证等专业部门提供装备。印刷机械产品主要有五大印刷方式：平版印刷、凹版印刷、柔版印刷、凸版印刷、丝版印刷，还有特种印刷等。

印刷机械制造业上下游产业链包括：印前设备——排版、照相制版、打样等设备；印后设备——折页装订、模切、包装等设备。

进入21世纪，高新技术的应用为印刷机械制造行业展现了光辉的前景，计算机直接打样，计算机直接制版和数字印刷机的出现，带动了整个行业的发展。

三、合作项目之前北人集团公司所面临的内外部环境状况

（一）印刷机械制造业行业发展状况

1. 中国印刷机械制造业市场需求逐年增高，与国际先进国家相比，可发展空间很大

印刷工业与人民的生活水平紧密相关，据专家预计，印刷机械制造业在2010年以前将继续保持增长的势头。其主要原因是广告业、包装业、金融业、新闻出版业的发展，同时也带动了印刷机械制造业的不断发展。

印刷机械制造业的增长空间很大，由于我国年人均用纸量仅仅是世界平均水平的一半，发达国家的15%，美国的8%，随着生活水平的提高，纸占有量

① 大西实（Minoru Ohnishi），日本富士胶片株式会社社长兼首席执行官，《中国印刷年鉴2002》，中国印刷年鉴社，2002年。

② 哲德·贝翁纳（Gerd Finkberner），德国曼·罗兰公司执行董事会主席，《中国印刷年鉴2002》，中国印刷年鉴社，2002年。

将会达到世界平均水平，印刷机械的总量将提高近一倍。在世界发达国家中，印刷工业产值占国民生产总值的1.3%左右，而在我国仅占1%。据国外印刷行业专家分析，目前我国人均印刷品开支仅相当于7德国马克，而德国为450德国马克，美国为600德国马克，预计再过15年中国人均开支才能达到经济发达国家水平。

2. 中国印刷机械制造业已经形成了一定的生产规模，区域印刷基地已成气候

据不完全统计，截至2002年，从事印刷机械制造业的企业有400家以上，其中销售额超过1亿元的有10家。由近100家企业统计，从业人员达4.2万人。在我国，不仅深圳、上海、北京等大城市印刷工业持续发展，浙江温州、苍南，广东中山，河北雄县、三河，上海浦东等地区也已形成区域性以包装装潢为主的印刷基地。印刷业在这些区域已成为支柱产业。

3. 企业多种所有制形式并存，民营企业发展势头强劲

从整个印刷机械制造业来看，国有企业、股份公司上市企业、国外独资企业、中外合资企业、民营企业多种所有制形式并存。值得注意的是，民营印刷工业快速发展。如温州就有1万多家印刷设备器材企业，年产值达180亿元；龙港镇2000年印刷工业产值达到49.6亿元。民营企业经过了原始积累的时期，正处于飞速发展之中。随着社会化水平的提高和股份化的发展，以民营资本为主的企业对印刷工业生产力的发展将起到极大的推动作用。

4. 外国资本和外国先进技术的进入，推动了我国产品结构和产业结构的调整与升级，也给中国印刷机械制造企业带来了巨大的竞争压力

欧洲、美国和日本等世界一流印刷机械制造企业正以绝对控股新建独资生产企业和控股投资公司，或以兼并收购中国优势企业等方式加速在中国的发展，并且来势凶猛。外国资本和技术进入我国，一方面为我国印刷市场带来资金、先进技术、设备和科学的管理方式，弥补我国建设资金的不足，推动我国产品结构和产业结构的调整和升级，扩大出口创汇，推动企业制度的创新和经营管理水平的提高；另一方面，为了在市场竞争中占据更大的市场份额，名牌跨国公司凭借其优势在世界市场上进行重组，整合行业资源，制定新的发展战略，寻求比较优势，用各种方式和手段来寻求新的发展空间。特别是在中国市场，大多采用本土化的经营战略，以求加强服务，降低成本，用这种方式与中国的企业竞争，目的是消灭中国的知名品牌，这给中国印刷机械制造业带来了巨大的竞争压力。

5. 国外印刷机械产品进口增加，形成了对国内市场新的冲击

1998~2001年，印刷机械设备进口增长率远远高于出口增长率。如表1、

表 2 所示。

从表 1 和表 2 中可以看到，印刷机械进口额 2001 年比 2000 年增长 49.9%，而印刷机械出口额 2001 年比 2000 年只增长 14.2%。而北人集团与日本 TSK 公司合作之时，正值中国加入 WTO 之际，印刷机械进口增长的趋势将更加明显。

表 1 1998~2001 年全国印刷机械设备进口情况统计表①

	1998 年		1999 年		2000 年		2001 年	
	台数	金额（美元）	台数	金额（美元）	台数	金额（美元）	台数	金额（美元）
合计	9652	33188.9	24898	59994.6	28956	73164.41	36540	109679.63
同比增长率			158%	80.08%	16.3%	22%	26.2%	49.9%
卷筒纸胶印机	184	4600	279	8629.9	197	13460.9	253	25952
平张纸胶印机	91	4504.5	310	12927	414	19821.8	645	35547
未列名胶印机	271	3674.4	237	4040.8	253	4513.98	251	3945.25

表 2 1998~2001 年全国印刷机械设备出口情况统计表②

	1998 年		1999 年		2000 年		2001 年	
	台数	金额（美元）	台数	金额（美元）	台数	金额（美元）	台数	金额（美元）
合计	3799	1435.416	3601	1174.53	7132	2027.17	7060	2314.48
同比增长率			–5.2%	–18.2%	98%	72.6%	–1%	14.2%
卷筒纸胶印机	45	119.1	27	135.38	137	329.91	72	216.13
平张纸胶印机	6	2.7	40	37.51	62	137.9	81	212.74
未列名胶印机	107	27.5	29	4.55	372	250.77	397	116.26

注：表 1 及表 2 中合计的产品种类包括卷筒纸胶印机、办公用片取式胶印机、平张纸胶印机、未列名胶印机、卷取进料式凸版印刷机、其他凸版印刷机、苯胺印刷机、照相凹版印刷机、喷墨印刷机、圆网印刷机、平网印刷机、其他网式印刷机、未列名印刷机等 13 个品种。

6. 传统印刷术借助新的科技手段得到全面的更新和改造，整合产业链已经成为国际印刷机械制造业发展的主流

我国的印刷业正在由被动的服务性复制加工转向积极的信息处理和传播发展，印刷业与信息业的关系越来越密切。与此同时，印刷业与出版业密不可分，网络出版与发行已成为发展趋势。网络时代要求印刷企业向多媒体加工方

①②《中国印刷年鉴 2002》，中国印刷年鉴社，2002 年。

向发展，并成为能接收和处理多种电子文档或数字化信息的多媒体加工厂。

由于数字化、网络化的应用，使印刷工艺得到彻底的改变。以前在印刷机印刷之前的制版、出片、打样和印刷之后的折页、裁切、装订、运输都是分别在不同的企业或行业完成，特别是印刷机械制造企业一般不生产印前和印后设备，而有的印刷厂也把印前和印后工序交由协作企业来完成。而现在，印前、印刷和印后一体化已成为国际发展的主流。

伴随着印前、印刷和印后一体化的发展趋势，由于数字化、网络化的要求，无论是印刷机的哪一个部分，技术基础要求统一，不允许出现孤岛，谁不符合国际标准，谁就是死路一条。在发达国家的印刷厂，已实现了远程通信、远程打样、计算机制版，从印前到印后全过程的数字化控制乃至用户的电子商务，大大缩短了交货期，降低了成本。

（二）北人集团内部因素分析①

1. 北人集团公司主要优势

经过多年的发展，北人集团已具有其独特的优势：

（1）品牌优势。经过50多年的发展，“北人牌”胶印机的商标已确定为北京市著名商标，“北人”无形资产、商誉价值达20亿人民币。

（2）行业龙头优势。在全国印刷机械制造行业中的工业总产值、销售收入、实现利润总额等经济指标居领先地位。

（3）规模品种优势。能生产各类印刷机械140多个品种，在印刷机械行业中规模最大。

（4）销售网络优势。有自己的销售网络和专营店，在全国有60多个北人销售网点和9个北人产品专营店。

（5）技术开发优势。技术开发能力强，曾经创造了多项国内同行业的产品开发纪录：20世纪60年代试制生产了我国第一台对开平张纸自动双色胶印机；20世纪70年代试制生产了我国第一台卷筒纸四色胶印机；20世纪80年代试制生产了我国第一台对开平张纸双面胶印机；20世纪90年代初期试制生产了我国第一台对开六色联机上光多功能胶印机；20世纪90年代中期生产了我国第一台具有当代国际水平的平张纸对开四色胶印机。

（6）资金资源优势。一方面，北人集团控股的北人印刷机械股份有限公司

① 资料来源：北人集团公司原总经理陆长安：《对提高北人集团公司核心竞争力战略的研究》（MBA论文）。

在1993年及1994年分别在中国香港和中国内地发行H股及A股股票，通过上市和增发股份为企业发展筹集到资金。另一方面，北人集团按照北京市的发展规划将市内工业用地使用权转让给房地产开发商，融进了转让资金，资产负债率为34.8%。

(7) 人力资源优势。北人集团拥有各类专业技术人才、管理人才及各类专业技术工人。其中从事产品研究开发的专业技术人员近500名。

(8) 土地资源优势。北人集团在北京市城区拥有60多万平方米的土地使用权。

2. 北人集团公司主要劣势

(1) 体制制约。北人集团是国有独资企业，现行体制制约了企业的发展。首先是决策程序复杂。由于是国有资产，其经营者每做出一项重大决策首先要向国家负责，国有资产代表即上级主管部门，以及企业内部都制定了有关决策方面的程序及规定，企业还成立了专业委员会，这些措施无疑对决策的正确性起到了积极的作用；但有时在经营领域中需要决策时，由于班子成员工作性质不同，专业知识的差异，以及工作侧重方面的不同，会造成行政领导与其他成员意见不同，决策往往会打折扣。再向上级主管部门请示，走程序，容易造成走形式，贻误战机。

另外，历史遗留的问题也时时困扰着企业。对成立几十年的国企，这种现象是普遍存在的。由于每位总经理所处的年代不同，有着不同的时代特点，在取得了不同业绩的同时，也不可避免地会产生一些失误，或在任期期满时留下一些未了的工程及未衔接好的项目。随着经济环境的改变，有些原来的决策可能发现不合理需要调整，遗留下的问题也需要解决。如产品结构及资产结构的合理性，长期投资形成的亏损，多年存货及应收货款的清理，以及离退休人员的医疗费等问题都在困扰着企业。

(2) 技术差距。北人集团印刷机制造的总体技术水平与国际竞争对手相比相对落后，数字化、网络化技术在印刷机上的应用还有差距。特别是整合产品链尚未形成。北人集团的产品虽然在国内处于最高水平，但还是以传统制造业为主，数字化、网络化技术的应用还有待提高；产品结构需进行进一步调整，目前印前设备、印后设备是弱项，形成印刷机械设备生产中间强、两头弱，整体竞争力不够的局面。此外，产品质量有待进一步提升。

(3) 面对国内外同行业的激烈竞争，北人国内同行老大的局面不复存在。北人集团主要的竞争对手是国际名牌公司，如德国的海德堡、曼·罗兰、KBT、日本小森、三菱等公司。国家经贸委早在1998年就出台了对进口的高精印刷机免税入关的政策，加上中国的印刷及印刷机市场巨大，使得国际上知名品牌的公司争先恐后地抢占中国市场，北人集团没有出国门，就面临着激烈的国际竞争。

国内的竞争对手主要集中在上海，如上海高斯印刷设备有限公司、上海申威达印刷机械有限公司。近年来，一些民营企业也从制造低档印刷机开始进入生产中、高档印刷机领域参与竞争。这些变化使北人集团由10年前的国内同行老大、产品一枝独秀的局面不复存在。

（4）企业核心竞争力发掘、发挥与培育不够。企业培育核心竞争力研究力度较小，对中长期的企业发展战略的研究力度不够，以致造成企业应变能力差，市场营销意识以及信息技术相对落后。特别是协调不同的生产技能和有机结合多种技术的能力欠缺。一些印刷企业到北人来买胶印机，希望能够同时买到印后设备，北人却只能将客户让位于上海的竞争对手。而上海的竞争对手早已开始在整合产业链上下工夫了。

四、北人集团公司与日本TSK公司合作项目的决策过程①

2001年，正值中国加入WTO之际。欧洲、美国和日本等世界一流印刷企业正以绝对控股新建独资生产企业和控股投资公司，或以兼并收购中国优势企业等方式加速在中国的发展。而此时也正是中国印刷行业技术改造的高潮，尤其是印后设备的技术改造正在如火如荼地进行。越来越多的印刷厂家开始关注印后设备。印刷技术的革新及一体化的发展趋势，对中国传统的印刷机械制造业带来巨大的冲击，企业的竞争已经转变为产业链的竞争，整合优化产业链成为当时中国印刷机械制造企业提升竞争优势的重要战略举措。

在这样的行业背景下，作为印刷机械制造业的龙头老大，为了适应市场竞争的需要以及赶上国家技术改造的高潮，北人集团决定对其业务进行拓展以及整合。印刷的主要工作流程包括：印前——排版、照相制版、打样等；印中——印刷，印后——折页装订、模切、包装等。北人集团多年来一直从事中间环节印刷机的制造，印前和印后环节设备制造都没有涉及。面对印后设备技术改造高潮的市场机遇与挑战，北人集团决定进入印后设备领域，确立做印刷

① 资料来源：根据北人集团公司原总经理陆长安2009年3月25日在首都经济贸易大学MBA中心案例分析报告整理。陆长安先生现任中国机械工业企业管理协会副理事长。

行业的系统供应商，提高企业的综合竞争能力的发展战略。

北人集团作为印刷机械制造业的龙头企业，多年来积累的品牌、营销网络、规模、人力资源、技术以及资金等方面的优势，使其有实力进入印后设备领域。当然也有不利因素，比如北人集团严重缺乏印后设备技术人员，缺少专门的印后设备销售人员，并且在印后设备上的品牌优势低于专门生产印后设备的厂家。印后设备的产品开发周期比较长，一般需要3~5年，如果北人集团独立开发会错过市场机遇，而竞争对手相对来说比较成熟，有十几年到20年的发展历史，已经占据了印后设备市场的有利位置。但是国产设备相对于国外的产品来说性能和质量较低，价格也比较低。鉴于对以上因素的分析，北人集团管理层讨论决定采取合资这种对外合作的方式进入印后设备市场。于是，北人集团开始寻找适宜的合作伙伴。

日本芳野公司是日本著名的印后设备制造商。芳野公司对处于技术改造高潮以及需求非常旺盛的中国印后设备市场非常感兴趣，再加上北人集团在中国的品牌和销售渠道的优势，于是芳野公司决定与北人集团合资共同开发中国的印后设备市场。但在后来的具体谈判中关于芳野公司在合资企业投资额问题上双方由于沟通的问题存在误会和不一致，最终芳野公司放弃了与北人集团的合作。

合资谈判的失败使北人集团进入印后设备市场的战略受到了挫折，但这并没有阻止北人集团继续寻找新的合作伙伴。当时正值东京国际印刷展销会期间，来自世界许多国家优秀的印刷设备制造商都在竞相展出企业的优质产品，这为北人集团带来了新的机会。在这次印刷展览会上，北人集团认识了日本的东京出版机械株式会社（以下有时简称TSK）。

东京出版机械株式会社创立于1966年，是集开发、制造、销售及服务于一体的综合型企业。公司拥有优秀的专业技术人员，拥有各类最先进的加工设备。公司创立以来，生产的产品涉及无线胶订联动线、画册装订联动线、骑马装订联动线、铁丝平订联动机、配页粘页机和装订机械、各类书刊质量检测监控装置，已跻身于世界装订机械行业的前沿。其产品行销美国、墨西哥、西班牙、新加坡、韩国、印度尼西亚等20多个国家，累计客户达2000多家。TSK六年前就在中国的福州设立了工厂，但是由于种种原因，印后设备的销售非常困难，中国市场一直没有打开。TSK迫切希望能改变在中国举步维艰的困境。

于是，北人集团与TSK初步进行了接洽。由于北人的真诚、诚信以及双赢的理念深深打动了TSK，在2001年9月底，TSK管理层来到北人集团就双方的合作展开了正式的谈判。

双方在谈判之前先进行了思想沟通，就合作的理念、价值观等方面达成了一致，随后双方就具体的合作方式进行了进一步的探讨。由于TSK公司已经在福州独资建立工厂，与北人集团采用合资的方式进行合作已经不具有可行性，所以双方经过协商之后于2001年10月30日在北京签署了以OEM方式合作的意向书。

OEM（Original Equipment Manufacturer，原始设备生产商）和ODM（Original Design Manufacturer，原始设计制造商），又称为贴牌生产。OEM是指品牌厂商提供设计图纸，制造企业按单生产；ODM是品牌厂商看中生产制造企业设计制造的某一产品，提出部分修改意见，生产厂家按要求并配上品牌厂商的品牌来进行生产。①

2001年11月，北人集团和TSK在TSK福州的独资企业福州黄晶印刷机械公司就OEM的具体合作事宜进行谈判。谈判的主要内容包括：

（1）取消TSK的商标，用北人集团的商标。

（2）降低价格。

（3）把TSK的销售渠道仅限制在广东和福建两省。

（4）确定北人集团的分成比例。

谈判的过程异常艰苦，由于要取消TSK的商标以及降低其产品的价格，对方在感情上很难割舍也难以接受，导致谈判陷入僵局。但北人集团坚持"真诚、双赢"的原则推动了谈判的顺利进行，最终使TSK做出了让步，决定合作的第一年用北人商标并坚持北人集团给出的产品价格，以后用联合商标（北人-TSK）和提高产品价格的办法来加强合作。经过几个回合的艰苦谈判，双方最终达成共识，签署了OEM合作协议书。双方确认，北人集团与日本TSK合作的系列产品在中国市场销售实行四个统一，即统一商标、统一最低限价、统一使用北人集团销售网络、北人集团统一营销策划工作。双方做出承诺：北人集团自签订合同之日起，对该公司有竞争性的类似产品不再另寻合作伙伴；TSK公司不在中国另寻合作伙伴；联手奉献系列优质产品，满足市场需求，为用户真诚服务。

---

① OEM和ODM都称为"贴牌生产"。准确地说，根据OEM与ODM的定义，北人集团与TSK的合作应该是"ODM"，但北人集团有关报道的宣传中都用了"OEM"，本案例中使用北人集团的一贯提法。

五、北人集团公司与日本 TSK 公司合作项目实施过程①

2002 年的 1 月，北人集团和 TSK 公司在福州的一个五星级酒店召开隆重的新闻发布会。发布会邀请了印刷机械制造行业的领导、专家、企业家及重要的媒体记者，并且在全国各大报纸上刊登了北人集团和 TSK 以 OEM 合作的新闻。在发布会现场，TSK 的技术人员当场演示了机器的具体操作，展示了产品的优良品质。新闻发布会结束后还组织与会人员到 TSK 的福州黄晶印刷机械公司参观。新闻发布会获得了巨大的成功，取得了良好的宣传效果。很多客户纷纷咨询北人集团的印后产品，当场就有一家民营企业家明确表示要购买北人集团的印后产品。

此后，北人集团根据自己的品牌优势和较强的销售网络迅速制定了销售策略，成立销售公司，招聘相关的销售人员和技术人员开展产品的销售和售后服务。

北人集团和 TSK 双方为了增加彼此的信任和更有效地进行合作，通过探索建立起了正常的沟通和交流机制，合作中出现的问题采取磨合和沟通的方式解决。北人集团严格遵守双方的承诺，拒绝了欧洲优秀的印后设备制造商马天尼的合作邀请以及日本其他印后设备制造企业的合作愿望。北人集团的诚信深深打动了日本 TSK 公司，双方建立在诚信和双赢基础上的合作非常成功。

时至今日，北人集团和 TSK 的合作仍在继续。

---

① 资料来源：根据北人集团公司原总经理陆长安 2009 年 3 月 25 日在首都经济贸易大学 MBA 中心案例分析报告整理。

六、北人集团公司与日本 TSK 公司合作项目运行后续效果[①]

(一) 迅速填补北人集团高档印后装订设备生产的空白

这种全新的运营方式，一举打破了中国印后装订设备原有的生产格局，迅速填补了北人集团生产高档印后装订设备的空白。此后，北人集团凭借着自己的产品优势、服务优势、品牌优势，利用集团强大的销售网络，逐渐在中国的印后装订领域占据了一定的市场。截至 2006 年，中国市场上有 50 条北人牌无线胶订联动线、近 30 条北人牌骑马装订联动线在用户中使用，并且增长势头强劲。

(二) 竞争优势明显提升，切实给用户带来效益

北人集团和 TSK 合作后，可以让中国客户以国内的价格用上进口一流品质的设备，同时采取国内的结算方式，这不仅为用户提供了性能价格比高的产品和服务，而且也方便了客户的选购，减少了不必要的麻烦，为用户间接地创造了更多的效益。北人牌无线胶订联动线调整方便、机械故障率低且操作方便，多家购买了北人牌无线胶订联动线的用户，切身地体会到北人集团的印后产品确实能为他们带来实际的效益，先后安装了两条生产线，甚至三条，这说明：北人-TSK 无线胶订联动线在中国已经通过市场的检验，得到用户的认可。现在北人-TSK 配页粘页机的销售量也在增长，该机既可以单独使用，也可以与胶订联动线配合使用，稳定性、使用性能好，能极大地提高印后加工的质量和速度，也得到了许多规模较大的印刷企业的肯定。

北人-TSK 无线胶订联动线在短短几年时间已经拥有了很多忠实用户：江苏盐城印刷总厂是第一个购买北人-TSK 胶订联动线的用户，目前共有三条该设备；2002 年，甘肃新华印刷厂在一年内先后引进两条北人-TSK 胶订联动线；2003 年，江西教育印刷厂购买了一条北人-TSK 胶订联动线；2003 年，昆山立

① 资料来源：根据北人集团经营销售公司总经理张培武接受记者采访的访谈纪要（2005、2009 年）整理。张培武先生现任北人印刷机械股份有限公司总经理、党委书记。

华彩印购买了第一条北人-TSK胶订联动线，2007年8月购买了第二条；2004年初，北人-TSK胶订联动线开始在苏州印刷总厂投入生产；2007年4月，汇林纸业继2006年底购置第一条北人-TSK胶订联动线不到半年，再次添置一台；截至2007年8月，西安思维印务有限公司已经购买了三条北人-TSK胶订联动线。这些用户在谈到使用经验时讲到，北人-TSK胶订联动线性能稳定，结构合理，服务准确及时；成书质量好，机型成熟，性价比高；操作简单且能保持长时间、满负荷的情况下高效生产，装订厚书时表现相当优异。

（三）研发起点高，新产品开发实力雄厚

骑马装订联动线是北人集团在买断日本TSK该项技术的基础上，自己进行不断的创新，并完全由北人加工装备生产的。具体地讲，它采用TSK的技术和设计，并拥有多项专利技术，可自动连续完成搭页、订书、三面切书和书本的传输、计数等功能，是一条多功能、高效率的装订生产线。它也是目前国内生产速度最快的骑马订产品，可加工最大幅面达480mm，大八开的本报也可以顺利进行装订，特殊的设计使该机非常适宜期刊、杂志、画报、练习簿等各种印刷品的加工。

北人集团继胶订联动线、骑马装订联动线取得用户和市场的认可后，再接再厉，应国内需求不断研发并推出高水平的新型印后产品，如2005年5月在“ChinaPrint 2005”展会上北人集团推出了一系列全新研发的印后新产品，包括速度能达到12000本/小时的北人-TSK全电脑高速胶订联动线，国内首家采用皮带传送的对开混合式折页机ZYH760，10个书夹的椭圆式胶订包本机JBB50-10，由滚式配页机、15个书夹的椭圆式胶订包本机和计数堆积机组成的PJLX450胶订联动线，速度达到8000张/小时的全新的MP1050自动平压模切机。

其中，全新理念开发设计、具有国际水平的JBB50-10椭圆式胶订包本机，具有书本成型好、速度高、性能稳定、自动化程度高、调整方便，并且具有最优的性价比，因此是中小型印刷厂和装订厂的理想机型。该机进入市场即获得青睐，半年已经取得了销售10多台的良好业绩。PJLX450胶订联动线，由滚式配页机、JBB50-15胶订包本机、DJ计数堆积机组成，综合了胶订联动线和传统胶订机的优点，配页、包封皮、胶订一次完成，也是印刷装订企业理想的自动装订设备。

北人-TSK全电脑高速胶订联动线由自动高速无线胶订机TMA-24，高速滚式配页机TRA8-B4，输送机、连接部、堆书机、切书机组成，全部由日本设计和制造。该生产线全部由电脑控制，装订速度高达12000本/小时，代表了国

际最先进水平。

北人牌 ZYH760 新型折页机是北人集团引进全新概念自主开发设计的。为了满足不同折页方式，该机采用五栅栏折页及二折刀折页的复合折页方式，并配备灵活可移动的 32 开折页小车，是国内目前唯一可进行 32 开正反折的对开折页机。该机全机传动均采用皮带传动，有效地保证了机器的运转平稳及低噪，避免了齿轮传动中因齿轮间隙造成的折页精度误差。众多全新概念和设计使该机必将成为国内对开折页机中的翘楚。

MP1050 自动平压模切机是北人集团根据国内外市场需求开发的新产品。全新的电器设计和传输递纸部位的设计使该机具有前所未有的高速度、高精度，操作简便性、安全可靠性。该机的最高速度已经达到了国际先进水平 8000 张/小时。

经过不断的产品研发和改进，北人集团现已能提供六大系列印后产品：胶订联动线、胶订机、骑马装订联动线、折页机、模切机、堆积打捆机。每个系列均有不同型号、速度、档次可供用户选择。众多印后产品的强势出击，标志着北人集团在印后产品的发展上迈出了坚实而有力的一步。

（四）服务用户，构建快速反应机制

北人集团成立了客户关系部，以及时快速地为用户提供各种技术支持。用户只要有需求，该部门的技术骨干就会到现场指导操作，保证设备正常运行，并进行定期回访用户。同时建立了备件库，负责销售备件和库房管理。为提高用户使用水平，交流使用经验，客户关系部每年还举行一到两次的技术培训，2005 年 8 月 13~18 日北人集团经营销售公司在甘肃新华印刷厂举办了北人-TSK 无线胶订联动线用户专业技术培训班，全国共有 20 余家企业派出了 40 名学员参加了这次培训。不仅邀请专家对胶订技术进行了理论上的培训，而且在开班前就北人-TSK 胶订联动线在日常使用中遇到的问题进行了调查，对调查中普遍反映的问题进行了针对性培训，并组织学员在北人-TSK 胶订联动线上直接操作实践。通过四天的学习，学员们纷纷表示收获很多，不仅提高了胶订工艺的知识水平，提高了对北人-TSK 无线胶订联动线的了解和操作水平，而且通过大家的交流，还学到了许多日常工作的经验，都希望这样的培训能继续举办。

(五) 重视国际市场，创国际知名品牌

北人集团之所以以前放弃过国际市场，是因为其设备在当时技术水平不够高，性能不够稳定，而近几年北人集团开发出了具备国际水平的新产品，机器维护量减少，逐渐得到了国外用户的认可，因此积极参加国际大展、进行国际合作。在 2004 年德鲁巴国际印刷技术展览会上，北人集团共有 8 台印刷、印后产品参展，并取得了空前的成功，开启了合资合作的广泛渠道。2006 年伯明翰印刷展上北人集团展出面积达到 500 平方米，目标是进一步提高国际信誉和知名度，促进技术发展和国际合作，加快出口战略的实施。

七、北人集团面临新的选择

然而，印刷设备制造业的火暴时期逐渐过去，2004 年以后，整个行业进入了低迷，很多国际大型的跨国公司面临着巨额亏损，于是纷纷采取瘦身行动：只保留企业的优势业务，开始深度的专业化进程。企业战略不是一成不变的，面对着新一轮的市场行情和集团现在的优势和劣势，北人集团是要继续打造印刷机械制造行业的产业链还是瘦身做深度的专业化是摆在企业面前的一道亟待解决的战略难题。

八、案例使用说明

(一) 案例类型与教学目的

1. 案例类型

本案例属于企业战略联盟方面的描述性案例，具体阐述北人集团与日本 TSK 公司合作的背景、战略决策与战略实施的过程，以及这一项目实施的后续效果与对今后发展方向的思考。本案例较适用于 MBA 学员、在职管理者及本科高年级学生教学和培训。主要用于“企业战略管理”、“国际企业管理”等课程的专题讨论。

2. 教学目的

(1) 掌握企业战略分析的主要内容。

(2) 掌握实现企业发展战略的几种途径。

(3) 了解企业战略联盟的主要动机。

(4) 了解企业战略联盟的主要形式。

(5) 了解"贴牌生产"的主要动机与形式。

(6) 思考企业战略联盟可能面临的风险与防范。

(二) 启发思考题

(1) 依据合作项目之前北人集团的内外部环境状况，分析北人集团为什么要进入印后设备领域?

(2) 北人集团为什么没有采取自主研发的方式进入印后设备领域?

(3) 北人集团运用战略联盟方式与跨国公司合作可以有哪几种类型? 北人集团最终选择了什么形式? 为什么?

(4) 北人集团与日本 TSK 公司双方各自的战略动机是什么?

(5) 北人集团与日本 TSK 公司合作的战略目标是否实现了? 具体表现在什么方面?

(6) 时任北人集团总经理陆长安在总结与日本 TSK 公司谈判成功的经验时，提出以下体会：①战略制定后实施和执行的重要性；②在对外合作中遇到突发变故时，要善于在危机中寻找机会；③要从双赢的角度考虑问题；④做事果断、谈判既要坚持原则也要适度让步；⑤要注重细节、不要随意承诺；⑥与对方的谈判一定要有预案。以上的体会在案例中是如何体现的?

(7) 战略联盟的信任危机可能是最大的风险，北人集团在战略实施中是如何防范这一风险的?

(8) "面对着新一轮的市场行情和集团现在的优势和劣势，北人集团是要继续打造印刷机械制造行业的产业链还是瘦身做深度的专业化是摆在企业面前的一道亟待解决的战略难题。"如果你现在是北人集团的总经理，你将会如何考虑这一问题?

(三) 案例分析路线

(1) 首先请学生复述案例的主要过程和主要内容。

(2) 第二部分 (1) ~ (6) 题的答案相对比较清晰，可由学生分组讨论再集中阐述，比较各组答案的水平，并且互相补充和完善。

(3) 第二部分 (7) ~ (8) 题的答案可能不一致，特别是第 (7) 题，可以展开辩论。

(4) 最后，教师以本案例为例，总结企业发展战略实现途径的类型，战略联盟的主要动机、类型、可能的风险，贴牌生产的主要动机和形式等，并对最后一个问题中学员们的不同思路做归纳总结。

(四) 理论要点

(1) 整合产业链与专业化的比较。

(2) 战略联盟的类型、动机。

(3) 战略联盟可能面临的风险与防范。

(五) 参考资料

(1)《中国印刷年鉴 2002》，中国印刷年鉴社，2002 年。

(2) 陆长安:《对提高北人集团公司核心竞争力战略的研究》(MBA 论文)。

(3) 陆长安:《北人集团与日本东京出版机械株式会社 (TSK) 的战略联盟》，2009 年 3 月 25 日在首都经济贸易大学 MBA 中心案例分析报告。

(4) 孙彦宁:《中国的北人　世界的北人——访北人集团公司经营销售公司总经理张培武先生》，《今日印刷》，2005 (5)。

(5)《集多方优势　立知名品牌》，中国包装网，2009 年 9 月 18 日，http://www. sjw360. com/ html/ Article/20090918/14697.shtml。

案例 2

一个科技型企业的创业历程

邹昭晞[1] 刘英骥[2] 李广博[3] 杨 健[4]

摘要： 一个原国有大型企业的高管，在企业和个人经历了重大变故后，重新开始了艰苦的创业历程。HK 公司[5] 2009 年被北京市科委、北京市财政局、北京市国家税务局、北京市地方税务局认定为高新技术企业。本案例依据北京 HK 公司董事长 2009 年在首都经济贸易大学 MBA 中心的一次案例报告整理而成。[6] 讲述企业创业历程中战略分析、战略决策、战略实施的管理实践，并探讨创业企业下一步的战略开发方向。

关键词： 科技型企业 创业

一、决定创业的起因

作为一个科技型的小企业，创业的历程应该说刚刚开始。从 2006 年 11 月 10 日开始，到现在正好经历了三年。为什么会有这样的创业想法？

三年前的一个晚上，一个 35 岁的年轻人，也就是我们公司现在的总经理，他对我说，他想自己创业。那么为什么我们两人能够一起来创业？这与我们两

---

① 邹昭晞：首都经济贸易大学工商管理学院教授、博士生导师。
② 刘英骥：首都经济贸易大学工商管理学院教授、博士生导师。
③ 李广博：首都经济贸易大学在读硕士研究生。
④ 杨 健：首都经济贸易大学在读硕士研究生。
⑤ 根据企业要求，在这里我们没有用企业的真实名称。
⑥ 根据企业要求，在这里我们没有给出 HK 公司董事长的真实姓名。

个人的情况有关系。首先，此前我们已经共事了7年，这样的经历让我们彼此了解对方的性格、经历、经验，也就具备了共事的基础。其次，我们双方存在差异。现在的总经理当时35岁，我当时59岁，我们整整相差24岁。双方的年龄、经验、行为等都存在差异，这种差异形成了互补。当时这个年轻人请我去帮他，就是有两个希望：一是帮他踩刹车；二是认为他做得不对的时候，及时地提醒他。我们一起走过了三年，我认为，他做了一个非常聪明的选择。

那么这个小伙子想干什么呢？他想干新能源。这一想法的产生源于我们此前投资过的传统电力行业，他由此想到了新能源。他对我说，他已经下定了决心，问我愿不愿意跟他一起来合作。当时我的回答是，其实作为你人生的设计规划，你可以有两种选择：一是到一家国际知名的大企业去经过一段历练，看一看人家国际大企业究竟是怎么样做的；二是自己创业。如果你决心已下，选择自己创业，那么我尊重你的选择，我愿意来帮你。

二、战略分析：调研、考察

既然下决心要做一件事，首先就要进行战略分析。我们用了一年的时间做调研、做考察。从今天来看，这一年的调研和考察是非常必要的。如果没有这一年的调研和考察，我们可能会面临灭顶之灾，也可能走到陷阱里头去。这一年的调研和考察我们收获很大。

（一）外部环境分析

关于我们要做的这个事——新能源，只是一个约定俗成的说法，它相对于传统的化学能源，或者说煤炭、石油、天然气而言是新能源。它最大的特点就是可再生，比如说，太阳能、风能，还有生物质能。

1. 政治与法律环境

2006年国家以立法的形式颁布了《可再生能源法》，紧跟着在2007年，经国务院批准，国家发改委颁布了《关于可再生能源的中长期发展战略规划》。这样的一个政治和法律环境为新能源产业发展奠定了一个基本的政治和法律框架。

我们再来看一看其他国家的情况。欧盟是最早开始搞可再生能源的，现在欧盟的可再生能源从法律制度、市场行为和市场组织都已经非常成熟了。虽然新能源在整个能源供应中所占比重很小，但是欧盟把它看成是未来的、可替代、可持续的主要的能源来源。

在美国，奥巴马总统上任以后，最响亮的口号就是提出了新能源的发展战略。美国的决策者和利益集团认为，近二三百年的现代工业文明是建立在传统能源的基础之上的，美国是国际上的第一个科技强国，又是超级大国，它怎么样才能面对全球竞争？他们认为如果发展新能源，美国的野心将是重新开辟一个新的完全不同于传统工业领域的工业领域。

2. 经济环境

我们都期望到2050年中国人民平均生活水准能够达到或者赶上中等发达国家的水平。中等发达国家的水平有一个人均能源消耗的数量指标，是人均4吨标煤（这是一个统计指标）。而我国现在人均消耗2吨多标煤。学者、政府官员和企业界有一个共识，2050年中国要达到中等发达国家的水平，我们的人均能源消耗要达到4吨标煤，然而这个标准靠我们现在的能源储备是根本无法实现的，唯一的出路就是开发新的能源。

3. 社会文化自然环境

再看看中国的农村。中国现在13亿人口，每年10个月以上在农村生活的人有7亿人。还有2亿多农村人口已经到城里来工作，而他们的根在农村。今天的农村人生活中的能源消费结构与30~40年前相比，已经发生了天翻地覆的变化。40年前我在农村插队时，能源主要是秸秆。那时秸秆可是宝贝，不仅可以用于做饭、取暖，还可以用来喂牲口、沤肥，用处很多。但是，中国改革开放30年来，农民像城里人一样，开始烧煤、烧气、用电。现在全国除了极个别的偏远山区，80%以上都已经通了电。虽然电价在农村很高，农民还是要用，这种消费已经成为一种趋势，而且不可逆转。2008年受全球经济危机影响，一些农民回到农村，他们会不会因为手中钱少了，就不去烧煤、不去用电、不去用天然气？他们会不会像我们的祖宗几千年延续的传统那样，在房子里面或者在院子里面，垒一个灶子，烟熏火燎地去烧柴火，恢复到原来的生活状态？回答是否定的。经过我们对7个省市的调研，农民还是想要像城里人一样享受现代文明，他们家里仍然是要想法烧煤，大不了就少烧点，他们做饭仍然要用天然气，仍然要用电。

前任世界银行的行长曾到我国甘肃省一个非常贫困的农村考察，随机地访问一位老农民，问他现在生活怎么样？老农民说，比过去好。又问他，今后有什么打算？老农民答道，进城去。这位前任行长回国以后处处宣传，中国人都要过好日子，中国的发展和改革不可逆转。所以这样的环境变化是我们在考虑这样一个项目时一个必备的条件。

农村的能源结构发生根本性的变化，秸秆不再是宝贝，而成为了废物。这就带来两个问题。一是农村人与城里人争夺能源，加快了传统能源的消耗速度；二是造成新的环境污染。秸秆成了废物，农民在庄稼收获以后就随处乱扔，或者就地烧掉。现在每年一到农村收获季节，经常可以看到在高速公路、大城市周边、飞机场周边，随意摆放、丢弃和焚烧的秸秆。从而造成飞机不能起降、高速公路出事、城市被污染，此外还有可能产生火灾的隐患。政府从环保角度要解决这个问题，就得派人去查，去罚款，成为政府沉重的包袱。

4. 技术环境

用秸秆作为再生能源的新能源技术在我们国内已经开始了。主要使用者是国家电网、五大发电集团等国有大型企业。这些企业直接从国外引进最先进的技术、先进的设备，建立秸秆发电厂。国外技术的基本原理就是"固化技术"，就是与做饲料的技术一样，把蓬松的东西进行压缩。据不完全统计，现在全国正在运营的秸秆发电厂有42座，正在建的还有十来座。此外，按照国家能源局的规划，在未来的10年内，在全国要建3000座烧秸秆的发电厂，也就是用压缩的秸秆做燃料来发电。

但是，直接运用国外技术存在很大的问题。我们对江苏11家这样的企业进行了调查，发现国外的设备不适应中国的国情。国外的设备有一个最大的特点，它是和大农场、大林场、大规模的农业生产相衔接的，国外的设备与其农业生产的规模相匹配，现有的秸秆压缩技术和设备是可以产生比较好的经济效益的。而这类技术和设备拿到我国农村就不行了。中国的农村有一个最大的特点，是一户一户的农民自己经营。从规模来说，我们中国农民户均耕地面积0.6公顷，韩国和日本是我们的6倍，美国是我们的近200倍，欧盟是我们的120倍。农户们每家种的庄稼种类不一样，收获的时间不一样。我国现有的秸秆发电厂都是采用从周围四乡八县把秸秆收过来进行加工的模式来经营，因而又存在一个与农民的博弈问题。农民很聪明，在你不要的时候，这个秸秆是个废物；当你要的时候，这个秸秆就有价值；当你急着要的时候，他就涨价啦；当你揭不开锅的时候，他又没秸秆啦。因此，中国农业经营的分散性与秸秆发电厂与农民的"零和博弈"导致了这些完全照搬国外技术的秸秆发电厂必须面对以下的矛盾：一边是分散的小农户季节性生产异质、间断、不稳定的原料供应，一边是工业生产对原料同质、稳定、连续供应的要求。前面所提到的江苏11家秸秆发电厂，统统亏损，平均一年亏损3000多万元。我还知道国内一家最大的国有秸秆发电企业，用这样的技术组织了5年时间，有形的钱往里面扔了8000多万元，到2009年初，这家公司关门了。这三年我不断地见证这个行业中一个又一个的烈士。因此，我们不能走他们的老路，要开发适应中国国情的新技术和新设备。

(二) 内部条件分析

1. 创业者的经历

新能源有很多种类型，我和我们这位总经理之所以选择了压缩农业秸秆项目，与我们个人的经历有关。我本人几乎做了30年的农民——20年在农村、10年搞农村金融，可以自吹是个农民吧，至少对“三农”是比较了解的。而我们这位总经理就是一位农家子弟，上大学进了北京。

在开发环保项目上，我们也有一些经历。1999年，我们在北京开发了北京的奥运重点工程——垃圾发电项目；2001年，我们在江苏泰州开发区做过一个环保型的热电项目。

2. 团队情况

首先我们这位总经理一直做职业经理人，认真、负责，也比较成功。他在国有大型电力设备企业干过，然后又被民营企业作为人才挖过来搞垃圾发电厂，然后又搞热电厂，经历比较丰富；他自己是工科出身，又把MBA读完了，英国注册会计师也考下来了，同时还拿到了全国工程方面预算师的资质。基础条件很不错。

其次是我们的核心团队，当然不止我们两个人。这个核心团队是比较和谐的。我体会“和谐”表现在两个方面：一是要素之间搭配合理，企业所需要的要素都要有；二是团队成员利益比较简单，没有乱七八糟的事情。要做到这一点，制度建设很重要。我们的原则是约定在先，不搞家族企业，我们现在的员工全部是网上公开招聘。我们希望能通过这样的制度建设来保障公司的治理和公司的经营是有序的，可追溯的，比较稳定而不随意的。

3. 资金基础

要创业还必须有点钱，还得输得起。我们一直保持着一个现金流项目，公司财务有点“常流水”，来支撑创业项目的开发。

4. 公共资本

公共资本也是一种权力。在中国要办事，有没有真正可交心的朋友，有没有熟人，有没有信息渠道，你懂不懂该与什么人打交道、怎么样打交道，程序是什么，这些对于创业的成败都是很重要的。我感觉一个创业者的素质最好是比较立体的，横向的、纵向的都有所经历、有所了解，这样这个人就比较成熟。由于我个人经历比较丰富，在这些方面也有一些经验的积累，我们的总经理也还行。

5. 风险

科技部中小企业创新基金管理中心的主任说，中国创新企业有不少两年之内就死掉了。因此，失败的风险随时像个阴影，在不断地警醒我们。

我认为这个项目最大的风险就是我们从来没有干过，没有任何经验，所以困难肯定是很多的。虽然做过一些成功的事情，但是不代表做新的事情就一定能成功。正因为对这一风险具有理性的思考，所以我们用一年时间进行反复的调研。这个调研不仅涉及企业，而且涉及行业；不仅涉及行业，还涉及政府主管部门、政府中专家型的官员；还涉及诸如中国农业大学、中国农业机械学院等在这一领域中最高的学府；以及熟悉“三农”政策的中国社会科学院中国农村发展研究所所长、国务院发展研究中心的农村部部长等。我们要去请教他们。通过广泛深入的调研后，这一项目的现状、问题和趋势就逐步地清楚了，对项目的前景就有了一个比较理性的判断。这样在未来的发展过程中遇到事情就不会太吃惊，不会太意外。当然，这并不等于没有风险，我们认为项目的风险仍然是很大的。

三、战略选择：朝阳产业

（一）确定企业的使命与目标

调研和分析之后，最后还是下决心要干，为什么要做这样的选择呢？

第一，我们感觉到，它确实是社会需要、政府支持的项目，我们能够在阳光下获取利润，这与我们一贯的价值理念是一致的。我们一贯信守不能为了追求利润而在法律和道德上失去做人的基本底线这样的行为准则。

第二，这是一片新的蓝海，我们要去进入大潮去折腾折腾。经过我们的调研，感到这个领域进入者不太多，竞争不太激烈。据不完全统计大概 100 多家企业，不算挤。我的各类朋友们对我们这种选择几乎无例外地都是两句话：第一是好事，第二是难事。

第三，我们确定了要长期干，可不要像炒股或炒房地产，一上市就暴富，我们得准备长期作战。

第四，做规划，规划了四个阶段：第一个阶段调研，已经完成了；第二个阶段就是试点；第三个阶段我们希望能成为一个专营公司；第四个阶段我们希望能成为一个上市公司。

（二）业务定位

在业务定位方面，可再生能源中，有太阳能、风能、生物质能，广泛调查之后，我们觉得适合我们干的是生物质能。具体的说就是农业废弃物的资源化利用、产业化开发。在生物质能开发上，我们也确定了基本的技术路线：

第一，小型、一体、可移动。这与国外技术有巨大的差异。我们要研发的设备不是大机器，5 吨或 10 吨，建一个大厂房搁在那里面；而是一个 500 公斤重的不起眼的小机器。这种设备可以移动到农作物收割现场，用起来也很方便。

第二，秸秆固化成型技术设备的研发。国外的设备适宜大规模生产，国内照搬饲料加工技术，饲料加工用大家通俗的话说“吃”的是细粮，而秸秆是粗粮，吃细粮的机器吃粗粮，那机器磨损特别快，能耗特别高，压缩出来的秸秆还没有消耗的能源价值高。所以我们要开发适应中国市场的“吃粗粮”的小型秸秆固化成型技术设备。

第三，高附加值技术储备。我们要进行技术储备，提供两类产品：第一是生物质固化成型设备系列，为能源用户提供燃料；第二是固化成型产品系列，除能源用户外，建材企业如果有前瞻性的原料需求，需要我们给它压一压也可以用；饲养业中的大规模的养殖户，比方说蒙牛、伊利，当他们要应付一些灾害，要储存一些经过固化的饲料——秸秆，也可以为它服务。

因此，我们这个产品至少可以为三个市场提供产品：一是农村及农户，为他们提供生活用的清洁能源；二是城镇的民用锅炉，比方说饭店、洗浴中心等的锅炉；三是发电厂、工厂等的工业锅炉。民用、工业锅炉烧油太贵，烧煤需要环保，得脱硫，投资太高，烧压缩秸秆这种新能源很合适。此外，我们要设计好了，符合检测和认定标准，还可以参加国际碳减排交易。

（三）资源整合谋划

1. 网络图

一个小公司，一个新公司，又没多少钱，怎么能把这个事给做起来？网络图是一个很好的工具。经过调研以后，我们有了一个大的网络图，国外最顶尖级是谁，技术标准是什么，技术前沿是什么，国内主管是谁，国内技术类方面研究的最前端是哪些专家、哪些研究机构，人家都在干什么等等，都在网络图中画出来。图中有脉络，有节点，有模块，有要素。整个思路一目了然。经过三年的实践，网络图在不断完善。

2. 建立支柱

一个科技型小企业创业中如何建立战略支撑？如何能得到进一步的补充？如何与大企业合作？我的体会就是要准确地把握供给和需求，也就是大家学习的经济学最基本原理。你小，他大，不一定他没有对你的需求，你也不一定解决不了他的问题。当我们扎扎实实建立支柱往前推进时，就感觉到我们强壮一些了，能够经历一些比较大的事情了。

3. 选择基地

创业的过程不能靠忽悠，也不能只在实验室里闭门造车。我们得有自己的基地。我们去了 7 个省做调研，最后选择了我们的基地。

四、战略实施

（一）创新与风险控制

1. 研发与现金流业务

企业创业要搞研发，要搞创新，肯定眼前挣不到钱，还得往里面扔钱，那这个研发如何维系？公司的资本金花一点少一点，因此公司必须有一个“常流水”的业务。所以公司在设立之初，一个很重要的支撑，就是要做一个有现金流的业务，来支持新能源这个主营业务的长期的研发投入，维持和保障公司的日常经营。我们的“常流水”业务主要做的是外国产品在中国的代理业务，就是在电力行业一些关联设备，小玩意儿，不大，但是技术含量比较高，属于国外几百年工业文明积淀下来的技术产品，又是中国企业需要的。那么我们为什么选择这样的业务作为“常流水”业务？这与我们在电力行业做了 10 多年业务有关，这是一个顺理成章的选择。我们用这样一个“常流水”业务，来支持我们另一个“长”业务，就是搞研发。我感到这两项业务前者不难，后者难。

这里我给大家讲一个例子，这是我们遇到的一次生存危机。危机的起因是大客户拖欠。本来大客户信誉是有保障的，结果它那儿出问题了。它跟我签订了一个买卖合同，按着合同，我必须要给它货，按说人家没有任何问题。但是在这样的事情上，国务院发改委有明确的文件，企业干这个事是要经过国家发改委批准的，如果你没有经过批准或者核准，那么任何签订的供货合同都是无效的，我们就抓住这一条规定，坚持必须一手交钱一手交货，不能拖欠货款。这家大客户是一家 60 亿元投资的国有企业，南京市 60%供热都是由它完成。

我们这样一个小企业能够与它建立起关系、拿到这单生意是很不容易的，那么我们为什么还要坚持必须一手交钱一手交货呢？这是因为这一单生意占了我们全年整个流水的70%，它要拖欠我们，我们就死了。所以我们找到法律依据，运用“不安履行抗辩权”，坚持执行一手交钱一手交货，终于化解了危机。

2. 时空把握

创业企业战略实施还有一个要点，就是时空把握。我们现在的做法基本是：第一，静悄悄地干研发，不做任何宣传。因为我们还太小，我们不能过于出头露面被人家注意上了，惦记上了，这是没有好处的。第二，着重销售团队建设。创业企业核心团队最重要的是市场营销人员，所以我们在成立之初，公开招聘的第一位员工，就是我们现在的销售部经理，是一位齐齐哈尔的姑娘，20多岁，有市场感觉，营销做得很棒。没有这样一个团队根本不可能使这个企业生存，更不可能支撑这个企业做大。现在我们公司销售团队占了公司总人数的70%。

3. 选准主攻方向

创业企业战略实施的另一个要点，就是要选准我们的主攻方向。在我们创业历程中不断受到诱惑，不断受到各方面的影响和干扰，我们得想清楚、调查清楚，我们到底要做什么？好在我们坚持住了，不是干一会儿换一个方向，干一会儿换一种形式。

4. 预设梯次

预设梯次，是指在战略实施过程中，要明确我们的目标在哪儿，眼前要做的这件事情和我们的目标有什么关系，眼前这个阶段要做的事情和我们的目标是什么关系，阶段和阶段之间怎么样衔接，能不能适当地省略某个过程，提前进入下一个阶段？对于我们企业提供现金流的“常流水”业务，我们是这么安排的：第一步我们要怎么样建立联系，第二步我们要怎么样游击作战，第三步我们要怎么样做存货代理，第四步我们要怎么样能够逐步地攒出有外国产品也有国内产品的一个整装的东西。有了这个提前的设计，在战略实施的时候就能把握机会。我们现在已经走到了第四步，此时就要考虑配备人员。我们的研发和销售人员可以互补，可以互调。这样的人力资源策略可以达到两个目的：第一是高度节约人力成本；第二是使每个岗位上的员工比较安全。为什么呢？如果做代理业务的员工做长了，他会觉得你这个搞研发的天天在烧钱，我挣的钱怎么容得你来烧，你烧钱烧到公司死掉怎么办？搞研发的人明知搞研发有风险，如果研发失败了，我该怎么办？是离开还是干别的业务？我们这样的人力资源策略是公司整个时空设计中的一部分，是公司时空设计在人力资源管理方面的具体体现。这样做的初步结果是，与预期的效果基本一致，没有发生重大的变化，整个团队在发展壮大，走的员工是少数，员工的稳定与我们整个的安排是息息相关的。

（二）形成核心竞争力：申请发明专利

作为一个科技企业，一个关键的问题是是否具有核心竞争力。我们研发的可移动的、一体式的、小型的秸秆粉碎成型设备获得了发明专利的授权。老实说，我是感觉比较意外的。因为机械技术在国外已经非常成熟，秸秆粉碎压缩技术在国外也早就有了，我们能弄出些什么新玩意儿，获得发明专利授权呢？我国知识产权制度是跟国际接轨的，不可能走走后门、送点红包就批给我了。作为一个发明专利，除了要在国内的信息库进行检索，还要在国际上七国两组织 20 份杂志上进行广泛的检索，就是看你的东西是不是没有，是不是能够授予发明专利。我感觉到我们研发的设备之所以能够获得发明专利授权，说明了我们的研发符合了国家的创新要求，也说明了我们的研发方向反映了我国这个行业的实际需求。2008 年科技部颁布了国家重点支持的高新技术领域，厚厚的 121 页。其中第六大类：新能源及节能技术，第一小类：可再生能源，再下面一个科目就是生物质，生物质中居然有一段话跟我们研发产品的特点非常像。这就说明国家主管权威部门的专家们经过研究讨论最后形成一个国家意志和行为，判断我们研发的这个领域、这项技术、这样的研发方向是国家要支持的，换言之是这个行业中需要突破的瓶颈。

（三）寻找确立战略合作伙伴

我们的创业企业不是活一天，不是只活小，我们要活着，还要活强，还要活大。这样的事情，我们创始人从创立之初就非常明确，要跟别人合作，不可能是什么事都自己干。那么找谁合作？

1. 中国农业大学

经我们调研，在国内有若干所农业方面的大学，其中中国农业大学是最好的。但中国农业大学为什么愿意跟我们这样一个小企业合作？在农业机械方面，国内外公认中国农业大学最强，中国的第一个女拖拉机手就在中国农业大学。但是，在机械行业中农业机械是不被重视的。像沈阳机床厂六轴联动的加工技术，是机械行业的高精尖技术，具有世界领先水平。而农业机械，在机械行业被认为是下九流，所以改革 30 年来农业机械遇到了被边缘化的困境，农业机械研究的最高学府也遇到了一些麻烦。在这种情况下，新任的中国农业大学工学院院长，被公开招聘任命，是从国外留学回来的，上任后迫切需要有企业与他合作。当然，与农业大学的合作还得有人介绍，以尽快增强合作双方彼此之间的了解，缩短不信任时间，减少交易成本。10 年前我们在垃圾电站项目中，在关于城市垃圾预处理的"造粒技术"上曾与中国农业大学的一位老师有过合作的经历，我们与这位老师之间也彼此认可。在秸秆项目开发时，我们找到这位老师，通过他与工学院建立了合作关系，成立了中国农业大学生物质固化工程研发中心。可以说，我们的合作是双赢。公司借助这个在农业机械方面最权威的学院雄厚的研究能力、国内国际广阔的信息资源，为我们的研发引领正确的方向，少走弯路。我认为，农业大学的教授们对我们这个项目最大的贡献就是指出了国外饲料加工技术用于秸秆压缩在国内是行不通的，使我们开辟了新的研究视角和路径。对于农业大学工学院来说，我们在这一领域中的创新也对学院的学术研究有所贡献，这也是学院所期望的。此后，通过中国农业大学生物质固化工程研发中心，以我们研发的技术作支撑，我们又与欧盟生物质颗粒燃料标准委员会的专家们建立了合作关系。

2. 有需求的大企业

一个新产品问世后，一个重要的问题就是要寻找有需求的大客户。这个大客户不是我们代理业务的大客户，而是十几年来在做代理业务过程中在电力行业中我们熟悉的那些大企业。这些大企业是已经或准备进入新能源领域，在新能源领域整个产业链中对我们的这个前端的产品有需求的企业。目前，我们已经与一个大客户建立了关系，还有的正在洽谈过程中。要力争让这些大客户能够与我们形成一个上下游的合作伙伴关系，同时形成一个比较稳定的批量采购的市场。

(四) 获得政府支持

近年来，各国政府都加大了对中小型创业企业的支持力度。政府对中小企业创业的支持看似与市场经济原则相悖，其原因在于，中小企业有很多技术发明与发现，有很强的创造性。1997 年亚洲金融危机中，人们发现亚洲一些国家和地区，如日本、韩国、泰国等受到重创，而中国台湾地区、新加坡受到的影响就小得多。其中一个原因是日本、韩国、泰国三个国家政府主要靠大企业支撑国力，大企业抗区域性或全球性风险能力反而弱；而中国台湾地区、新加坡中小企业多，在金融危机中，中小企业抗风险能力比较强。但是中小企业在创业过程中往往要逾越一个"死亡谷"，例如，美国高技术企业完全失败的占 20%~30%，经受挫折后仍可获得一定成功的企业占 60%~70%，获得完全成功、取得显著效益的只占 5%左右。因此，当创新型中小企业创业过程中面临巨大困难与风险时，政府如果能够给予一定扶持，就可能使其渡过难关，成长起来。

因此，当时国内一位留学回国的教授给朱镕基总理写信，建议国家财政和科技部门设立专项基金，扶植和支持中小企业创业，帮助中小企业渡过"死亡谷"，增强它们创新与克服困难的能力，使其能够茁壮成长。于是这些年来，我们国家财政扶植创新型中小企业的经费越来越多。

既然是高科技企业，既然是政府重点支持的领域，那么如何才能取得政府的支持？除了现在政府公示的条件外，我认为还有三条很重要。

第一条，你得自己实际干好。有人说，咱们到科委骗点钱，花着宽敞些。我自己决不这么做，我们公司也不这么做。因为你在骗别人的同时，也毁坏了自己的形象。我认为政府官员都是很聪明的人，他们整天就管这件事，他们见过多少人，想骗人家就那么容易？我不会走这步棋，我也不想走这步棋，我认为对方是明白人，是非常值得尊重的，所以我必须得实干。有 100 个项目都够了条件，我们的条件要争取更好一些，更靠谱一些。

第二条，要获得政府的支持，需要一个"认知、认可、信用"的过程。第一是"认知"。你得让人知道，你是做什么的，卖什么的，你跟别人的差异是什么，你的特点是什么，你进行到什么程度了。我们这样的一个小企业选择人员把我们公司所做的事情按照文本格式的要求变成文字，这可没少下工夫。如果你这个活干不出来，政府部门审核时会说，你这标准文本都不对，话都说不利索，事都说不清楚，人家是不会跟糊涂蛋打交道的。第二是"认可"。经过交往以后进入第二阶段是要让政府部门认可你。政府部门接触你以后感觉到你办事比较扎实，人有一定水准，人家才会有可能给你支持。第三是"信用"。最关键的是讲信用。在承接了政府的资助项目后，一定要完成你承诺的各项任务和各项指标。迄今为止我们共得到两笔政府资助，第一项 2009 年 12 月到期，第二项是 2010 年的 5 月份到期。我们都是非常认真地去做好我们承诺的各项工作的，而且还总是力争做得更好一些。"信用"是企业立业之本。如果我们不讲信用，一心只想找政府骗点钱花，结果就会把企业给害了。"逆风臭千里"，说不定哪天就逮着你了。据我所知，有一家大型国有企业，与某大学一块研究开发秸秆发电项目，政府给了很多经费。当我们与同样的政府官员接触时，我们并没有主动说什么，就听到政府官员说，×××是骗子，×××不讲信用，等等。从这些活生生的例子和我们自己做人的经历中我们体会到，讲信用是非常重要的。

第三条，补偿性特征。所谓补偿性特征，是指现在政府对科技型企业的支持，不是支持你从零开始，而是对你已经做过、且政府认为你做得"靠谱"、你能够完成的项目，给予你补偿性的支持。这几乎是国际国内政府财政出钱、对科技型中小企业支持的共同特征。这是我们在实践中的一点体会。

(五) 企业文化：和而不同

1. 正道、团队、卓越

企业构建一个企业员工、经营管理者、股东共同认可的企业文化，这是非常重要的，也是最难的。我们将公司的企业文化概括为：正道、团队、卓越。

第一是正道。就是我们选择的行业是一个朝阳行业；我们在阳光下获取利润；我们做企业先做人；在各种利益发生冲突与矛盾时，我们有法律与道德底线。我们的总经理、员工、股东都认同这样的价值观，无论我们已经怎样深刻地融入到全球化进程中，无论形形色色的价值观和行为怎样充斥着我们的视野，我们作为一个创新型小企业要认准正道，并坚持走正道。我们没有做任何我们的法律与道德底线之外的事情。

第二是团队。我们的总经理提出，要让我们的企业能够生存下去，能够成长起来，能够发展壮大，光靠一个人的力量肯定是不行的。必须有四梁八柱来支撑着企业。要有一批将自己个人进步和企业进步融为一体的骨干，要有这样的一批骨干组成的团队，否则，我们所从事的开创性的事业是不可能成功的。

第三是卓越。无论是发扬狼凶狠的精神，还是运用整合各方面资源的艺术，目的都在于在我们自己的生命中、在我们企业的生命中，每一分钟都能够有合理的设计，都能够追求最佳的效果，即追求卓越。所以我们期望公司员工一人能够顶四人。要做到这一点，我们的工作安排与制度安排都要做好。

2. 冲突管理

大家各自怀着不同的目的、各自有着不同的经历，来到我们的企业来，这就难免要有冲突。我们的总经理和决策层在遇到冲突时，是这样来处理的。首先是换位思考。这个员工为什么会有这样的表现，其合理性在哪里？行为轨迹背后的根源是什么？换位思考的结果就不会让冲突发展为你死我活，双方都会冷静下来，理性地考虑问题。其次是要将事实搞清楚、弄准确，如同我们企业用了一年时间调研考察一样。遇到矛盾时，我们坚持要“交叉确认”，不听一面之词，这样的方法员工也很认可。只有一种情况我们是斩钉截铁、一票否决的，那就是对吃里扒外的行为。因为我们是制度在先，我们在与每一位应聘者签订合同时，公司的制度、公司的规矩都讲得很明确，很清楚。一旦发现这种行为，一票否决。这样的事情只发生过一例。

3. 实践梦想的过程

我们的员工是如何招聘来的？很不容易。我们将所需求的岗位挂在网上，那真是百里挑一，最多的是二百里挑一。经过面试、复试等程序，最后到邀谈，邀谈时我们将对方作为一个平等的人，企业与应聘者的所有信息彼此公开。到现在为止，最核心团队，特别是销售团队终于建成，研发团队还在建设过程中。目前研发团队尚缺少一个年龄 40 岁上下，经历丰富，能够将大家凝聚到一起、有一定学历、有开拓精神和能力的领军人，主营业务还是由总经理兼着。

要很好地凝聚一个团队，一个重要的问题，就是要按照几千年前孔子提倡的："和而不同"，而不是"同而不和"。简言之，团队成员虽然各自都有自己不同的需求、欲望、人格和主张，但是为了一个共同的目标走到一起，形成一个统一的、协调的、配合的、有战斗力的团体。而不是小人之间的势利之交，为名利聚在一起，但实际上各有各的打算。现在，我们的股东和我们公司的主要团队成员都怀着一个梦想，我们正在锲而不舍地追求梦想的过程中。我虽然已经 60 开外，但是我生活在一个年轻、有理想、进取、可亲、透明的青年人的氛围中，除我之外平均年龄 29 岁。

（六）利益安排

1. 先员工、先外部、先发展

在利益安排上，我们始终坚持"先员工、先外部、先发展"理念和价值观。"先员工"：我们员工的薪酬高于同行业平均水平。每一个员工进来后，与原单位比起来，绝对没有遗憾。而且无论什么情况，我们没有拖欠过员工薪酬。"先外部"：我们的事业需要靠外部各方朋友的大力支持，在利益分配上不能亏待了外部那么多的朋友们。"先发展"：企业利润怎样安排？首先要考虑企业下一步的发展。

2. 凝人心、聚人力

我们希望这样的利益安排能够凝聚人心和人力。我的感觉效果是明显的。我们的员工们是积极的、健康的。大家经常干得废寝忘食。新员工进来后也很快地会感受到这种氛围，融入到这种氛围之中。企业的人员流动、新陈代谢是非常正常的事情。我们希望，离开的人员对留下来继续坚持干的同事起到正面的作用，离开以后我们也都是朋友。

（七）根据地

企业创业必须有根据地，不能只停留在口头上。通过对7个省市的比较，我们把根据地落在北京。首都经济贸易大学城市学院院长向我们介绍了北京郊区的规划和发展趋势，建议我们将根据地落在北京的生态涵养区和发展新区。他的建议非常具有战略远见。我们最终将根据地建在北京房山区。这有三点考虑：第一，房山区是北京的生态涵养区，北京生态涵养区中的第一产业要不断上档次，使首都有一个非常好的生态环境。这个地区农林废弃物一定是有的，也一定要有解决办法。第二，房山区是北京发展新区。前任世界银行行长对中国的判断是农村人要进城，要当城里人。同样，根据中国专家预测，2050年，16亿人口中真正每年在农村生活10个月以上的农民只剩下2亿人。这已经成为国内外的共识。在不断的城镇化进程中，什么地区最有发展潜力？就是新区。新区发展中对新能源的需求肯定会不断增加。房山区既是北京生态涵养区，又是北京南城的发展新城，我们的产品在那里既有原料供给，又有市场需求，企业可以对两个市场进行衔接。第三，北京市市委、市政府2009年5月份提出，要打造新能源产业高端，要使新能源成为北京发展的重要领域。事实上，北京有多少农业发展生物质新能源？有多少风力资源发展风电？有多少地方需要建立大型太阳能发电厂？北京本地的供给和需求是有限的，重要的是北京是新能源技术研发高地，研发高端在这里聚集，可以对全国起到示范效应。这就如同美国奥巴马总统上任以后提出的新能源的发展战略一样，要建立新能源研究与开发的世界高地，这是高瞻远瞩的战略安排。北京已经开始了新能源战略组织化的实施，成立首都新能源产业联盟，包括六个分联盟：太阳能、风能、地热能、海洋能、生物质和氢能联盟，聚集北京各种研发资源以及首善之都在国际上的影响，来开展新能源研发工作。因此，我们把根据地放在北京是正确的选择。当然真正开展工作时重点要放在华北地区和全国。

（八）设备研制

有了这么多的设计、构思和技术路线，我们到底要搞什么？我们研发的设备是对我们巨大的挑战。对于我们来说，这是一个崭新的事物。虽然我本人在农村待了20年，搞农村金融10年，但我在农村仅仅开过拖拉机，从未做过农业机械；团队成员中虽然工科背景不少，但谁也没有真正做过。起初我们想采用拿来主义。因为一些秸秆发电厂的人对我们说，你只要有好设备，我们就批量采购。那么，我们作为一个中间环节，寻找适宜的产品，日子可以过得很轻松。但是我们发现，国内适合国情的这样的设备很稀少，而且不成型。国外的巨型设备又根本不适合中国国情。只有少数地区农村已经实施农业大规模机械化，而绝大多数农村，特别是边远农村，大规模加工机械使用的成本是一般农户不愿意接受的，大规模加工机械面对一家一户的耕种形态也无法操作。所以国家科技部文件中2008年重点支持技术领域对于秸秆压缩设备的指标具体到：可移动的、耦合的、每一吨成型燃料的加工过程能耗小于80kW·h、含水量12%。这一指标就反映出科技部专家们对这一领域适应中国国情的基本要求。

面对这样的巨大挑战，我们的研发团队在研究过程中出现了具有一定规律的普遍性的危机。危机主要表现为两个方面的冲突。

第一个冲突是对研究工作的思路的冲突。据我所知，同类的研究一般有两种思路：一种思路，可以称之为学院派，其基本过程是“计划——指标——检测——对比——计算机制图——考量——下单”，一般大企业采取这种方式的较多，企业有一个试验车间，有试验设备，研发团队按照某技术路线、模块分工来运作。但是，对于我们这个项目来说，按照这样的思路进行的话时间长、进度慢。另一种思路是现场试验，研发团队就住在现场，在现场随时进行试验和操作。我们主要的研发方式就是第二种。铁皮薄了，就厚一点；尺寸大小不合适，就调整一下；一个零部件不合适，就考虑从周围加工厂找零部件替代一下等。当然，在现场试验的过程中，每一个方案，每一个进度都要请中国农业大学和其他部门的专家去审定、诊断和指导。科技部农村司的领导、发改委农村司的领导都对我们说，你们干的是好事，也是难事；现在说的人多，干的人少。那么我们这个小企业这样的做法是否得到了研发团队每个成员发自内心的认同？答案是否，有的认同，有的不认同。这是第一个冲突。

第二个冲突就是有些研究人员听不进别人的意见，甚至与企业较劲，关键时候“掉链子”。既然是研发，就是研究没有过的东西，或者是有重大改进的东西。保证研发工作顺利进行的一个重要因素就是研究人员能否在主张自己意见的同时，能够认真地、没有偏见地听取别人的不同意见。而研发人员很容易出现自以为是，听不得不同意见的问题，总认为如果自己意见被否定了，就会对自己带来负面影响。我们企业就出现过这种情况，个别研发人员自认为有两把刷子，与企业较劲，在关键时刻，专家要到现场鉴定时，说家里有事，不来了。

面对冲突和危机，我们的总经理亲自上阵，带领研发团队在现场连续工作了62天，遇到问题当场解决。在北京市农业机械试验鉴定推广站的专家要到企业进行现场检测的前一天，总经理带着研发团队，一直工作到凌晨3点，把该做的事情都做完了，早上 7 点又来接受检测。总经理的带头与示范效应，增强了企业研发团队的凝聚力，克服了困难，渡过了危机。

据我了解，技术、设备的鉴定方式有三种：第一种是所有专家接到书面材料，传签；第二种是开鉴定会，会上提供材料和录像，专家给出鉴定意见；第三种是现场评价与鉴定，也就是我们所选择的方式。五位鉴定专家中除了一位组织者，其他四人我都不认识，都是北京业界大腕，鉴定结果是，专家们充分肯定了我们研究的新思路，认为国内没有像我们这样干的；同时给我们提出了许多相当宝贵的改进意见，使我们受益匪浅。从鉴定完成到现在，我们设备的改进与完善工作从未停止过，我们要不断优化产品，要做得更好。现在我们设备的性能指标，已经能够达到 2008 年科技部颁发的国家重点支持的高新技术指标，而且还要好一点，但是这是否已经是成熟产品了？还不一定。我们还在不断地探索。

总结我们在设备研发过程中克服困难的经验，就是决策者在关键时刻要能冲得上去，要能拿下高地，发挥表率和示范效应，这是根本的保证。

（九）风险

1. 不确定性

最大的不确定性，是一个最简单的常识问题。多少年形成的传统能源——煤、石油、天然气，虽然用一点少一点，但价格较低。而现在可替代能源虽然很多，但普遍认同的太阳能、风能、生物质能与传统能源比较，都还没有可竞争的市场价格，市场化还没有得到普及，包括欧盟。能不能在未来，通过技术创新降低成本，降低价格，实现商业化，现在也还是未知数。

2. 不当先烈

我们要活着，不当先烈。我们经常目睹身边夭折的创业企业。但我们要力争顽强地活下去。

3. 谁是敌人

创业历程中遇到冲突和矛盾时谁是敌人？我深深体会到，不要找别人的毛病、归咎于别人，敌人就是自己。你自己是否有能力？是否有条件？在困难时能否坚持？在难题面前能否突破？在疑惑中能否有能力正确判断、坚守原则？发生冲突时能否做到换位思考，而不是把不同的意见和行为作为道德问题加以排斥？如果不能，这些就会成为创业企业失败的主要原因。事实上，创业企业最大的挑战是对创业者本身的高度的要求。我们锲而不舍地往前走，既是企业应对危机的关键，也是我们个人人生价值一步一步上台阶的辉煌展现。

五、下一阶段战略实施

(一) 对已实施战略的评估

实践是检验真理的标准，因此现在对我们已经实施的战略进行一下评估：

1. 基本合适

我们感觉三年前设定的战略比较合适，过程中没有做大的调整，目前还没有发现必须调整的重大因素出现。

2. 活着

与我们目睹的已经改型或已经夭折的企业相比，我们还活着。

3. 仅走了一段

从完整的企业战略管理过程来看，我们仅仅走了一小段。如果按照我们规划中的四个阶段，我们最终要成为一个公众公司，要上市。目前，我们第二阶段还没有真正走完。古人云，“行百里，半九十”。如果用这句话衡量，我们现在只走了一半的一半，我们必须清醒，必须要有理性，必须有应对新的挑战和危机的充分准备。

(二) 商业模式选择……

目前我们的产品还只是处于试销阶段，对于产品的三个市场运用什么样的商业模式更适宜，目前还处于探索阶段。虽然在这一领域中我们有了一个发明专利，但这仅仅是一个开始。在这样一个崭新的领域，一定有千千万万的人也在探索，也在努力。我相信，在这个新兴的行业中，各种力量的共同努力将促使着行业不断地发展，走向成熟，完成它的生命周期。所以我用“……”作为我的汇报的结束，也作为我的期待，期待着同学们共同来参与我们的探讨。

六、案例使用说明

(一) 案例类型与教学目的

1. 案例类型

本案例属于新兴中小企业创业管理方面的描述性案例，具体阐述 HK 公司创业的背景，战略分析、战略选择与战略实施的过程，以及对这一项目今后发展方向的思考。本案例也可以运用于波特所阐述的新兴行业的结构环境、发展障碍和战略选择的具体分析。本案例较适用于 MBA 学员、在职管理者及本科高年级学生的教学和培训。主要用于“企业战略管理”、“中小企业管理”、“创业企业管理”等课程的专题讨论。

2. 教学目的

(1) 掌握企业战略管理过程的主要阶段。

(2) 了解新兴行业的结构环境。

(3) 了解新兴行业的发展障碍与风险。

(4) 思考新兴行业战略选择与实施所需要考虑的问题。

(二) 启发思考题

(1) HK 公司决定创业后做了一年调研，创业者是从哪些方面进行调研的？为什么说这一年的调研是非常必要的？

(2) 经过外部环境和内部条件分析，HK 公司为什么选择了农业秸秆压缩技术？这一技术国内外的研发现状是怎样的？HK 公司为什么能够获得发明专利？

(3) HK 公司在创业过程中遇到了哪些困难、风险和危机？决策者是如何面对这些困难、风险和危机的？现在还要面对什么样的风险？

(4) 主攻方向明确后，HK 公司是如何实施这一战略的？战略实施过程中主要考虑了哪些因素？

(5) 对于一个小企业来说，与大客户建立联系、拿到大客户的订单是很不容易的，那么，为什么当一家大客户不能及时付款时，HK 公司坚决地要求它必须“一手交钱，一手交货”？

(6) 创新型企业的灵魂就在于不断地创新，请说明创新给 HK 公司带来了哪些机遇与风险。

(7) 评价 HK 公司目前的企业文化与利益安排，并谈谈你认为这样的文化特征与利益安排是否能支持公司的创新与发展。

(8) HK 公司为什么要将根据地建在北京房山区？它的最终市场是哪里？

(9) HK 公司有“常流水”业务，如果不搞这个创新产品，企业也能活得不错，那么，HK 公司为什么要克服各种困难，研发新的技术和产品？这又反映了创业者什么样的价值理念？

(10) 对于案例报告最后提出的期待，请同学们参与 HK 公司产品商业模式的选择，并提出你的思考和建议。

(三) 案例分析路线

(1) 首先请学生复述案例的主要过程和主要内容。

(2) 第二部分 (1) ~ (9) 题答案相对比较清晰，可由学生分组讨论再集中阐述，比较各组答案的水平，并且进行互相补充和完善。

(3) 第二部分第 (10) 题答案可能不一致，可以展开辩论。

(4) 最后，教师以本案例为例，总结新兴中小企业战略管理的过程；新兴行业一般的结构环境；新兴行业发展的主要障碍和风险；新兴行业中企业的战略选择与战略实施需要考虑的主要问题等，并对最后一个问题学员们的不同思路做出归纳总结。

(四) 理论要点

(1) 新兴行业的结构环境。

(2) 新兴行业发展的主要障碍与风险。

(3) 新兴行业中的企业的战略选择与战略实施需要考虑的主要问题。

(五) 参考文献

《一个科技型企业的创业历程》，2009 年 10 月 31 日 HK 公司董事长在首都经济贸易大学 MBA 中心的案例报告。

案例3

基于汽车产业振兴规划的汽保企业发展模式及DCH集团公司的实践案例

吴少平[①] 吴 栋[②]

摘要：在国家汽车产业振兴规划的指引下，置身于这一产业链中的企业有了更加明确的发展方向；本文是基于汽车产业振兴规划的汽保企业发展模式及DCH集团公司的实践案例，阐析了汽车产业发展中的一个专门领域——汽保行业及企业的管理目标与实践；论述了DCH集团公司的发展历程与管理概况；进行了汽保企业发展的环境分析，概括了DCH集团公司汽保生产经营的基本特点，形成了DCH集团公司的发展路径及其远景规划。

关键词：环境分析 汽保行业 DCH集团 发展路径

汽车产业作为我国国民经济发展重要的支柱产业之一，在国家经济建设和社会经济活动中发挥着非常重要的作用。为了应对和抵御国际金融危机，落实党中央、国务院关于保增长、扩内需、调结构的宏观调控战略导向，稳定汽车消费，加快结构调整，增强自主创新能力，推动产业升级，促进我国汽车产业的持续、健康和稳定发展，国务院于2009年3月发布了为期3年（2009~2011年）的《汽车产业调整和振兴规划》。汽车产业具有产业链长、关联度高、就业面广、消费拉动力大的显著特点，因而应当大力推进我国汽车产业更好更快地

---

① 吴少平：首都经济贸易大学工商管理学院教授。
② 吴 栋：DCH集团公司董事长。

发展。可以预期，在国家汽车产业振兴规划的指引下，这一产业链中的企业有了更加明确的发展方向，其中的汽保行业将会有更为广阔的拓展空间和前景。

一、DCH 集团公司发展历程与管理概况

（一）DCH 集团公司的历史沿革

DCH 集团公司，作为集汽车销售、汽车服务、汽车维修设备、进出口贸易和机械制造于一体的外资综合型集团公司，旗下有汽车事业部、汽保事业部、进出口事业部和机械制造事业部。公司成立于 1992 年，总部设在广州市。集团拥有包括广州本田在内的数家 4S 店、汽保设备公司、进出口公司及工厂，并在中国香港、美国、德国等地设立分支机构，在北京、上海、成都设立分公司或办事机构。

1996 年，DCH 集团公司先后与意大利 DECA 公司、意大利 FLEXBIMEC 公司、意大利 ANI 公司、意大利 NOVA 公司、意大利 GL 公司、美国 BEAR 公司、意大利 CORCHI 公司、意大利 SIRIO 公司、意大利 MAVEL 公司、意大利 SPANESI 公司、德国 HOFFMANN 公司、德国 KARCHER 公司等签订进口代理协议。

1997 年成立 DCH 集团公司（中国香港）有限公司（注册地：中国香港）。

1997 年成立 DCH 加州发展有限公司（注册地：美国加利福尼亚州洛杉矶）。

1997 年分别在上海、成都、杭州、长沙、武汉、昆明、福州、西安、兰州、太原、沈阳、济南设立办事处。

1998 年成立格普国际机械有限公司。

1999 年与中国台湾强伦公司签订举升机代理协议。

2000 年 5 月 DCH 集团公司进行重组，汽车用品及汽车维修服务业从 DCH 集团公司中剥离出来独立经营，DCH 集团公司接管汽车维修设备的经营。DCH 集团公司总部搬迁至广州市。

2000 年起汽保业务由原来以批发零售为主的经营模式，调整为以 4S 店整厂配套和批发业务为主的经营模式。

2000 年与德国 BEISSBARTH 公司签订四轮定位、检测线、拆胎机、平衡机的进口代理协议。

2005 年成立珠海大恒机电设备有限公司。

2005 年成立中国香港海博有限公司。

2006 年底 DCH 集团公司被选为广东汽车流通协会副会长单位。

2006 年被中国企业家全国理事会评为理事单位。

2007 年 11 月，广东汽保商会筹备会成立，DCH 集团公司被推荐为会长单位。

2008 年 1 月 30 日，DCH 集团公司新总部大厦（欧罗二期）正式封顶。

2008 年 10 月，成立集团经营管理委员会。

DCH 集团公司现有汽车销售服务、汽保贸易、汽保制造、进出口业务四大板块，2008 年度全年完成销售总额 6.8 亿元，实现利税 0.33 亿元，分别比 2007 年增长 13.2%和 8.6%。

多年来 DCH 集团公司获得了诸多奖项，主要有：

2006 年 DCH 集团公司领导荣获中国创新企业优秀人物奖。

格普国际公司 2006 年度荣获十大检测设备品牌称号。

DCH 集团公司 2006 年度荣获中国汽保设备行业十佳经销商称号。

DCH 集团公司荣获 BOSCH（博世）杰出经销商称号。

DCH 集团公司 2007 年荣获一汽丰田经销商维修设备优秀供应商称号。

（二）DCH 集团公司的管理概况

DCH 集团公司在改革与发展中，不断深化和完善公司治理和机构设置。

集团总部机构设置如图 1 所示。

从图 1 可以看出，DCH 集团公司的核心业务主要有四个方面：

（1）汽保设备。汽保业务是 DCH 集团公司业务的重要组成部分，其拥有德国 BEISSBRARTH（百世霸）、意大利 DECA（戴卡）、美国 KWIK-WAY（金威）、意大利 WERTHER（维特）、意大利 FLEXBIMEC（飞力霸）、意大利 MAVEL（万禾）、意大利 ANI（安妮）、意大利 SIRIO（洗力）等全球性数十家知名品牌的汽保产品在中国的代理权，并担负着设备开发、国际贸易、国内推广、销售服务以及技术培训等多项重要职能。整厂配套是 DCH 集团公司汽保事业部的重点业务，到目前为止，DCH 集团已为广州本田、广州丰田、一汽丰田、长安福特、大众、日产、奔驰、宝马等 1000 多家 4S 店提供了整厂配套服务，是中国主流汽车品牌 4S 店售后服务系统的供应商之一。

（2）进出口业务。DCH 集团公司通过其独资、合资的美国 DCH 加州发展有限公司、DCH 集团（中国香港）有限公司及珠海市大恒机电设备有限公司等公司从事进出口业务，主营机电产品，还代理多个国内大中型机电能源、石

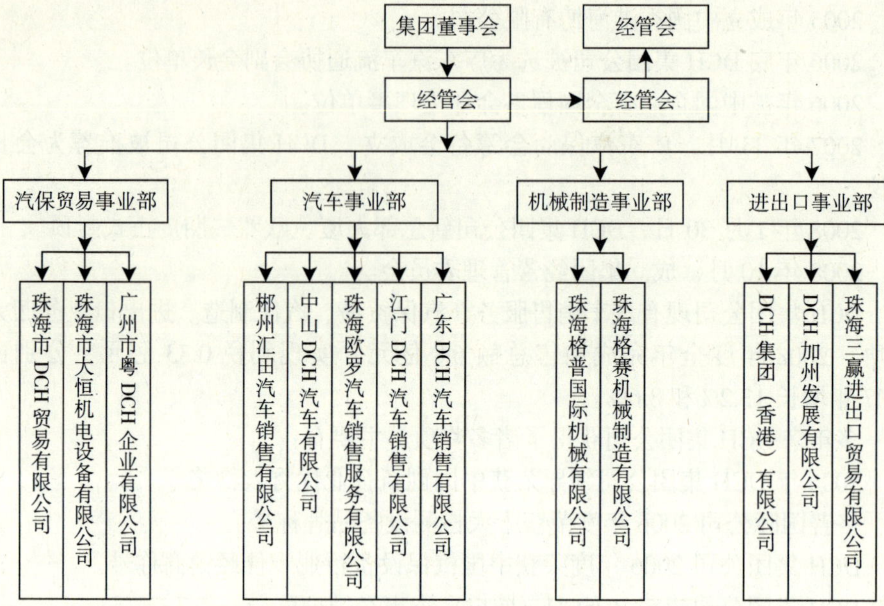

图1　集团总部机构设置

油、化工等企业的进出口业务。

（3）汽车贸易。DCH集团公司投资了多家包括广州本田在内的著名品牌的4S店，汽车销售及服务是DCH集团公司的核心业务之一。

（4）机械制造。格普国际机械有限公司系DCH集团公司旗下机构，专业从事各类汽保设备、检测设备及其他工业设备的生产与制造。公司目前拥有员工200余人，工厂面积18000平方米，是一家集制造、研发、销售、服务为一体的生产型综合企业，能为全球汽车市场提供专业、先进的设备、合理的解决方案以及高水准的服务。格普研发中心与多家国际知名企业建立了长期的密切合作关系，引进欧洲一流技术，同时研发具有自主知识产权的汽车维修及保养设备，并保持产品核心技术与国际先进水平同步。

多年来，公司始终视质量、技术和服务为企业的生命，严格按照ISO9000质量体系标准，用科学的控制流程来确保产品质量。格普产品已全面通过了欧洲CE及国家质量技术监督和计量等相关部门的认证，格普系列产品在较短的时间内迅速覆盖整个中国市场，得到国内客户的认可及主要品牌汽车4S店的推荐，并以最具竞争力的性价比优势远销欧美和东南亚30多个国家和地区。

10多年来，DCH集团公司通过不懈的努力，积累了丰富的经验，培养了一批优秀的管理人才和技术人才，为DCH集团公司的继续发展奠定了坚实的基础。DCH集团公司的员工将以客观、务实、负责、真诚的态度，并以“创新科技领先、服务赢取客户、管理创造效益、共赢走向未来”的服务宗旨，为用户提供全方位的服务。2008 年，格普国际机械有限公司参加了法兰克福展。

DCH 集团公司一直是依靠自身的滚动发展；经营作风较为稳健，集团四大板块业务规模适度发展均衡；集团基本没有负债。核心业务为汽车销售、汽保设备生产、汽保贸易与服务，这些共同形成了一条围绕汽车销售与服务的产业链，具备一定的优势及竞争力。

二、DCH 集团公司的环境分析

（一）总体发展环境分析

2009 年初春，国务院颁布了汽车产业振兴规划，为我国汽车及其汽保行业发展明确了发展目标和政策导向。

据新华网报道，国务院总理温家宝于 2009 年 1 月 14 日主持召开国务院常务会议，审议并原则上通过汽车产业和钢铁产业调整振兴规划。[①]

会议认为，汽车、钢铁产业是国民经济重要支柱产业，涉及面广、关联度高、消费拉动大。制定实施汽车和钢铁产业调整振兴规划，对于推进汽车、钢铁产业结构优化升级，增强企业素质和国际竞争力，促进相关产业和国民经济平稳较快发展，都具有重要意义。

会议强调，加快汽车产业调整和振兴，必须实施积极的消费政策，稳定和扩大汽车消费需求，以结构调整为主线，推进企业联合重组，以新能源汽车为突破口，加强自主创新，形成新的竞争优势。其中提到要加快现代汽车服务业的发展，这就为汽保行业的建设与拓展营造了更为有利的生长环境。

DCH 集团公司具有良好的区位优势。它地处珠江三角洲的中心腹地，所属公司分布在广州、珠海、中山、江门等地。珠江三角洲具有优越的地理条件，其位于广东省的中南部，面向南中国海，为珠江出口处，毗邻港澳和东南亚，是我国著名的侨乡，也是广东社会经济发展的先行地区，素有“鱼米之乡”之称。珠江三角洲交通发达，到 2006 年底，公路通车里程达 50308 公里，公路网密度达 1.26 公里/平方公里。珠江有八大入海口，河网水系发达，港口众多，

---

① 新华网：国务院总理温家宝主持召开国务院常务会议，审议并原则通过汽车产业和钢铁产业调整振兴规划，2009 年 1 月 14 日。

水上交通极为便利。京广、京九、广九、广茂和广梅汕铁路贯穿并交会于三角洲内，还有广深高速铁路。目前，以广州为中心以及以珠江三角洲各中心城市为中心的高速公路网正在逐步形成；以广州新白云国际机场为核心的珠江三角洲航空港与全国主要中心城市和众多国际城市通航。珠江三角洲周边集中了广州、深圳、珠海、中国香港、中国澳门五大机场。港口有盐田、黄埔、珠海及中国香港等，大港口、铁路、高速公路密集。有全国最大的陆路口岸、深圳罗湖及珠海拱北口岸。珠江三角洲与中国香港、中国澳门形成的大珠江三角洲将成为我国交通最发达的区域。

珠江三角洲地区常住人口为4283万人，占广东省人口的61%。所在地域经济发达，汽车保有量、汽车销量占中国的10%以上；广州是日系汽车品牌广州本田、广州丰田、东风日产的制造基地，也是全国最大的轿车制造基地，其销售服务网络星罗棋布，市场潜力很大。

同时，由于珠江三角洲是中国制造业与出口业的中心之一，制造业基础雄厚，配套产品完善，人才较为集中。

所有这些，对DCH集团公司的汽保业发展十分有利，为DCH集团公司的制造业提供了十分有利的环境，为DCH集团公司在珠江三角洲的零售市场营造了广阔的空间与平台。DCH集团公司在海外先后成立了美国、德国代表处，深度拓展海外市场，同时也将在海外设厂、并购等方面进行探索。

（二）汽保行业的国际比较

对于行业的国际比较，可以从产业规模与布局、质量与价格、研发与品牌、成本与盈利等不同层面来进行分析研究。

应当说，德国人发明了汽车，同时也开创了汽保。欧洲的汽保企业以机械产品为主，特别是在举升设备、轮胎与底盘设备、钣喷设备等方面；欧洲公司生产的规模及品质在全球领先，欧美国家很多产品堪称百年品牌甚至是世界性品牌，较大的集团公司如BOSCH（博世）等还进入了世界500强行列；欧美企业的产品和服务质量以及科技附加值较高且稳定，因此价格也相应较高，具有较大的获利空间。尤其是近年来一些欧美企业在中国设厂，中国廉价的成本使它们谋得了比较利益。欧美汽保业大公司定期和不定期地制定长远发展战略规划和经营计划，高度重视产品研发，开展产学研联合攻关，取得显著收效。但由于受到各类因素的冲击和影响，有些欧美企业的成本压力加大，经营规模和利润水平也有所下滑。

纵观我国的汽保行业，中国汽保的发展历史不到30年，却走过了欧美汽保行业的百年之路。总体上看，中国汽保发展历程较短，经济总量与企业规模较小，且多为中小企业；新产品与服务的研发能力较弱，自主创新不够，科技附加值和品牌很少。目前汽保行业中，轮胎设备、举升设备在国际市场有较大的份额。虽然也有中国产品得到了国际客户的认可，在国际市场占有一定市场份额，但很大一部分采用的是 OEM（代工）方式。我国企业以往有比较明显的成本优势，特别是人力成本优势，但近年来我国包括劳动力成本、能源、资源成本等在内的成本上升幅度较大，而且人民币升值造成出口成本上升，这就使得我们的成本优势有所降低。

进行同行业的国际比较，分析出差距，反可使我们意识到发展的空间和机遇。我国汽保企业要尽快地进行科技创新和管理创新，以应对不断变化的新的世界竞争环境和国际市场格局。

（三）我国汽保行业发展现状

从 20 世纪 90 年代起，随着中国汽车工业的发展与进口汽车大量涌入中国，本土的汽保制造企业迎来了良好的发展机遇。本土企业的产品质量得到提升，产品的市场份额不断增大，逐步取代进口产品在中国本土高端市场的地位，代表性公司如中大、元征等。

20 世纪末到现在，我国汽保行业迎来了百年难遇的发展机遇，在不到十年的时间里，无论是从产品、销量（包括出口），到技术、专利等各方面都得到了全面发展。在中国本土市场，我国生产的汽保产品占据了 90%以上的市场份额；在海外市场，我国的汽保产品出口逐年增加，某些产品已对国外同类厂家构成严重威胁。在 2008 年的德国法兰克福展会上，DCH 集团公司的产品吸引了大批欧美买家，有一些 1996 年供应给 DCH 集团公司产品的欧美厂家，现在已开始从 DCH 集团公司进口产品。

如前所述，中国汽保行业的发展时间很短，但发展之快，令全球同行刮目相看。当然这主要是得益于中国汽车工业的高速发展所产生的巨大的市场需求；同时，也得益于中国制造业的发展壮大，为汽保行业提供了技术、人才与理念。当然中国汽保行业的发展也受到成本、知识产权等因素困扰，特别是当前的金融危机，对中国汽保产品的出口市场构成了极大的压力。当然，尽管发展很快，中国的本土汽保生产厂家目前总体经济规模仍然较小，需要加快发展。

（四）DCH 集团公司的优势与挑战分析

1. 行业及技术优势

DCH 集团公司自从 1992 年成立以来，业务不断迅速发展，后来虽然历经重组，但总体来说还是沿着一个不断上升的轨道运行。究其根源，DCH 集团公司所选的行业，以及 DCH 集团公司本身在行业中的地位都是很有优势的。

先看汽车行业。汽车行业在中国这些年来的发展速度可谓有目共睹。现在，汽车产业已经成为了中国的国民经济支柱产业，并且多年持续每年以 15%~20%的高速增长。可以说，选择这个行业，是 DCH 集团公司取得成功的因素之一。

再看汽保行业。汽保行业是一个相对比较特殊的行业。汽车维修和保养是一个稳定增长的市场，与中国的汽车工业一样，起步更晚的中国汽保业发展速度更加迅速，从零起步到今天过百亿元的市场规模，而且在可以预见的未来若干年的时间内，仍将保持持续增长的态势。

进而分析 DCH 集团公司的行业地位。因为起步比较早，又是比较早期做起规模的企业，DCH 集团公司在中国汽保界排名靠前，是比较知名的。在中国，DCH 集团公司建立起了以数百家经销商、数千家维修店组成的庞大的营销网络。而在全世界，DCH 集团公司生产的汽保产品也已经销售到几十个国家，有上百个经销商。DCH 集团公司长期以来积累下来的市场网络和销售骨干，使 DCH 集团公司获得了业内人士的普遍尊重，从而更加有利于集团业务的开拓。DCH 集团公司的高知名度已经成为了公司的一种资源。

DCH 集团公司具有相当强的技术优势。在汽车检测线、烤灯和焊机等方面，DCH 集团公司都拥有比较先进的技术力量。与大多数中国企业相同，DCH 集团公司最早也是采用进口国际知名品牌，做中国代理的方式切入这个市场的。如代理德国的百世霸检测线、四轮定位，代理意大利的戴卡焊机等等。由于长期接触这些优秀的产品，DCH 集团公司培养了一批出色的技术人才。后来在自己生产的时候，采取的是直接与欧洲品质接轨的做法，生产的产品在中国产品中品质属于中上游。而且，继续不断与拥有世界顶尖技术的外国企业合作，不断开发新品种，完善现有技术。经过多年的发展，DCH 集团公司在产品品质上已经得到国内外客户的广泛认可。很多国外客户积极地与其合作，进行新产品的研发，其中甚至有不少是世界首创的产品。而 DCH 集团公司也不断地加强研发能力，加快研发进度。

2. 内外部压力与挑战

从成立伊始到现在的 10 余年中，DCH 集团公司也一直面临各种各样的压力和挑战。解决这些压力和挑战的过程，也是 DCH 集团公司获得发展的过程。现在集团已经有了一定规模，面临的问题和困难更多，然而每一次压力和挑战背后，也蕴涵着新的发展机遇。

(1) 分析内部压力。

第一大内部压力，是发展或守成的战略决策的争执。每一个新项目的设立，每一个重大决策的制定，都是不同观点、不同阅历、不同性格的管理者集体智慧的妥协产物。如何能够做到科学决策，牵涉到诸多非常细微的论点、论据和论证。一旦企业最高决策层产生失误，不管损失的是机会还是金钱，损失都可能是非常巨大的。这个压力带来的挑战，是必须建立起科学的决策形成机制。

第二大内部压力，是要快速理顺每个企业的管理高层的权限和相互之间的制约关系。每个企业发展得好与坏，都与企业的带头人有莫大的关系。要做到人才的最大限度发挥，同时还要掌握好权力的合理分配和相互制约，使企业始终在正确的方向上行驶。这个压力带来的挑战，是建立一套科学的管理和用人机制，尤其是干部的考核、任免、奖惩机制。

第三大内部压力，是要使全体员工建立严格的质量意识。企业要形成以市场为导向、以客户为上帝、以销售为龙头、以质量为生命的氛围。这个压力带来的挑战，是建立一套科学流程的质量管理体系。

(2) 分析外部压力。

首先，是来自竞争对手的压力。国外的竞争对手靠的是技术和质量，但是并不可怕，因为集团公司也在不断地提高。可怕的是无序竞争。这个压力带来的挑战，是努力提高自身的水平，包括产品技术含量，质量和业务员素质，将属于自己的市场巩固好。

其次，是来自客户的压力。客户压价、提出无理要求、客户流失等。这个压力带来的挑战，是如何建立更加有效的客户关系管理体系。

最后，是来自经济环境的压力。包括全球性的金融危机，成本上升、人民币升值等。这些是来自大环境的压力，但是集团公司可以有提前预测和防范的能力。这个压力带来的挑战，是如何未雨绸缪、快速反应、正确应对。

三、DCH 集团公司的汽保生产经营特点

DCH 集团公司的汽保生产经营有着自身鲜明的特点，以下从不同角度对其进行分析。

（一）产业链紧密，打造一条龙优势

DCH 集团公司汽保业务从进口贸易起步，即从欧美引进汽保设备供应国内市场开始。在国内市场做深做透后，开始进入生产领域，生产同类汽保设备，逐步代替进口产品供应国内市场，同时出口到全球市场。

DCH 集团公司的汽车贸易板块主要是代理品牌汽车销售与维修服务，同时也是 DCH 汽保的用户。时至今日，DCH 的汽保贸易在 DCH 业务结构中占有重要地位。

DCH 集团公司的汽保业务形成了从贸易（代理）到生产，从生产到贸易（国内与出口），从贸易到用户（汽车与维修）的产业链，全面覆盖了汽保业务的上中下游，全面了解市场，在市场竞争中占有渠道优势、信息优势、纵深优势与集群优势，形成了一条龙生产服务链。

（二）创新是 DCH 汽保产业发展的动力

DCH 集团公司的汽保业务，无论是贸易还是生产，多年以来以引领发展潮流为动力，在产品开发、技术创新、服务创新和管理创新等方面进行了探索，走出了一条独特的发展道路，营造了创新科技领先的经营与管理模式，从而铸造出 DCH 集团公司的独特优势。多年来，在发展中创新，以及在创新中发展是 DCH 集团公司特有的战略理念。

（三）稳健经营是DCH汽保业务发展的基础

DCH 汽保业务的经营多年来在行业处于领先地位，同时亦以稳健经营著称，几乎是国内外同行中公认的常青树。DCH 汽保业务经历了市场竞争、企业内部调整与变动等不利因素的种种考验，始终能不断发展壮大。稳健经营是

DCH 汽保业务发展的基础，在当前的竞争环境下，尤其应该强调和采取稳健经营策略。

（四）以人为本是DCH汽保业务的保障

汽保行业是一个生产、销售规模较小的行业，业内几乎全部是集企业所有者与经营者于一体的企业，但 DCH 集团公司却是个例外。DCH 汽保业务的日常运作几乎全是依靠职业经理人，而 DCH 集团公司的职业经理人大部分是由企业自身培养而成，其发展空间与平台均是业内较好的。这是由于 DCH 集团公司一直坚持以人为本、尊重个性的原则，最大限度地发挥人的潜能。

四、DCH 集团公司的发展路径分析

企业发展的历史机遇促生了企业发展路径的总体思路。

DCH 集团公司自身拥有众多的优势，除了行业和技术优势之外，也拥有广泛的市场网络和众多优秀的销售、技术人才。拥有这些优势是 DCH 可以抓住一个又一个发展机遇的基础。

同时，集团公司也不断检视自身的不足。充分认识来自企业内外部的压力和挑战；而弥补不足和成功地应对挑战才能不断迎来新的发展机遇。所以说，一大半的企业发展机遇是企业自身创造出来的。

DCH 集团公司在发展进程中曾经面对许多机会，克服了很多困难，才成就了今天的它。在衡量机会的时候，要有理性的分析，也更要有企业家的创业激情。任何事情都是有风险的。如果把风险看得过于大，不敢迈出第一步，就会错失重大的发展机遇。而要具备对机遇的准确判断能力，需要有广泛的知识、敏锐的感觉和果敢的判断力。这需要长期进行综合素质的培养。

集团公司日益发展到较大规模，以前遇到决策性的事情是一个人或少数人拿主意，现在已经无法再做到那么面面俱到。所以，经营管理委员会就是必然的产物。这个委员会的成员必须具有较好的综合素质。经营管理委员会理所当然地会产生激进派和保守派，有时候产生的决议也可能与最高领导的看法不一样。但是，经营管理委员会在很大程度上避免了可能出现的重大决策性失误，使企业走得更加稳健与民主化。

然而，有些时候最高领导必须做出一些不被大家支持的决策，但是事后可

能被证明是正确的。这是因为，没有任何人比创业者更了解这个企业，也没有任何人比创业者更加真正热爱企业，对企业负责。对DCH集团公司来说，实施的是既有民主，又有集中的管理模式。一项决定一旦做出，不管结果如何，都要坚决执行。事实证明，只要出发点是明确的，结果往往也是比较符合预期的。

目前，企业面临的最大挑战，同时也是最大的发展机遇，就是企业的全球化。DCH集团公司有很长时间的汽保产品进出口历史，所以在这方面有独特的优势。中国的汽保产品起步较晚，但是发展速度让全世界为之惊叹。现在，很多基础类的汽保产品，如拆平机、举升机等，中国的产品已经在世界上逐渐占据了主导地位。随之而上的就是钣喷类和检测类的产品。中国人敢于尝试，善于探索，而且成本较低，这些因素使得中国产品已经被世界上广泛接受。未来最成功的中国汽保企业，必将是全球化的企业。

五、DCH集团公司的战略远景规划

（一）DCH集团公司战略规划的制定

DCH集团公司要借势国家汽车产业振兴规划，以及2009年1月国务院发布的《珠江三角洲地区改革发展规划纲要（2008~2020）》。[①] 纲要提出，到2012年，由广州、深圳、佛山、珠海、东莞、中山、惠州、江门、肇庆9个城市组成的珠江三角洲地区率先建成全面小康社会，人均地区生产总值达到80000元；到2020年，率先基本实现现代化，人均地区生产总值达到135000元。

DCH集团公司主要业务涉及汽车整车销售与维修，汽保产品整合销售与服务，汽车维修检测设备的生产及销售等，其中以汽保产品、汽车维修设备等汽车后市场为主业，以汽车销售、进出口等为辅业。虽然侧重点有所不同，但主要都是围绕着汽车相关产品来组织开展生产经营。

机械制造业是DCH集团公司走向全球化的希望，DCH集团公司四大板块中，其他板块都是面对中国本土市场，而机械制造板块却是大部分产品走向海外市场，所以，机械制造板块的战略规划首先从海外市场战略角度规划开始。

当然，机械制造板块并非放弃国内市场，国内市场潜力非常大，做好国内

① 国务院发布《珠江三角洲地区改革发展规划纲要（2008~2020）》，2009年1月。

市场是机械制造板块做大做强的基础，也就是首先求生存，其次再求发展。

由于欧美国家的生产成本较高，质量与中国产品差异越来越小，故销售价格差异较大，大部分的第三世界国家已从自欧美进口产品转向从中国购买，部分欧美国家经销商已经直接向中国购买或以 OEM 方式向中国采购，目前这种趋势越来越明显，正如家电一样，中国汽保产品的竞争力是欧美同业产品阻挡不了的。

而在中国本土市场，随着中国汽车的保有量不断增长，汽车维修设备的需求也在同步增长。

DCH 集团公司在参与市场竞争中具备良好的资源，十几年的经验，国内外良好的人脉关系与销售网络、优秀的团队、高质量的产品及稳健的经营管理，这些都是良性发展的基础。

国内成本上升是 DCH 集团公司面对的最大困难，虽然金融危机引起了原材料等成本的下降，但是从长远来看，原材料、人力成本的上升会把中国本土生产的产品与欧美的产品成本拉近，逐步减弱我们的成本优势。人民币汇率是影响成本的重要因素。

在国内市场，DCH 集团公司的汽保销售与服务网络遍布全国，10 多家销售分公司与 100 多家代理商为客户提供产品与服务。DCH 集团公司向丰田、本田等车厂的中国销售服务网络提供设备与服务已近 10 年，有 1000 多家 4S 店的直接用户群体。

服务先行是 DCH 汽保事业国内市场能否做好做强的关键，客户的需求首先是服务到位，通过服务提升价值，良好的沟通是客户关系成功的关键，性价比较优的产品，令客户觉得物超所值。

依据以上因素及其分析研究，DCH 集团公司汽保事业的远景规划逐步清晰并确定为：

（1）在 10 年内将机械制造板块建成现代化的工厂，外销占 80%，内销占 20%。

（2）在欧美寻找机会，通过收购或自建 1~2 家工厂。

（3）力争产值达到 10 亿元。

（4）在国内市场，依托良好的服务网络，庞大的客户群体与区域优势，通过加强服务赢取客户。通过代理商、直销等渠道销售格普系列、DCH 系列等产品。10 年内力争销售额达到 5 亿元人民币。

基于以上目标，DCH 集团公司进而制订了更为细化的战略部署、工作计划与执行细则。

（二）DCH 集团公司战略规划的实施

DCH 集团公司的汽保事业战略规划以 10 年为远期，以 5 年为中期，以 1 年为近期，分阶段实施。

为了完成远期规划，中期、近期目标，DCH 集团公司必须将汽保业务发展到中国业内前几位，在国际上颇具竞争力与知名度，有品牌、产品、服务等优势，有自有知识产权与创新能力等核心竞争力。集团必须在人力资源、企业内部进行资源整合、投资研究论证、企业内控等方面狠下工夫，必须在全球战略、海外市场开拓与服务方面把市场做大做优。

为了完成远期、中期、近期规划目标，必须在具体计划的实施步骤、细节安排、持续改善等方面狠下工夫。如在产品开发与质量方面，必须有详尽的实施方案，做好财务预算、团队建设等细节安排与计划。

DCH 集团公司走向全球化的战略，将是一个长期的战略。客观分析环境，应对国际金融危机。

突如其来的全球性金融危机对中国实体经济的影响日趋严重，对出口企业及汽车行业影响更甚。DCH 集团公司的国内外市场也同样受到了严重的影响。

2007~2009 年上半年，国际金融危机对我国经济的影响日益加深，珠江三角洲地区中小企业多，外向型企业多，对外依存度高，受到的冲击比较大。必须把保持经济平稳较快发展提升到首要任务的战略高度，通过发展促增长、调结构、保民生，把扩大内需与经济增长、社会建设、民生改善更好地结合起来，进一步深化改革，提高开放水平，这是克服困难、实施规划纲要、保证珠江三角洲长远发展的基础。

如前所述，DCH 集团公司是一个财务非常稳健的公司。它并不会因为这场金融危机倒下去，相反，还要继续保持一定的盈利以及稳定的发展。但是，DCH 集团公司必须对这场危机有足够清醒的认识，也必须采取一系列有效的手段来应对。

DCH 集团公司应对金融危机的主要措施是：教育员工提高危机意识和应对危机的能力，坚定信心，共渡难关；从上到下练好内功，严格进行企业内部控制与管理、节省开支、降低成本；控制好现金流，保障公司有足够的现金周转；减少投资，不投资新项目，把原有项目做好、做优；加强内部培训、做好人才储备；挖掘内部潜力，充分发挥企业潜能，最大限度地利用原有资源；服务好老客户、尽量减少客户流失；开拓新客户，争取更多的客户资源；加快开发新产品，以适应金融危机造成的购买力下降的新情况。

企业文化是企业内部价值观念、行为准则的意识形态，发挥着调节企业内部人际关系、创造工作气氛、辅助企业发展决策等方面的重要功能。DCH 集团公司“创新科技领先、服务赢取客户、管理创造效益、共赢走向未来”的管理理念，是其企业文化的重要组成部分，也是其外在形象和内部凝聚力的集中表现。DCH 集团公司坚持以人为本的原则，以对人价值的关怀为目的，最大限度地调动员工的积极性，在实现企业利润最大化的基础上，不断地提高企业员工的精神和物质生活；坚持客户至上、用户为先的原则，使企业与客户、用户各方利益都得以实现“共赢”的目标。DCH 集团公司在企业文化的建设过程中，不断建立完善富有生命力和时代感的企业道德文化，使每位员工都具备“团结、苦干、开拓、奉献”的企业精神，提高员工主动承担责任、修正个人行为的自觉性，从而使员工主动地关注企业的前途，维护企业的声誉，塑造良好的企业形象。

回首过去，DCH 集团公司的发展与改革经历了奋进与辉煌。DCH 集团公司作为一家最早进入中国汽车服务行业的外资公司之一，以其雄厚的资金、先进的技术、优秀的管理团队和优良的售后服务体系立足于汽车服务行业，为我国的汽车产业、汽保行业的发展，以及珠江三角洲地区改革发展规划作出了新的贡献。

六、案例使用说明

（一）案例类型与教学目的

1. 案例类型

本案例为汽保企业在国家产业政策导向的基础上，进行战略定位的管理案例。

2. 教学目的

（1）理解宏观经济对产业经济的导向作用。

（2）理解产业经济对企业经济的导向作用。

（3）应当明确企业发展战略的定位。

（4）及时进行企业发展战略的转换与改型。

（5）根据企业的发展远景与战略作出经营模式的调整与优化。

（二）启发思考题

（1）宏观经济、中观经济（产业经济、区域经济等）与微观经济的内在关联性。

（2）宏观经济、中观经济（产业经济、区域经济等）对企业发展的影响和引导。

（3）行业发展环境分析中的国际比较。

（4）现代企业一般拥有哪些资源？

（5）现代企业应当如何整合和运用资源？

（6）企业的生产经营如何适应环境的动态变化？

（7）企业的生产经营如何体现发展战略规划？

（8）如何保证企业的生产经营计划目标科学、合理？

（9）如何通过企业发展战略和生产经营活动提升核心竞争力？

（三）案例分析路线

从宏观经济和中观经济的高度关注企业发展的总体趋势→研究企业经营与管理的内外部环境→分析企业面临的机遇与挑战→形成适应环境变化的应对思路→以小组为单位展开讨论→形成总体认识。

（四）理论要点

（1）对企业战略管理的充分认识和理解。

（2）权变理论的实际运用。

（3）资源要素及其整合。

（4）企业核心竞争力的构成与提升。

（5）实现企业跨越式发展的有效途径。

（五）参考资料

（1）《国务院总理温家宝主持召开国务院常务会议，审议并原则通过汽车产业和钢铁产业调整振兴规划》，新华网，2009 年 1 月 14 日。

（2）［美］哈罗德·孔茨、海因茨·韦里克：《管理学》（第 11 版），经济科学出版社，2004 年。

（3）［美］托马斯·贝特曼：《管理学》（第 5 版），中国财政经济出版社，2004 年。

（4）郭跃进：《管理学》（修订版），经济管理出版社，2003 年。

（5）张成耀等：《企业管理前沿报告》，企业管理出版社，2004 年。

（6）赵树基：《现代企业管理方法》，当代中国出版社，2005 年。

（7）李品媛：《管理学》，东北财经大学出版社，2005 年。

（8）芮明杰：《管理学》，上海人民出版社，2005 年。

（9）黄津孚：《现代企业管理原理》，首都经济贸易大学出版社，2007 年。

（10）冯虹、李萍：《现代管理原理与运作》，经济管理出版社，2005 年。

（11）吴维库：《企业竞争力提升战略》，清华大学出版社，2005 年。

（12）王伟光、唐晓华：《现代战略管理》，经济管理出版社，2006 年。

（13）理查德·L. 达夫特、多萝西·马西克：《管理学原理》，机械工业出版社，2009 年。

（14）http：//www.sina.com.cn

（15）http：//www.sohu.com

案例 4

云南省投资控股集团有限公司二次创业战略规划

程丽霞[①] 惠 澎[②]

摘要：云南省投资控股集团有限公司（简称“云投集团”）前身为云南省开发投资有限公司，成立于 1997 年 9 月 5 日，注册资本 80 亿元，是直属于云南省人民政府、由省国资委履行出资人职责的大型国有独资企业。金融危机爆发后，云投集团努力应对全球金融危机的冲击影响，在国际国内复杂的经济形势下，提出了二次创业战略规划，以图实现跨越式发展。本文首先对云投集团进行了一次全方位的诊断，指出了企业存在的各种问题，并针对这些问题，在分析了国内外的环境的基础上，提出了二次创业方案。

关键词：二次创业　战略目标　远景规划　运营模式

一、云南省投资控股集团有限公司概况

云南省投资控股集团有限公司（简称“云投集团”）前身系云南省开发投资有限公司，成立于 1997 年 9 月 5 日，注册资本 80 亿元，是直属于云南省人民政府、由省国资委履行出资人职责的大型国有独资企业。云投集团作为云南

① 程丽霞：首都经济贸易大学工商管理学院讲师，博士。
② 惠 澎：中投咨询有限公司。

省最大的综合性投资控股集团、中国投资协会国有投资公司专业委员会的副会长单位、云南省投资协会会长单位，长期以来，按照“依法治司、稳健经营”的经营理念，遵循“政府主导，市场运作”的原则，充分发挥省政府投资主体、融资平台和经营实体的优势，积极服务于云南省委、省政府的发展战略，努力促进全省经济社会发展。截至目前，云投集团从成立之初的29名员工、30亿元的注册资本起步，历经10余年的创业发展，目前已拥有员工4000余人，8个控股公司（分别为云南省电力投资有限公司、云南省铁路投资有限公司、云南省旅游投资有限公司、云南省林业投资有限公司、云南云景林纸股份有限公司、云南云药科技股份有限公司、云南勐象竹业有限公司、曲靖燃气有限公司），64个参股项目，同时也是富滇银行的第一大股东、红塔证券的第二大股东、丽江旅游的第三大股东，集团总资产达400亿元，净资产140亿元，投资领域涉足能源、交通、旅游、林竹浆纸、金融、医药、化工等领域，在云南省重点项目中累计完成投资345亿元，融资499亿元，以参控股方式带动社会投资1226亿元，为全省固定资产投资连续跨越千亿级台阶，促进产业经济发展作出了积极贡献。

金融危机爆发后，云投集团努力应对全球金融危机冲击的影响，在国际国内复杂的经济形势下，提出了二次创业战略规划，以图实现跨越式发展。

二、云投集团二次创业的目标

通过对现有管理模式进行循序渐进的，连续的，冷水煮青蛙式的升级，（例如分五个阶段升级，每年升级一次），使云投集团总部未来的管理模式实现以下目标：

（1）依托核心价值观来制定战略。

（2）依托战略来建设组织。

（3）依托核心流程来指导运营，抓大放小，并不断地对工作流程进行简化、合并、修改、补充。

（4）依托核心制度来控制系统（包括各级企业和运营系统）。

（5）云投集团总部、各部门、子公司实现统一、规范、标准的管理，并简化工作复杂度和降低工作强度。

（6）依托信息技术平台实现全系统的精耕细作。

（7）云投集团总部高层管理人员可以真正实现战略、计划、组织、指挥、控制、协调的职能，而不再需要冲锋陷阵，至多只是为掌握情况而进行调研，而大量细致、琐碎的工作依靠优良的文化，有效的凝聚力，高效的监控体系，合理的授权，推动各级员工自觉自愿，尽心尽力，优质高效地完成。

(8) 管理模式有足够的冗余度来支撑未来云投集团大规模的扩张，而不降低效率，不减少控制力度，不加重高层管理人员的身心负荷，管理流程简洁清晰，井井有条。

(9) 能很好地把眼前利益和长远利益结合起来。

(10) 执行成本和风险可控，简单有效。

2014 年云投集团控制运营资产将超过 1000 亿元，利润达 40 亿元以上；2018 年云投集团控制运营资产将超过 2000 亿元，利润超过 100 亿元。

只有完成了上述任务，实现了上述目标，我们认为二次创业才叫成功。

实际上二次创业的目的不是延续经营，因为延续经营无法摆脱一个企业的自然寿命。而应当是充分利用企业现有的各种资源，不断对资源进行组合加工，以使其蜕变成一个更大的企业。而其中的每一次蜕变，都有可能给企业带来一个新的自然生命周期。从 GE、IBM、克莱斯勒、JP 摩根集团等世界著名公司的发展史来看，其每一次的战略转型与经营蜕变，都给这些企业带来了新的生命周期和成长空间。

以上就是我们对云投集团二次创业的理解。

三、云投集团存在的问题

通过一系列的调研、访谈和问卷，我们发现云投集团和二级公司管理上目前或多或少存在的一些问题将阻碍其在下一阶段的成长，这些问题可以归纳为四个方面，即战略问题、组织问题、运营问题和管控问题。

(一) 战略问题

1. 长短利益失衡

近期财务收益与企业长期持续成长的关系普遍把握不好，不是盲目扩张，导致资产负债严重失衡；就是过于强调短期收益，浪费发展机会。

2. 内外关系失衡

在政府关系与内部凝聚力方面把握不好，普遍过于强调满足上级的需求，导致公司盈利前景不明。同时个别公司强调小团体的私人利益，使企业承担了过多的政治风险、财务风险和法律风险，导致一线员工失去努力方向，对企业前景悲观，极大地影响了员工责任感的形成，导致效率低下。

3. 业务配置失衡

整个集团没有明确的业务配置战略，即现金业务、成长业务和种子业务之间没有进行合理配置，导致投资回收和债务结构之间严重不匹配，可能产生支付危机。实际上目前资金链已经十分脆弱。

4. 缺乏有效的盈利模式

几乎所有二级公司都没有有效的盈利模式，无效资产大量沉淀，负债压力将越来越大。

5. 定位模糊

所有公司的主业都不清楚，都在盲目进行多元化，而又没有多元化的能力和财务储备。

6. 缺乏投资公司应有的核心能力

投资公司的核心能力包括以下五点：

(1) 眼光：市场机会识别，资源潜在价值判断。

(2) 策划：市场需求理解，盈利模式设计。

(3) 执行：运营流程设计，资源配置技术，其他合作者能力的集成、整合和协调。

(4) 监控：计划进度、成本、质量的控制，风险识别和控制。

(5) 退出或回收：资本市场通道建设，退出或回收的时机把握。

7. 决策机制严重错位

相当多的下属公司授权不当，反复无常，决策草率，一意孤行。目前云投集团决策既不是集中式，也不是分权式，几乎是因人而异的随机式。决策中应该考虑的风险、可行性和必要性判断都存在制度上的缺失。对二级公司管理本来按照公司法应该通过董事会行使决策权，但实际上是由业务管理部门越位代行决策权，而业务管理部门由于其专业经验和专业能力不足，对市场实际信息了解太少，导致决策过程不是推卸责任就是延缓决策，或者否决下级公司一切建议，更糟的是作出完全不符合市场实际的决策。而各级领导只是一味签“同意”，没人为决策的后果负责。

8. 缺乏凝聚人心的机制

由于公司目标不清楚，业绩考评体系就不可能健全有效，激励机制就不可能建立，所以很难让员工有一个统一的目标为之奋斗，也难以形成企业凝聚力，各二级公司、三级公司，甚至四级公司各人有各人的算盘，集团形同一盘散沙。

（二）组织问题

（1）普遍没有研究市场的机构、研发新产品和服务的机构，实际也就没有真正的市场竞争力。

（2）普遍没有资源最优配置和协调的机构。总部不能实行一元化领导，财务、人力资源均无法控制指挥。权责划分混乱，责任不清，工作业绩难以控制且难以追究责任。直接导致管理能力不断萎缩。

（3）普遍没有内部监督和控制机构。经营风险预防和控制机制缺失，一旦某一级、二级公司出现危机，将立即传染整个集团。

（4）普遍缺乏创意、策划等投资公司最重要的业务开发机构，也就意味着缺乏真正的盈利手段和能力。

（5）缺乏专业分工，责权不一，指挥控制体系不健全，运营瓶颈太多。同时公司领导超越自己决策的位置，直接参与执行，违反了决策、执行、监督三权分离的管理基本原则，造成越级指挥，越级报告。

（6）奖惩激励机制不健全，大锅饭，赏罚不明，言而无信。人力资源政策和流程缺失，例如没有薪酬手册和职位手册。

（7）不能择人善任、任人唯贤，因人设事而非理性用人。

（8）公司文化渗透和教育效率不高，形式主义，不实际，缺乏打动人心的力量，有虚假的感觉。不但起不到提升认同感的作用，还带来潜在的抵触情绪，适得其反。同时各级公司文化缺乏系统的推广设计，细节、小事、潜移默化、坚持不懈等注意不够，浮躁而急功近利。

（9）员工培训走过场，好看不能用，员工长远培育和职业生涯规划没有吸引力，使公司稳定持续发展成无源之水。由于职业生涯规划和职业培训流程都有缺失，没有建立实用有效的培训流程，例如操作流程培训、操作技能培训和应知应会培训。没有把人才当成最重要的战略资源来经营。

（10）依靠强制和惩罚而非诱导和激励来推动工作，只会不断积累抵抗情绪，越来越降低效率，致使员工越来越不愿尽心尽力、自觉自愿地工作。

（三）运营问题

（1）目前云投集团具有复杂的法人结构、业务活动结构及管理结构，目前的经营模式隐含巨大风险。主要的风险包括：资本金重复计算、二级公司财务杠杆比率过高及集团整体资本充足性难以衡量；集团内部关联交易；关联交易带来的风险传递；流动性不足风险等。例如城投的实际资本不到资产的 8%，低于银行正常的资本充裕率。

（2）没有把代建项目与市场竞争项目分开管理，导致运营流程混乱，争资源，效率低下。

（3）计划制定流程有缺失和瑕疵，预算指标制定流程下级参与太少，员工有畏难和抵触情绪。没有科学的全面预算体系和预算制定流程，工作业绩不实事求是。

（4）资产管理和负债管理失去平衡。包括负债与预计收益时间结构失衡——短融长投；二级公司投资的产业结构失衡——产业没有互补性；二级公司流动性失衡——现金储备不足；二级公司盈利性失衡——收益不能覆盖资金成本和运营成本；二级公司过度负债——有效资本不足。结果是现金流量平衡严重破坏，资金链随时断裂。

（5）财务管理工作流程执行不力，事前计划，事中监督，事后稽核缺失，尤其是工作的随意性造成巨大浪费。做事情没有成本效益分析，拍脑袋时候多；投资项目可行性评估少、风险大。

（6）整个管理流程的系统性不强。“救火”工作太多，工作计划性不强，工作流程中多余动作太多，导致无效劳动太多，打击士气。工作计划不能根据环境和经营状况及时调整。工作流程不稳定，不清晰，到处有例外干预，降低运营效率。

（7）没有财务内部控制系统；没有内部审计系统；没有风险防范系统；没有有效的财务预警系统。这些系统是投资公司的基础管理系统和生存安全基础系统。

（8）普遍不会执行任务。目前各级管理人员普遍缺少把思想、方向变成计划，把计划变成步骤，把步骤变成任务清单，把任务清单变成执行项目，把执行项目变成行动，把行动变成成果的良好职业习惯。对管理技术的培训明显不足。例如普遍对目标体系的理解有偏差，所以出现只完成最容易的指标的现象；又如计划能力不足，许多干部不知计划的基本要素和格式；再如做事的准备不足，不知工作准备的基本要素和程序。

（9）目前三级公司存在损公肥私，用国家钱干私人事，通过租赁经营、业务外包、收受建设单位回扣等方法转移利润的现象。

（10）由于体制原因和管理原因，投资效率极低。

例如云景公司目前接近 1000 人，管理 10 万吨规模，海南金光 200 多人，管理 100 万吨规模；云景每吨投资 1.5 万元，海南金光每吨投资 0.6 万元；云景建设期10年，海南金光建设期2年。

(四) 管控问题

(1) 管理体系混乱，授权不清，职责不清，总部决策互相冲突，管理流程缺失，再加上经常出现等、靠、要等情况，执行能力不足。出现问题一般都不能立即解决，责任不清，没人为此造成的后果负责而受处罚。

例如在许多岗位上，责任模糊，不知该谁负责。而工作标准、操作规范、运营流程、管理制度又远未完善。专业标准不全，例如各种工作手册都不完整，增加很多无效的协调劳动。同时一部分管理人员有职无权，另一部分又越级指挥，政出多门，多头指挥，多头管理。“救火”时不计成本，不讲效率，不讲程序，重复劳动。而低效的检查又极易让下属弄虚作假。

(2) 公司巡检、稽核督办流程控制缺失，导致运营规范、管理规范、工作计划和预算均不能正确执行。

例如各个部门下发文件不计成本，不讲效率，不讲程序，均一插到底，重复劳动。复杂、烦琐、多头、重叠、低效的检查除了填充工作量，显得很忙和很重要外，只能是管理无能的表现。

(3) 经营信息异常监控流程缺失，对经营的异常情况监控不足，响应慢，所以经常处于“救火”状态，造成极大的浪费和混乱。经营预警流程缺失，导致管理干部普遍缺乏危机意识，无法防患于未然，导致经营危机无法提前消解。

(4) 许多会议无明确目标，无明确议题，无执行的决议，无责任追究，无监督考核，无资源配置，无时间限制。造成时间和精力的浪费。

(5) 上下级沟通不够，开放式的信息越级报告机制没有有效形成，阻塞了上级对实际情况的掌握，便于滥竽充数、弄虚作假的人虚构业绩，掩盖问题，甚至营私舞弊。

(6) 考核监督漏洞太多，苦乐不均，不能公平体现贡献和努力。

(7) 目前管控成本高、效率低，管控的有效性和及时性都不够，真实性、准确性的核查困难，现场检查很少。

(8) 管控部门职能交叉多，加上存在着部门利益冲突，因此就造成了管控重心转移，往往有利可图的事情，都去抢着管；而对利益不大或无利可图的事情则是相互“踢皮球”，谁都不愿管。

(9) 管控人员素质不高，滥竽充数者不乏存在。管控是一项综合性的工作，要高质量地完成任务，不仅要求管控人员有较高的综合素质，而且要有较高的专业素质和政治素质，但事实上目前的管控队伍中，不少人素质不高。据调查，有些基层管控部门中竟有许多人从未受过系统管理知识教育。

(10) 目前制度无法控制下属企业的对外投资。控制对外投资是管控制度中的一项基本内容。

(11) 目前制度无法管控财务杠杆风险。如果母公司和子公司利用相互担保方式从金融机构套取贷款，而只要有一个子公司经营稍有不慎，其风险会即刻传播到母公司或其他子公司。

(12) 目前制度无法管控转嫁财务风险。例如上市公司向母公司用现金买下一块价值很低的荒地，而上市公司又将这块地抵押给总部换取银行担保再向银行贷款。若上市公司无法还钱，风险会立刻转嫁到总部，造成财务危机，而购地款则被母公司以价值很低的荒地所圈走。

(13) 目前制度无法管控资金进入高风险市场。目前体制下二级公司可以通过各种手段以三级公司为载体从金融机构套取大量资金，进入高风险市场，例如股市、期货市场，引发财务危机。

(14) 目前制度无法管控下属公司主要负责人的行为，他们往往又控制了子公司的资金调度权和日常经营决策权，如果违规操作，往往会产生重大的财务风险。

总之，由于云投集团特殊的背景，政府行为很明显，先天不足。尤其是基础管理水平不高。在战略决策、长期投资、资本分析、市场研究、生产管理、预算控制、成本管理、物流管理等涉及企业管理流程各个环节上有很多不足，导致在资本来源、资金管理、公司战略、治理结构、管理机制、人才构成和其他方面留下发展障碍或隐患，而在发展过程中又没有通过债务重组、业务剥离、流程再造等手段来消化历史遗留问题。所以企业无法有效配置和利用资源，无法控制经营风险。

四、云投集团的二次创业规划

(一) 云投未来的战略定位

根据上述云投集团二次创业的战略目标，云投集团在今后 10 年战略任务如下：在作为云南省经济发展战略实施的战略工具和企业化运营的多元化投资集团两个角色之间取得巧妙平衡。这包括以下要点：

(1) 有效控制云南省战略资源。

(2) 诱导或主导完成一些在云南经济发展战略中具有重大影响的项目，在完成政府任务的同时获得相应的补偿，例如政策、资源或现金。

(3) 保持公司健康、持续地成长。

健康是指公司具有保持自由现金流量大于零的运营模式，资产周转率和资产收益率均高于行业平均水平。

持续是指公司资产规模和收入的成长长期保持均衡。

(4) 夯实管理基础和财务基础，通过抢占和控制一些重要资源来做强主业，培育以专业化为特点的核心竞争力，即使二级公司因为财务危机而崩溃，或者因为资产划拨导致其独立的极端情况出现，也不能从根本上动摇云投集团在云南省的重要战略地位。

(二) 云投未来的公司性质

控股公司的盈利模式分为：直接资产经营型、间接资产经营型、主动资本经营型与被动资本经营型，各种控股公司盈利模式对公司的条件和能力有不同的要求。经初步分析，云投较接近间接资产经营型的公司，目前世界上著名的间接资产经营公司像淡马锡，有新加坡政府背景投资公司，选择投资目标过程非常细致和谨慎，一旦投入后较少参与公司直接运作；ENI，集中了意大利能源领域所有业务的国有企业集团，对公司进行有效管理并确保资产保值增值，并于 1995 年开始进行股权多元化；IRI，意大利财政部全资拥有的企业集团，接管了政府的不良资产，涉及行业非常广泛，1993 年开始积极处置所控股的企业；中国的国家开发投资公司，原有国家六大投资公司合并，成立国家开发投资公司，其业务基础主要是承接了原国家六大专业投资公司 540 个划转项目。通过对以上四家公司的分析，我们可以得到一些启示：云投应充分发挥云南省唯一投资公司的优势，在政府指引下，快速向市场化的投资公司发展。未来的云投应当是在“国家”背景下，进行市场化运作，不可以成为纯粹的政府出资人代表。

随着中国经济市场化进程的逐步深入，政府在国家经济中的直接参与度将越来越低，纯粹的“国资委的资产管理公司”也会因资产管理的规模逐步缩小而面临生存的困境。事实上，意大利的 IRI 公司就因基本上已完成国家交付的资产处置任务，已经在 2003 年被解散。云投应充分利用“国”字的优势，无论是原先的云南开发投资公司，或是 2007 年成立的云投集团，从根本上是遵循了政府投资主体的模式进行运作。云投本身的体制和机制使其在短时间内不具备与其他专业性投资公司、民营或股份制投资公司竞争的基础和条件。云投作为“云南省投资主体”所具有的声誉、地位以及与各级政府关系使其在目前投资的一些行业和项目中具有独特的优势。

同时，市场化运作可以更有效地促进云投作为政府出资人代表的地位，形成一种良性循环。多元化的股权结构将有助于云投的市场化运作，但这一转变目前有一定难度。

（三）云投未来的运营模式

目前云投兼顾了直接和间接的资产经营，但其实云投并不具备进行直接资产经营的条件，建议云投以间接资产经营为主，逐步发展主动资本经营，以不断优化资产结构。这样做的原因主要有三点：首先，云投项目多而散，有的虽然属于一个大行业，但归不同的子行业，实行直接管理难度较大；其次，云投多数是宏观管理人才，进行间接管理较能发挥优势；最后，实业经营定位于间接经营，可以将人力资源更多地投入到寻找新的项目中去，改进资产结构。

经过以上分析，我们确定，云投集团未来的运营模式应该以资产管理为核心业务，以项目投资、兼并、收购和托管为主要手段。具体模式如下：控制部分自然资源和某些行业市场，保持与各级政府的紧密关系，建立与国际资本市场和国内资本市场的通道；对目标行业企业或资源采用资本输出和管理技术输出的手段，获得控制权，并采用控股公司方式进行经营管理。并做到选择有价值的目标进行低成本控制；加强对所控制企业的运营管理，减少经营风险；体现产业链协同作用，提高经营效益；改善企业素质，提高管理水平；壮大云投整体实力，相继扩张规模。

云投靠资源整合、协同动作、精耕细作和适时退出获得收益，平稳、有效地实现资产保值、增值和适量的现金收入，最终，云投总部将是以高端服务为特征的企业，通过股权控制实业。

（四）云投的集团化运作及管控公司类型

1. 云投集团必须集团化运作的主要原因

第一是做大做强效应。其模式是以实业和金融为两翼，互相配合，共同前进。

第二是集中资源。集中运作可以以较少的资金迅速地扩张资产，来控制一批子公司。这样，云投集团只需用投资于集团旗舰公司的一笔投入，即可在短期内通过杠杆作用直接或间接地有效控制多家上市公司和非上市公司的股权和经营权。

第三是抗风险。由于未来政策具有不确定性，为了抵御这种风险，只能做大做强，云投集团如果大到成为这个市场的一部分，就可以将云投集团的非系统风险扩展为整个市场的系统风险而被稀释。也即规模大可以大而不倒。

第四是产业横向互补。云投集团目前资金大多属于长期投资，所以必须有短期投资业务匹配现金流量。不但要注重横向的、内容方面的互补性投资，如金融和实业产业链之间的互补；而且要重视在投资节奏方面的结构安排，即长期、中期、短期的投资比例结构的合理。

第五是产业协同。通过纵向的管理联系（通过投资方式实现）和横向的资源共享（包括客户、信息数据资源等）实现协同效应，提高运营效率。

第六是 VIP 效应。在目前以 GDP 为先的政绩观下，只有做大规模才能引起重视，才能获得额外的社会交换收益，这就是“VIP（Very Important Person）效应”，或称为“挤入上流俱乐部效应”。

2. 控股公司类型及选择的依据

目前，主要的控股公司类型有财务控股、战略控股、服务控股及管理控股四种，而选择控股公司类型主要的依据是从集团的资源整合要求、多种经营化程度、业务的国际化程度、业务领域管理与总部的关联性程度、经营业务重点、日常生产经营管理事务比重六个方面来考虑。通常一家公司会选择一种控股公司类型作为主要的母公司定位，比如，淡马锡公司主要是财务控股型，而我国的海尔是战略控股型，国投集团则是管理控股型。

从目前的现状来看，云投不具备成为单纯战略控股或服务控股公司的条件，所以，云投的定位是财务控股型和管理控股型的混合。从长期的公司定位来看，云投应该从战略管理型控股公司过渡为战略型财务控股为主的公司。

（五）云投集团的业务框架及战略目标

云投目前的业务框架体现了政府交付的“使命”和云投市场化运作的决心，而未来的云投将实业经营与资产管理相分离，这样有利于云投专注发展有前途的项目和加快分离不良资产。未来的云投应当是在“国家”背景下，进行市场化运作，并逐步转向多元化的股权结构；精耕细作以提高效率和兼并收购低成本稳步扩张以扩大规模的经营理念。

根据公司远景规划，云投集团应设立三个方面的具体目标来衡量发展的阶段。

第一，在领先增长方面，未来 5 年公司的资产总值增长速度高于国家固定资产总值的增长速度，控制资产在1000亿元以上；每年投资规模150亿元以上；各投资企业的市场份额每年都应比上一年有所增加。而未来10年的目标是公司资产总值的增长速度高于国家固定资产总值的增长速度，控制资产在2000亿元以上；每年投资规模200亿元以上。

第二，在效益卓越方面，未来5年的目标是：新项目的投资回报率大于同类基金的年平均收益率；建设期结束的项目资产回报率在云南省的行业中处于领先水平，年投资利润率达8%以上；5年后年利润在40亿元以上（包括少数股东权益），其中金融、物流、能源、林产业、燃气应占到20亿元以上。未来10年的目标是：新项目投资回报率不低于现有项目的平均投资回报率；资产回报率处于国际领先水平。例如：控股公司资产回报率为10%~15%；10年后年利润达100亿元以上（包括少数股东权益），其中金融、物流、能源、林产业、燃气应占到50亿元以上。

第三，在管理优秀方面，未来5年总公司和所投资企业应具有云南省一流的管理团队；形成特定的投资工具、资本运营工具、管理工具和管理技术，充分运用现代先进的企业管理机制进行管理。未来10年要达到具有国内一流水平的投资管理人才；拥有处于领先水平的全国性投资能力；运用国内一流的管理手段。

就云投集团的目前情况，我们建议当下第一要做的是储备人才、积累经验；第二是做好业务展开的组织准备；第三是充分理解和掌握业务相关业态的经营规律和核心技术；第四是完善核心团队的专业配置和能力互补，并加强沟通、协同和合作；第五是在集团高层要达成对云投集团发展目标、战略的共识；第六是要在集团高层形成合理的分工和清晰的职责定位。理解相关业态经营规律非常重要，是形成核心能力的基础。

五、案例使用说明

（一）案例类型与教学目的

1. 案例类型

本案例属于综合型案例，可用于“企业战略规划”、“企业改革”、“二次创业”等专题讨论。

2. 教学目的

本案例的学习，要求了解和掌握：

（1）在进行战略规划之前如何对企业进行诊断。

（2）二次创业的概念和过程。

（3）企业远景规划的目标及内容。

（二）启发思考题

（1）什么叫做二次创业？

（2）云投集团存在哪些问题？

（3）云投集团的远景规划与战略目标是什么？

（三）案例分析路线

提出问题→企业现状诊断→分析解决问题。

（四）参考资料

《云投集团战略规划和管理控制咨询报告》，《中投咨询》。

案例5

天津移动的"10086"服务营销[①]

张梦霞[②]　罗　曼[③]

摘要：服务营销是电信运营商营销活动的重要内容，也是企业取得市场竞争优势的重要途径。本案例是一个初创案例，它聚焦于天津移动客户服务中心"10086"服务产品的服务营销理念与运作模式，系统阐述了基于多种服务产品的内外部整合营销管理及企业内外部客户满意度管理方法。案例同时显示，天津移动服务营销的硬件支撑——通信网络，是其高效服务营销的强力支撑。天津移动基于客户需求的动态服务营销模式，为企业特别是通信企业提供了服务营销的范例。

关键词：天津移动　服务营销　服务产品"10086"

一、背景介绍

(一) 企业概况

中国移动通信集团天津有限公司是中国移动有限公司的全资子公司。天津移动通信有限责任公司于2000年改制重组，并分别在中国香港地区和美国同时上市，成功进入国际资本市场。同时确立了向世界一流移动通信企业迈进

---

① 本案例的开发得到中国移动通信集团天津有限公司的大力支持，特别鸣谢张永平总经理、闫五四副总经理和客户服务部张华经理。案例的公开发表已获得该公司授权。

② 张梦霞：首都经济贸易大学工商管理学院教授，博士。

③ 罗　曼：首都经济贸易大学工商管理学院硕士研究生。

的奋斗目标。公司 1000 多名在职员工，拥有雄厚的移动通信建设和技术维护力量。

经过 20 年的探索和努力，天津移动以惊人的建设速度成就了天津地区最大的移动通信网络，覆盖已通达全市各个角落，而移动通信的网络容量超过 1300 万户，同时网络质量位居全国前列。移动通信技术层次的不断提升，设备和技术能力的飞速增长为用户发展积蓄了后劲，而新业务的繁荣派生也为市场源源不断地注入活力。“全球通”、“动感地带”、“神州行”三大客户品牌家喻户晓，丰富的业务给客户带来了更多的选择。随着互联网技术与移动通信技术的融合，天津移动通信的发展进入了一个新阶段。目前天津移动正逐步从传统的语音业务服务商向信息服务提供商转变。

天津移动努力向用户呈现高品质的网络环境，同时客户可享受话费自动交纳、网上营业厅等多种方便的服务；10086 客户服务中心实施全业务受理，使天津移动的客户无论是咨询、投诉，或是查询话费、办理业务都易如反掌；VIP 客户更可享受一对一的贴心服务；对于行业集团客户，天津移动为其量身定做了独享的集团解决方案；区域化的管理使服务更贴心，客户积分、异业联盟使天津移动的客户服务不断增值，并赢得了更多客户的信赖。

面向未来发展目标，天津移动提出并不断深化“立体创新”实施战略，全面打造企业的核心竞争力。在网络规模、技术层次、业务研发、服务水平全面提高的同时，天津移动运用科学的管理方法，使企业内在素质不断提高。

（二）客户服务中心概况

天津移动共有职能部门 11 个、市场部门 18 个、网络部门 7 个、支撑部门 2 个。客户服务中心是中国移动通信集团天津有限公司为客户提供服务的窗口部门，是天津移动的重要市场部门之一。1999 年 12 月，随着电信分营工作的开展，原长途电信局的“172 移动客户服务中心”更名为“1860 客户服务中心”。而当时的“1860 客户服务中心”仅有 93 个坐席，仅为天津客户提供简单的问题解答和使用服务。随着中国移动网络建设不断完善、业务产品逐步扩展、服务水准的不断提高以及客户规模的日益扩大，2003 年 3 月 18 日，客服中心全力推出了 1860 全业务受理服务方式，业务内容丰富到为客户提供业务查询、咨询、办理、投诉等方面的内容，将 1860 客户服务工作提升到一个崭新的阶段。2006 年，中国移动客服热线 1860 统一升级为 10086，升位后的 10086 呼叫中心超过 300 个坐席，成为天津地区规模最大的呼叫中心。

天津移动客服中心现有员工 800 余人，拥有 3 个呼叫中心，各类坐席 637

个，集10086服务热线、网上营业厅、短信营业厅、12580综合信息门户服务、外呼电话营销、投诉处理以及自助服务于一体的、提供全业务服务的客户服务窗口。它主要为天津地区近700万在网客户提供24小时无间断的优质服务，成为客户服务和直销渠道的信息枢纽。

(三) 客户服务中心产品结构及特点

客户服务中心主要拥有六大产品，如图1所示。

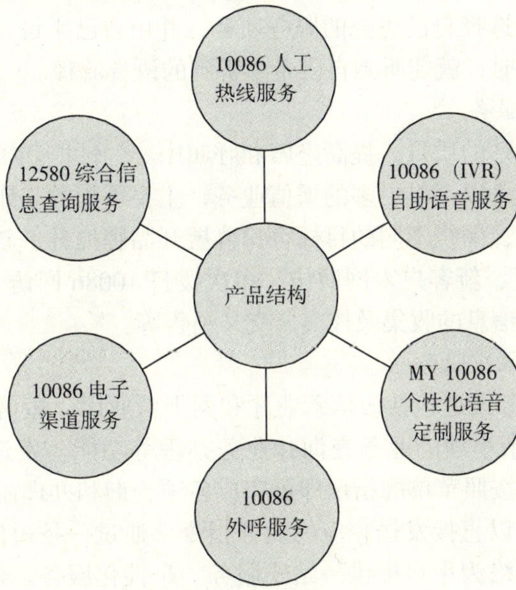

图1　客户服务中心的六大产品

1. 10086人工热线服务

10086人工热线服务是客服中心向用户提供独立的语音接入通话和高效的专席服务，采取人工与自动相结合的受理应答方式，向客户提供每天24小时（7×24小时）的不间断、双语种服务，受理客户业务咨询、话费查询、投诉申告、业务受理、紧急服务、用户挽留、电话营销等多样化的服务需求。处理业务内容包括话费、套餐、积分、归属地等信息查询，移动业务、营销活动介绍，业务办理（含业务开通及取消、品牌套餐变更、优惠包增减等）。

2. 10086（IVR）自助语音服务

10086自助服务是传统的语音客户服务平台，为客户提供7×24小时不间断的双语种优质服务，客户拨打 10086 自助语音系统，可以获得业务咨询（归属地查询、套餐查询等）、最新优惠信息、话费查询、业务办理（来电显示、彩铃、服务密码等）、梦网查询等服务。目前，10086 自助服务根据客户产品属性不同，设计了 VIP、全球通、动感地带、神州行、3G、异地、他网等 8 套独立菜单。可实现 17 项查询、51 项办理、53 项咨询服务。

3. MY 10086 个性化语音定制服务

MY 10086 是天津移动客服中心推出的全新概念的 IVR 服务，以满足不同客户的差异化需求。客户可以根据自己的需要任意组合现有客服热线 10086 中的菜单选项，实现菜单定制。即客户可以通过网上营业厅、人工坐席，按照自己的需求、习惯来选择自己想要的服务项目，并由自己来设计按键的位置，当客户再次拨打热线时，就能听到自己希望听到的语音流程。

4. 10086 外呼服务

为改善客户联系的质量，提高坐席和呼叫中心的性能和工作效率，客户服务中心需要主动服务以提供更多的增值业务，主要承担的工作包括：主动服务与营销管理相结合，围绕不同的目标客户群展开品牌提升、新业务推介、客户挽留、高价值回馈、新客户入网回访、多次拨打 10086 回访、市场问卷调查、满意度调查、客户信息的收集及核实、交叉销售等。

5. 10086 电子渠道服务

10086 电子服务渠道包括短信营业厅和网上营业厅。短信营业厅实现了五大类 61 大项 680 余小项的业务查询和业务办理等功能。发送 10086 到 10086 即可获取主菜单，按照菜单的指示即可完成各项查询和办理需求，而对于经常使用的客户，则可以直接发送相应的业务指令，通过一条短信完成业务受理。网上营业厅通过网络为用户提供一站式服务、个性化服务。建设了信息查询、业务办理、优惠活动宣传、话费充值等多方面的服务内容。

6. 12580 综合信息查询服务

12580 综合信息服务不仅可以为客户提供餐饮、娱乐、交通、旅游、便民的搜索查询服务以及预订机票及酒店的商旅服务，还可以提供天气预报、列车时刻查询、指路服务等。“吃、穿、住、用、行” 等全方位的信息和服务应有尽有，可通过短信免费把查询结果发送到客户的手机上。目前，12580 综合信息服务业务产品已达 31 种。近期上线的业务就有手机书架、营养百科、求职招聘等。

二、10086 客户自助服务体系

（一）10086 自助语音服务

1. 自助语音服务的建设和运营

10086 客户服务热线是与客户沟通的主要服务渠道，而其中的自助语音服务是缓解人工呼入压力的有效手段，也是与客户沟通最密切、最广泛的服务平台。IVR 自助系统自助呼入量每月已超过 1000 万通，约占自助和人工总呼入量的 75%。由此可见，若不能建立一套高效的、被客户广泛认可的 IVR 系统，人工服务压力及服务成本是不可想象的。2008 年初，天津移动经客户调研和数据分析发现大部分客户对 IVR 使用的积极性并不高。原因主要是呼叫中心的 IVR 菜单在便捷、互动及人性化方面与人工服务有着很大的差距。近两年来，如何通过创新思维使 IVR 保持自助的便捷又兼具人工服务的互动与个性成为了自助语音服务建设和运营的目标。

2. 自助语音服务的特点

在语音流程的设计上，客户服务中心按照需求层次的理论模型对 IVR 进行建设，分成“系统稳定、流程简洁、服务完善、感知人性化”四个方面，以创造客户需求，提高服务的附加值，挖掘潜在满意值，并最终使客户能够感觉到人性化的服务体验。

（1）系统稳定，向客户提供不间断服务。IVR 系统的优势之一就是服务实时、稳定，因此，保证系统的稳定是 IVR 系统运营的基础。为保持系统的长期稳定，中心建立了日常检测及预警机制，对因需求突增或临时故障等原因造成成功率下降的情况进行检测和锁定，并加以分析和干预。采取即时向客户推送其他自助渠道，进行疏导，如在端口失败时，系统自动为客户采取语音或短信方式引导客户使用其他自助渠道，协助客户完成当次服务。

针对月底、月初查询需求处于峰值时，系统处理能力下降，某一时段集中呼入时，自助系统会有延时或查询失败的情况，此时系统会自动启动短信营业厅渠道，通过语音播报和短信下发告知客户查询方法，利用渠道协同、互补，保持服务的实时、不间断。如语音播报“系统忙，暂时无法为您提供服务，您可通过短信营业厅查询，查询方式将发送到您手机上，请您注意查收”。短信内容为：“客户您好，查询 GPRS 流量可直接回复短信 105，查询内容将以短信告知。短信营业厅为您提供免费的便捷服务，了解更多可发送 10086 到 10086。”通过方案的实施，IVR 查询失败的客户当天可以通过短信营业厅进行查询，对此接受度较高。

因人工坐席忙导致人工台无法接通，原来是客户被系统自动挂机，经调查，有部分需求自助能够满足，被系统强制挂断后，客户感知不好。现经优化，已实现 IVR 二次自助推送。

客服中心通过设定三级预警机制的系统故障，发送预警短信，提高了故障处理响应速度。

（2）菜单精简、导航清晰明了。自助流程最大的优势就是便捷，因此无论公司向客户提供多少项服务，自助流程也必须要保持它的简练优势。一定要避免菜单“横宽、纵深，大而全”，一旦服务节点过多，结构过于复杂，即使上下层逻辑关系合理，有规律，客户也是难以掌握的。当交互次数、操作复杂性达到一定程度时，客户就会产生抱怨，甚至会放弃使用。

2008 年 8 月，客户服务中心对自助流程进行了一次较大幅度的精简改造，主要是删除了一些业务量较小的服务节点，结果是业务量不降反升，次月业务量增幅达到 15%，其中办理业务节点增幅高达 32%，客户满意度也明显提升。通过此次调整，中心最终确定了按键设置“横不超 6，纵不过 3”的自助语音系统建设原则。

以全球通产品为例，其菜单设计如图 2 所示。

在引导语的编写上，避免直接引用专业术语，要尽量用客户熟悉的说法，语言要简练、通俗易懂，但也不能概括性太强。如在某些关联节点上，根据追踪的客户需求，搭建快速服务通道，减少客户逐层返回再逐一进入的麻烦，有效地提升操作便捷性，体现界面友好的人性化服务。

（3）服务彻底，提高一次解决率。客户的需求有时往往是多项的，而 IVR 的一个节点一般只简单地解决一项服务请求，因此，有时客户就感觉人工坐席可以就产生的问题连续发问，而自助则不能。为此，客服中心基于深入研究客户需求心理，尽量一次性解决几项关联服务，即一次解决率。如因客户原因，自助台无法查询或办理某项业务时，系统不能简单地告知客户无法办理，还应通过后台数据库判断客户无法受理的原因，并将所需手续、办理渠道等解决办法提供给客户，使客户知其然，也知其所以然。在客户办理某项业务后，将与该项业务相关联的使用须知或其附加业务的开通方法告知客户，以减少客户疑惑或二次呼入。例如，针对客户当前业务属性的差异服务，增加业务状态判断功能。如果停机客户想办理开机，原流程是只报无法开机，但客户因为不知为什么不能开机，就会二次拨打人工台咨询，经流程优化后，现系统能针对 12

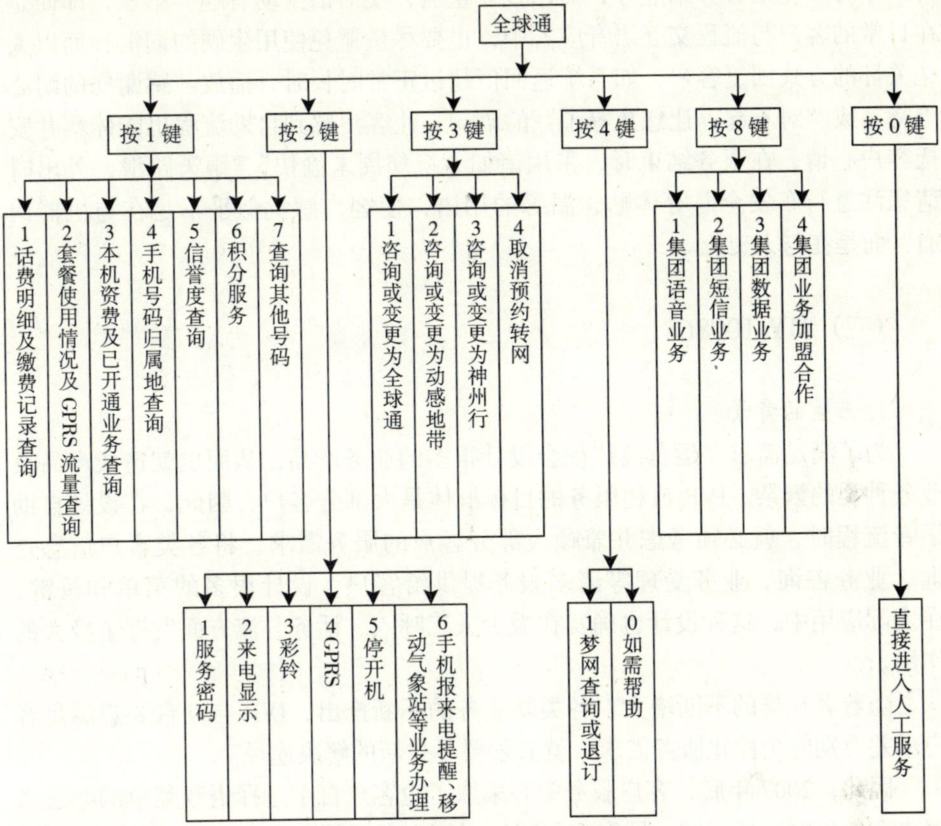

图2　全球通自助语音服务菜单

种无法开机原因分别播报并提供解决办法，如有效期到期："由于您的有效期已到期，暂时无法开机，请到营业厅最少交费30元方可。"

(4) 人性化服务设计，提升客户服务感知。IVR通过自动流程与用户进行信息交互，具有快捷、便利、清晰、合理及运营成本低的特点，而人工服务具有人性化、个性化、互动化并体现尊贵服务的特点。IVR与人工服务的最大区别主要在于自助服务是固化的，而人工交流是灵活的。因此，在IVR设计中客服中心比照人工服务增加了友好互动、拟人沟通的元素，使自助系统也兼具人工服务的某些特性，从而极大地提高了IVR系统的客户满意度，这也是客服中心一直在追求的目标。为此，它们采取了如下三个举措：第一，为减少语音流程操作的单调、乏味，在流程中增加优美的背景音乐，可有效舒缓客户紧张、焦虑的情绪，使客户在不知不觉间愉悦操作。第二，在业务介绍或促销活动介绍中，采取男、女声对话形式。编写录音脚本前首先梳理客户最关心的问题，再采用客户化语音介绍业务，突出宣介重点，使对话生动有趣。第三，即便是在日常的客户与流程交互语音应答中，也要尽量避免使用生硬的词汇，而以人文关怀的方式回复客户，如系统返回值超过正常时长时，播放“感谢您的耐心等待”或“对不起，让您久等了”的语句，让客户感到自助流程也能体察并安抚客户心情；在服务结束时，采用诸如“祝您周末愉快”、“雨天路滑，外出时请您注意行车安全”等体贴、温馨的用语，使客户感觉似乎不是在与机器沟通，而是在与人交流。

（二）MY 10086

1. 产生的背景

为了满足需求，运营商往往会设计很多的业务产品，从而也就造成产品及业务种类的繁杂。IVR 流程服务的目标群体是大部分客户，因此，在设计自助语音流程时，就必须考虑并兼顾大部分客户的服务需求，将各类客户信息查询、业务咨询、业务受理等诸多服务提供给客户，设计很多的菜单和按键，在实际应用中，这种设计也确实在减少人工呼入、话务分流方面发挥了极大的作用。

随着客户群的不断增大，各类新业务的不断推出，IVR 自动台要想满足客户千差万别的个性化服务需求，就必须要寻找新的解决途径。

因此，2007 年底，客户服务中心采取了由客户自主选择语音菜单的办法来解决个性化的服务问题，即客户可以通过网上营业厅、人工坐席按照自己的需求和习惯来选择自己想要的服务项目，并由自己来设计按键的位置。当客户定制成功，再次拨打热线时，就能享受到自己期望的语音流程。这样就使 IVR 系统既具备了服务的全面性和广泛性，同时又实现了服务的人性化和差异化。

2. MY 10086 开通方法及界面介绍

第一步：开通 MY 10086 服务：客户可通过网上营业厅、短信营业厅（发送 KT10086 至 10086）、10086 自助服务、10086 人工服务四个渠道开通我的 10086。登录天津移动官方网站（www.tj.chinamobile.com）进入网上营业厅“MY 10086”语音菜单定制服务，通过手机号码和“一码通”登录后，免费开通“MY 10086”服务。如图 3 所示。

第二步：服务开通后，系统会自动识别客户的品牌属性，根据各个产品的特点自动分配 4~5 个默认菜单，同时，也为客户提供“按 # 键返回 10086 标准流程”和“人工服务”的功能。若客户需要调整自己的个性菜单，登录天津移动官方网站（www.tj.chinamobile.com）进入网上营业厅“MY 10086”语音菜单定制服务，通过手机号码和“一码通”登录，最多可设置 9 个菜单。

第三步：开通 MY 10086 的客户，拨打 10086 时会听到的提示音为“客户您好，欢迎使用‘MY 10086’个性化服务”。

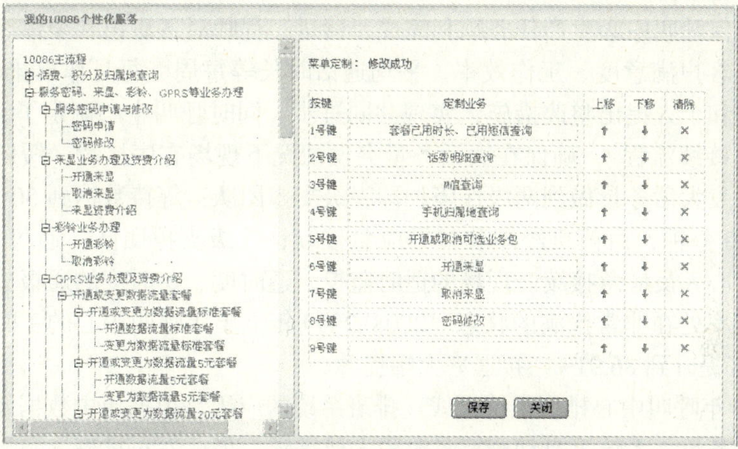

图 3　MY 10086 定制菜单界面

3. 投入—产出分析

截至 2009 年，开通 MY 10086 服务的客户已达近 20 万户，每月开通客户超过 5000 户，取消此项服务的客户不足 6%，足见客户对个性化菜单的需求是十分明显的。该项个性化服务除提高客户满意度以外，也为公司减少了人工服务成本，使用 MY 10086 自助流程的客户呼入人工的比例，比普通 IVR 客户呼入人工的比例下降了 14%。按照目前客户代表每月接续量计算，月节约客户代表 10 余人。

三、10086 内外部整合管理

（一）10086 内部措施

1. 现场管理

为了规范呼叫中心现场基层管理人员的日常工作，进一步提升呼叫中心的管理水平，2008 年公司下发了《现场固化管理流程》，使业务管理、服务管理更加标准化、流程化和精细化，对促进现场有序管理起到了非常好的作用。现场管理人员进行两式现场管理，即管理人员通过监控平台对全体人员的工作状态进行实时监控；同时，值班经理定时现场巡台，发现问题立即纠正。现场管理人员每日填写各类现场管理报表，如《呼叫中心现场值班记录》、《值班经理日常工作记录簿》、《住宿登记簿》等。

为确保呼叫中心生产任务顺利完成，营运工程师对各班组和全体客户代表的产量、客户满意度、工作效率、平均通话时长等每周、每月作出排名分析，落后班组和个人提出整改措施，实现共同进步。同时呼叫中心制定了《遇突发大话务量接续流程》，确保在大话务量突发情况下现场有序接续，缓解人员压力。对突发大话务量做到两级保障，即一级支撑团队：等待数达到 50 人以上，并持续 30 分钟，由值班经理和督导应急接续；二级支撑团队：遇每月忙时，由外呼中心人员应急接续。现场的适时监控，遵时度、足时度的通报分析，使在线利用率处在非常饱满的状态。2008~2009 年上半年呼叫中心的工时利用率从 63.33%提升到 86.91%，接通率大幅提升。

2009 年呼叫中心排班系统上线，排班系统的应用是根据历史数据及既定模型预测话务量，系统可自动测算各时段人员需求，最后发布排班表，员工可自助查询。坐席请休假、换班等申请、审批均通过系统完成，操作便捷。排班系统深入推行数字化管理，利用科学排班，以排班系统提升热线排班管理能力，提升员工对班务感知，构建和谐、公正的班务管理模式。通过现场监控及报表的统计以及员工对班次的意见收集，排班管理员对班次酌情改进、反馈，形成闭环互动。话务预测提高了排班拟合度，提升了为客户服务的水平。

2. 质量检测管理

质量检测管理主要从以下两个方面着手：一是为全面提升员工服务质量，制定了服务监督机制；二是对质检人员强化内部制度建设。

（1）为全面提升员工服务质量，制定了服务监督机制。一个好的管理机制一半来自于检查工作，检查是为了更好地创造出质量，为全面提升员工服务质量，2009 年公司制定了一套新的《客户服务中心服务质量检测标准》。对客服中心各部门的人工服务进行服务质量检测；对自动语音流程系统进行服务质量检测；对异地客户手机号进行拨测，以提供完善自动语音服务流程相关数据。将审核评定结果通过日报的形式从各考评指标方面整体监控员工工作质量，找出存在问题，在每天的质检报告分析表中分析原因，提出合理化建议。再通过周报、月报等形式对改进情况进行跟踪反馈，形成闭环式上升的质量监督循环体系。这套监督体系实施近一年以来，在帮助员工提升服务质量方面取得了较好的成绩，最终实现整体服务质量的提升。通过对客户代表服务质量的控制，中心整体对外服务水平有了较明显的提高。从检测结果显示 2008 年中心整体服务平均得分为99.70分，2009年上半年中心整体服务得分为99.85分。

（2）质检人员强化内部制度建设。开展定人定向服务质量监控制度。一名服务质量检查员对应一两个现场部门的班组进行服务质量监控，增强了服务质量检查员的责任意识。同时设立了服务质量检查员的考核制度。通过建立运营分析策划部内部服务质量检测标准，规范服务质量检查员的工作，更有效地调动服务质量检查员的工作积极性。

3. 服务补救

呼叫中心不断提高客户满意度，对不满意客户坚持一个不放弃原则：不放弃任何一个不满意电话。呼叫中心建立客户不满意回复平台，对全量客户发送满意度评价短信，满意度回访员对不满意流水进行全量质检，对质量问题流水全量维护。在持续为客户做不满意回访过程中，我们总结客户满意度的下降原因有：公司业务政策问题；客户误操作；呼入量大，客户拨打10086困难；网络覆盖问题；短信延时；客户代表自身服务问题等。针对以上原因，呼叫中心及时做到不满意修复，达到客户100%满意。

（二）10086外部协同

10086的外部协同功能主要通过以下六个手段发挥作用：

1. 基于客户调查数据完善服务流程

自2008年5月，开始实施动感地带客户拨入人工台后分流至短信营业厅的活动，并通过听取录音、优化知识短信内容、后期数据分析、客户回访等方式，积极寻求完善活动的流程，提升活动的效果。持续执行至今，已实现引导客户呼入160万件以上，总体引导成功率为80%，并有50%以上的用户成功在短信营业厅中自助完成了自己的需求受理。

2. 借力IVR的普及率交叉宣传短信营业厅

在IVR系统7项查询端口调用失败的情况下，系统自动将客户的需求引导至短信营业厅来受理，以实现渠道间的无间隙服务，并提升短信营业厅的普及率。同时在其他业务查询的下发短信中增加短信营业厅的查询和业务办理方式。

3. 通过各种渠道宣传短信营业厅

借助夜间服务的举措，通过知识短信引导用户夜间需求的方式，大力宣传短信营业厅，培养客户的使用习惯，在不善于使用短信营业厅的客户群中挖掘新的忠诚客户。忙时平均引导成功率为77.5%，闲时平均引导成功率为84.9%。

4. 以节点嵌套方式推介网上营业厅

在IVR相关节点中嵌入网上营业厅优势服务项目的宣传和推广；在IVR查

询节点的回执短信中添加网上营业厅通话清单宣传。

5. 利用网上营业厅实现渠道互补

基于渠道互补的思路，公司成功地将 MY 10086 个性化服务功能和变更菜单功能加入 IVR 与网上营业厅渠道（互联网上营业厅）。

6. 通过在线客服的完善有效分流人工压力

在线客服提供营业厅导航、号码归属地查询、客户意见与建议、在线投诉等互动功能，客户无须拨打 10086 就可以快速地获得所需信息，解决使用问题。

四、基于客户满意度的服务绩效管理

（一）客户满意度

客户满意是指客户在购买或消费企业提供的产品或服务的过程及其之后，把对结果的期望与感受的或实际的结果相比较，它是依据感觉到的绩效与期望之间的差距所作出的一种相对判断。客户的这种感受或认知直接反映了对产品或服务是否满意。而客户是否满意对企业的生存和发展会产生巨大的影响。随着我国移动通信市场的不断发展，移动通信业的竞争日益激烈，目前市场竞争已从单纯的技术竞争、价格竞争转变为服务、价格和业务创新的竞争，服务质量与客户满意度的高低对吸引和保持客户至关重要。

1. 内、外部信息反馈制度的建立

客户服务中心作为与客户接触的巨大平台，每天平均有十几万次的人工通话、百万次的自助交互，10086 作为与客户沟通的重要渠道，记录和储存了大量客户需求建议信息。所以，做好客户建议信息的收集、整理、传递、反馈，保证信息高质、高效地流转传递，对客服中心提高运营效率，改善公司的经营管理具有非常重要的意义。为了达到信息共享和应用，避免信息资源的流失和浪费，使公司各部门更快捷地获知客户需求、有效地落实客户有价值的建议，自 2007 年 3 月份起天津移动建立了信息传递制度、平台及流程。

首先，客服中心建立了客户建议信息发布机制。将每天的客户建议信息按照反映问题的不同，逐条划分出责任归属部门，再分别发送给客服中心内部各部门及外部公司各相关单位，使客户建议信息及时传递到有关单位。

其次，客服中心内部建立了信息展示平台。信息发布后，如何及时反馈、解决问题成为又一个新问题，原有的 OA 传递的方式因阅览范围小、缺少有效监督，不能促进工作的有效落实。为理顺内部信息传递渠道，加快信息反映速度，促使客户建议信息、每日要情信息、异常情况通报信息等各类信息及时解决反馈，在系统的大力支持下开发了内部信息沟通平台。同时，制定了信息发布模板及信息反馈模板，规定了各类信息的反馈时限，并有专人监控反馈情况。该平台增强了信息的公开性、展示性、时效性，从而促进了客户信息的及时反馈。

最后，制定、细化客户建议信息传递、落实、反馈流程。为加强客户建议信息的传递、落实、反馈，使客户建议信息的管理常态化，并有效闭环地运转，摆脱客户建议蓄积带来的工作被动局面，又进一步制定并细化了客户建议信息的传递、落实、反馈流程。并以部门函的形式下发给中心各部门。客户建议实施闭环管理后，来自客户渠道的大量建议信息得到了及时有效的传递。这种及时有效的传递和回馈给主动性营销的顺利开展，客户满意度的稳步提高提供了基础。自 2007 年 3 月份起建立信息传递制度以来，2008 年至今共计收集客户建议信息 1.7 万余条，全球通客户建议 100%回复。

2. 客户满意度调查回访

为贯彻落实满意度考核制度，深入了解客户需求，有针对性地改进服务工作，客服中心每月开展客户满意度回访工作，尤其在奥运前期，更是加大对满意度调查结果的分析，加强对客户提供的有价值信息的跟踪与落实，尽最大努力提升客户感知。根据用户提出的意见和建议及时制定业务流程优化方案，并积极跟踪落实。周期性的客户满意度调查工作体现了天津移动客服中心 10086 主动、真诚、亲切的服务姿态，提升了企业形象，赢得了客户的良好感知。通过调查研究影响客户满意度的各种因素，建立了热线满意度模型，并且以模型为依据，规范管理，建立高效的热线运营管理体系，提高了客户满意度，客户满意度从 2007 年的 83.07%提升到 2008 年的 85.94%。

（二）员工满意度

没有满意的员工，就没有满意的客户，员工就是企业的内部客户。对于天津移动客服中心这样一个一线部门而言，员工满意度显得尤为重要，而且员工满意度与客户满意度存在着一定的内在联系和因果关系，员工满意度的提高或降低，都会在客户满意度上反映出来。

作为天津移动统一的对外语音服务窗口，天津移动客服中心处在业务链条的最前端，和客户直接接触的频次排在首位，其服务质量在很大程度上影响着客户的满意度和公司的社会形象。面对业务量日益增加、客户数及客户要求的不断增加，高话务和服务、技能水平的高要求使得一些员工承受了较大的心理压力。尤其是在一个以年轻人为主体的组织中，客服中心员工的平均年龄为24岁、90%的员工工龄低于5年，年轻员工的特点导致了在面临高压力的情况下的员工流失率较高、员工满意度降低等情况。另外，在行业竞争加剧、组织内部流程变化频繁、客户需求诉点多元化、员工身份多样化等背景中，受工作特性和员工特质的影响，员工身上不同程度所蕴藏的冲撞潜因，如职业倦怠、持续性焦虑、情绪耗竭、挫折应对、客户投诉压力、职业发展压力、因用工制度产生的不公平感受和组织支持感受弱化等，将成为影响客服中心员工自我成长和工作效能的潜在软性限制。

在此背景下，客服中心在通过整合基础管理（如组织结构调整、运营流程重组）增强“新跨越”所必需的“硬资本”的同时，还要注重员工满意度“软实力”的提升。

1. 客户服务团队的建设

客服中心致力于打造各级优秀的组织团队，培养出一种强烈的组织氛围，从而促进团队合作能力的迅速提高。在团队中，员工能够切实感受到团队成员的帮助和关怀，在良好的组织氛围中，提升员工自身的业务能力和水平，使员工感受到集体的温暖。

首先，建立蓬勃向上的学习型组织，提高团队成员主动学习业务技能的氛围，推动部门整体业务技能水平的迅速提高。针对不同层面员工的特点，制订专业培训计划，充分利用中心内外培训班，设计丰富多彩的学习方式。中心注重从思想上提高员工认识，提升员工的个人素质；以竞赛展成绩，以比武促进步，创建员工学习活动的载体；建立学习分享平台，提升员工业务和综合能力。

其次，中心建立了有效的沟通机制。为了以最快、最真实的信息反馈出一线运行状态和员工的建议，使中心能及时捕捉到这些信息，迅速进行工作指导和改进，从而提高工作方向的准确性和员工的满意度，中心建立沟通谈话制度，并辅以其他方式的沟通渠道，如总经理接待日、总经理邮箱、中心企业文化网站专题论坛、领导巡访日制度等促进中心工作开展，提高管理水平，培育良好的工作氛围和文化氛围。

最后，中心为了激发员工的工作热情，提升部门的凝聚力，开展工作提高员工关怀度，增强员工对组织的依赖，形成温暖和谐的组织氛围。不仅悉心布置工作现场，做好绿化，设立员工活动室等，而且利用各种节日关怀慰问中心员工，同时开展不同层次的员工座谈会，如新婚员工座谈会等，增强员工对组织的依赖，形成温暖和谐的组织氛围。

2. 关注员工心理品质，搭建个人价值平台

为了优化、提升客服中心员工的心理品质，中心开通了“阳光心理服务通道”，切实帮助员工解决日常心理问题，使员工在工作和生活中有一份轻松愉悦的心情，以更加阳光的心态迎接工作生活中的各种困难和挑战。此外，中心还推出了心理自助手册，结合客服工作特点为员工提供了多种减压方式。通过EAP服务（员工帮助计划）对全体员工进行“心理品质”优化，减轻员工心理压力。中心搭建了多种形式的个人价值体验平台，提供充分展现员工价值的舞台，丰富了员工的文化生活，并使他们从中得到个人价值的满足，为员工铺设了一个兴趣发展平台，员工们切实感受到了自我价值的体现。

五、天津移动的服务营销支撑

天津移动总经理张永平认为，再好的服务产品如果缺乏强有力的网络作为硬件支持，也难以体现其价值。他解释道，天津市仅有1.1万平方公里的土地，却有1000多万人口，在提升服务的同时，网络作为天津移动服务营销的硬件起着支撑作用。天津移动经过多年的经营，网络建设得到了长足的发展。在网络建设方面，天津移动着力于网络的规范建设和动态优化。

目前天津移动的网络已覆盖了天津市区、郊县以及各个旅游区、度假村等99%以上的区域。为了更好地覆盖高层建筑（包括电梯和地下车库等），天津移动投入大量的资金建设了微蜂窝室内覆盖系统。在覆盖良好的公共场所安装天津移动的无线覆盖标识，广大用户可以更加直观地感受到天津移动的优质服务。

为了让用户感受到移动通信网络的高效、迅速、准确、通畅，天津移动投入巨资进行了集中的网络优化。公司设有专门的网络优化部，对现有网络进行维护和优化。始终以“打得通、通得好、能使用、使得好”作为其服务客户的基本目标。每天有百余人、三四十辆车穿梭于天津的大街小巷，对网络进行监测，以解决由于各种原因引起的信号阻挡等。网络高密度地覆盖天津地区，网络质量得以充分优化，并将完全实现室内无盲点覆盖。到目前，天津移动网络质量指标综合排名列全国第一。掉话少、拥塞小、呼叫等待时间短、接通快、接通准确率高，已经成为广大用户钟情于天津移动无线网络的主要原因。

天津移动拥有大量高素质的通信技术人员，并建立起门类齐全的通信保障队伍。制定了一套健全的通信生产流程，形成了网络问题发现早、定位准、处理迅速、通信恢复及时的良好格局。在遇到突发事故、自然灾害、大型商会等

情况时，能够迅速作出反应，高质量地满足应急移动通信的需求。公司最大限度地满足移动用户日益提高的通信需求，抓住机遇，迎接挑战，使通信生产、网络规模、容量、技术层次、服务水平都位居国内移动公司的前列，为广大用户打造了一个高品质的精品网络。

六、天津移动服务营销的成果及发展

天津移动客户服务中心（10086）始终以“提高客户满意”为服务方针，通过提供各种个性化的服务，如强化现场管理等，大幅度地提高了中心客户的满意度水平，如图4所示。此外，中心始终坚持员工与企业共同发展的管理理念，最大限度地理解、关心和信任员工。通过不断提高人力资源管理水平，加强企业文化建设，深入了解员工心理等方式，稳步提升员工满意度水平。如图5所示。

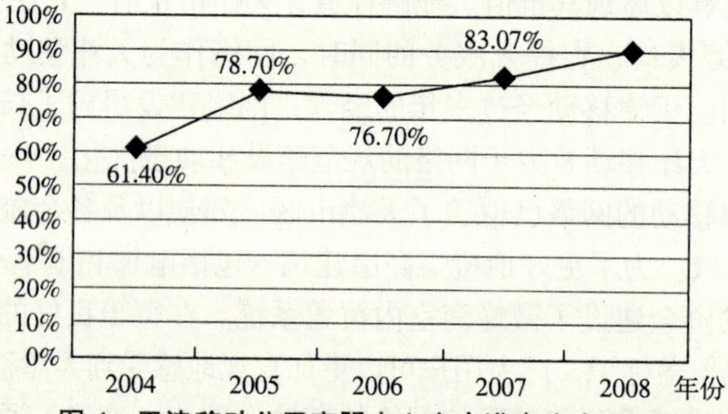

图4 天津移动公司客服中心客户满意度水平

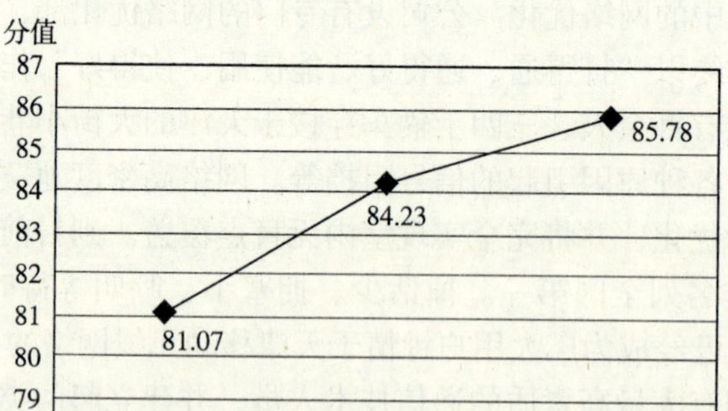

图5 天津移动公司客服中心员工满意度分值

七、附　录

附录 1　服务营销的概念及其发展

1. 服务营销概念

服务营销是企业在充分认识满足消费者需求的前提下，为充分满足消费者需要在营销过程中所采取的一系列活动。服务作为一种营销组合要素，真正引起人们的重视是在 20 世纪 80 年代后期，在这个时期，由于科学技术的进步和社会生产力的显著提高，产业升级和生产的专业化发展日益加速，一方面使产品的服务含量，即产品的服务密集度日益增大；另一方面，随着劳动生产率的提高，市场转向买方市场，消费者随着收入水平提高，他们的消费需求也逐渐发生变化，需求层次相应提高并向多样化方向拓展。

2. 服务营销与传统营销的比较

同传统的营销方式相比较，服务营销是一种营销理念，企业营销的是服务，而传统的营销方式只是一种销售手段，企业营销的是具体的产品。在传统的营销方式下，消费者购买了产品意味着一桩买卖的完成，虽然它也有产品的售后服务，但那只是一种解决产品售后维修的职能。而从服务营销观念理解，消费者购买了产品仅仅意味着销售工作的开始而不是结束，企业关心的不仅是产品的成功售出，更注重的是消费者在享受企业通过产品所提供的服务的全过程的感受。这一点也可以从马斯洛的需求层次理论上理解：人最高的需求是尊重需求和自我实现需求，服务营销正是为消费者（或者人）提供这种需求，而传统的营销方式只是提供了简单的满足消费者在生理或安全方面的需求。随着社会的进步，人民收入的提高，消费者需要的不仅仅是一个产品，更需要的是这种产品带来的特定或个性化的服务，从而有一种被尊重和自我价值实现的感觉，而这种感觉所带来的就是顾客的忠诚度。服务营销不仅仅是某个行业发展的一种新趋势，更是社会进步的一种必然产物。

附录 2　客户满意度

1. 客户满意度的概念

客户个人对于服务的需求和自己以往享受服务的经历再加上自己周围对于

某个企业服务的口碑共同构成了客户对于服务的期望值。作为企业，在为客户提供服务的时候，也在不断地去了解客户对于服务的期望值是什么，而后根据自己对于客户期望值的理解去为客户提供服务。然而，在现实中企业对于客户期望值的理解和所提供的服务与客户自己对于服务的期望值存在着某种差距，可能的情况有以下五种：客户对于服务的期望值与企业管理层对于客户期望值的认知之间的差距；企业对于客户所做出的服务承诺与企业实际为客户所提供的服务质量之间的差距；企业对客户服务质量标准的要求和服务人员实际所提供的服务质量之间的差距；企业管理层对于客户期望值的认知与企业的客户服务质量标准之间的差距；客户对于企业所提供的服务感受与客户自己对于服务的期望值之间的差距，而这种差距的大小是可以衡量的，这就是客户服务的满意度。

2. 影响客户满意的因素

根据马斯洛的需求层次理论构造客户满意度影响因素模型，马斯洛假定人会逐渐产生更高层次的需求，从基本的生理需求开始，经过安全、社交和自尊自我实现，在这些阶段上个体达到了对自己的生活的完全满意。客户满意度影响模型将一个企业提供给客户的价值分为五个层次，如图 6 所示。

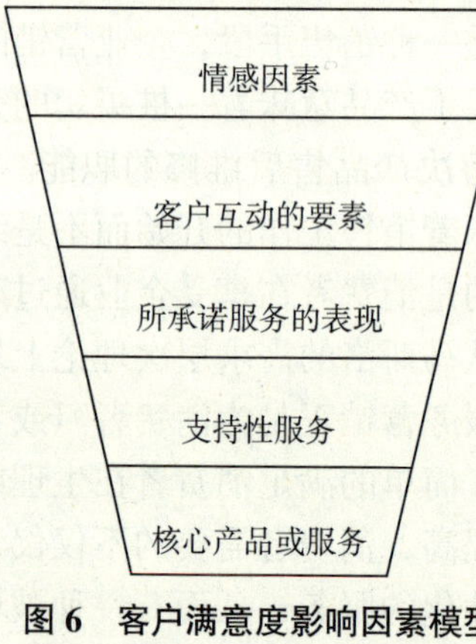

图 6　客户满意度影响因素模型

第一层次：核心产品或服务。它是提供给客户的最基本的东西，企业必须把核心产品或者服务做好。第二层次：支持性服务。包括外围的和支持性的服务，这些将有助于核心产品的提供，在产品和服务差异性不大或无差异的条件下，企业可以提供相关的支持性和辅助服务，并通过这些服务逐步将它们同竞争对手区别开来并为客户增加价值。第三层次：所承诺服务的表现。客户任何时候都期望交易进展顺利并且企业遵守承诺，如果企业做不到这一点，客户就会产生不满情绪。第四层次：客户互动的要素。强调的是企业与客户之间面对面的服务，客户更看重企业所提供的服务的水平，如果企业在这些方面做得不好，即使它提供了高质量的核心产品，客户仍然会感到失望。第五层次：情感因素——服务的感性方面。企业不仅要考虑与客户互动中的基本因素，还要考虑企业传递给客户的微妙信息，这些信息是他们对企业产生感情的重要原因，企业应在这方面加强努力。实践证明，相当一部分客户的满意度是在与员工的互动过程中产生的。

附录3 员工满意度

1. 员工满意度的概念

所谓员工满意，是和用户满意相对而言的，员工满意是指一个员工通过对企业所感知的效果与他的期望值相比较后所形成的感觉状态，是员工对其需要已被满足程度的感受。员工满意是员工的一种主观的价值判断，是员工的一种心理感知活动，是员工期望与员工实际感知相比较的结果。

而员工满意度是指员工接受企业的实际感受与其期望值比较的程度。即员工满意度 = 实际感受/期望值。员工满意度又称雇员满意度，是企业的幸福指数，是企业管理的“晴雨表”，是团队精神的一种参考。

该定义既体现了员工满意的程度，又反映出企业在达成员工需求方面的实际结果。满意是个相对的概念：超出期望值满意；达到期望值基本满意；低于期望值不满意。员工在特定的工作环境中，通过其对工作特征的自我认识，确定实际所获得之价值与其预期所获得的价值之间的差距。差距大，满意度低；差距小，满意度高。

了解员工心理和生理两方面对企业环境因素的满足感受并做出适应性改变，有助于降低员工流失率，提高企业经济绩效。人之所以产生满意的感觉，往往是因为实现了某种目标，或某种需求得到了满足。满意感有正向和负向之分，满意和不满意代表截然相反的两个方向，但却不是同一线段的首尾两端。20 世纪 50 年代后期，美国心理学家赫茨伯格调查发现，人们对诸如本组织的政策与管理、工作条件、人际关系、薪酬等，如果得到满足就没有不满意，得不到满足就会不满意，赫茨伯格称之为“保健”因素；而对于成就、赏识和责任等，如果得到满足就会满意，如果得不到满足就不会产生满意感，但也不会不满意，赫茨伯格称之为“激励”因素。

影响员工满意度的关键因素集中在“公平性”这三个字上；集中反映在薪酬、绩效和职业发展三个方面；其核心管理问题在于如何量化那些抽象的管理指标并与人力资源管理进行有效的结合。

2. 员工满意对实现企业目标的意义

员工满意是企业最终用户满意的保证。定期了解员工的需要和其对公司环境（包括硬环境与软环境）的满意程度，从而建立有助于员工为公司目标尽力的氛围，是公司的决策者在制订用户满意目标时必须要考虑的问题。

员工满意度调查是内部管理改善的过程。一年一度的员工满意度调查，使公司管理层倾听到员工的真实心声，是公司检查目标的实现情况，上下沟通，了解员工需求，找出管理上的问题并加以改进的过程。公司向员工公布满意度调查结果，针对员工不满意或有抱怨的问题，共同进行根源分析，制订、改进行动计划并采取有效措施，不断提高员工对公司的满意度和信任度。

员工满意度调查使员工成为企业的主人。员工的满意度是指员工对公司各方面满意程度和归属感，体现在员工对企业的忠诚度、凝聚力和工作态度等方面。通过满意度调查后的改进措施，可以激励员工，增强员工对企业的归属感。行为科学研究表明，目标是个人行为的诱激物，而个人的需求和期望则是其行为或为目标所作活动的原动力，是维持条件。通过满意度调查的问卷内容、调查结果和改进措施可以使员工感到他们的需求正在逐步得到满足，可以使员工明确公司的目标和个人在完成任务过程中的责任，更积极地接受任务并兑现自己对公司的承诺。满意度调查的实质是员工对公司管理工作的监督，体现了企业文化中员工参与（employee involvement）的思想，促进了公司内部管理的改善，使员工感到本公司是值得选择和推荐的公司。

八、案例使用说明

（一）案例类型与教学目的

1. 案例类型

本案例属于营销类案例，可用于“服务营销”、“服务营销绩效管理”、“移动通信企业市场营销管理”等专题讨论。

2. 教学目的

通过对本案例的学习，要求了解和掌握：

(1) 天津移动客户服务中心的主要产品结构与特点。

(2) 基于客户需求多样化的自助语音服务系统设计及其优化。

（3）MY 10086 的产生背景及成效。

（4）服务营销的其他配套措施（包括内外部整合管理、内外部客户满意度以及硬件支撑）。

（二）启发思考题

（1）天津移动的服务营销模式是否可以复制到其他电信公司，为什么？

（2）对照本案例从服务营销组合 7Ps 的角度进行营销策略分析。

（三）案例分析路线

客户服务中心概况→突出的服务产品（10086 自助语音服务和 MY 10086）→服务营销的内外部整合管理→服务营销的效果测量→服务营销的硬件支持→服务营销的成果及发展。

（四）理论要点

（1）服务营销的概念发展及具体运用。

（2）客户满意度和员工满意度的概念、特点、意义及其测度。

（五）参考资料

（1）舒文琼：《思深方益远　谋定而后动——访天津移动网络部阚建杰总经理》，《通信世界》，2006（29）。

（2）王陶靖：《论客户满意度在企业营销中的意义》，《中国市场》，2007（26）：39。

（3）http：//www.tj.chinamobile.com

（4）http：//www.chinamobile.com

案例 6

北京世纪宅公司的企业文化和产业链条整合

王春利[①]

摘要：北京世纪宅公司作为一家快速成长的企业，短短的几年时间，从初创到成长为行业中实力最强的公司，本案例揭示了世纪宅公司企业文化形成的过程和其成长的秘史。企业价值观成为公司从管理者到技术人员，从办公室职员到普通员工自觉遵守的行为理念。企业文化是企业可持续成长的动力。

世纪宅公司是生产集成住宅的企业，产品节能、生态、环保，但要为市场接受，还面临着许多复杂的问题，公司形成了从销售到设计，从生产到施工，从设备安装到售后服务的完整产业链，为产品的销售创造了集成住宅"4S 店"销售模式，为公司的发展创造了基础条件。

关键词：企业文化　价值观　理念　产业链　销售模式

一、公司概况

北京世纪宅集成住宅科技有限公司（以下简称世纪宅公司）是一家生产节能、生态、环保的木质结构集成住宅的公司。自 2002 年成立以来，始终以追求"人、住宅、自然完美和谐"的理念为动力，以尽快让中国人住上节能、生

① 王春利：首都经济贸易大学工商管理学院副教授。

态、舒适的好房子为宗旨，以不断科技创新为依托，以人才战略为支撑，以争创国际品牌、国内同行业最强企业为目标，大力加强核心产品的研发、设计、生产、装配能力，使公司健康、和谐、可持续地发展，成为行业中实力最强的企业。

世纪宅公司自成立之初，就确立了要将公司打造成“科技创新、追求最佳、质量效益型企业”。

2003 年 9 月公司在北京中国建筑文化中心内创建了中国首家室内 3000 多平方米的 1∶1 比例的“国际集成住宅展示中心”，被建设部命名为“国家住宅产业化展示基地”。

2004 年公司建立起了集成房屋从展示到销售、设计，从生产、装配到售后服务的一条完整的产业链条。并在国内率先研发设计了适合国内各种不同市场需求的独栋联排住宅、可移动房屋、特色旅游集成房、新农村房屋、城镇古建集成房等成套集成房屋设计图纸，为公司的业务发展做好了充分的软硬件准备。这些工作奠定了公司发展的关键技术基础，形成了公司的核心竞争力。公司的产品多次在国内外获奖，自主研发的产品还获得多项国家专利。

2004 年公司将集成房屋的概念推向市场，产品销售到国内十几个省区，并积极拓展海外市场，产品出口到美国、澳大利亚、利比亚、乌克兰、哈萨克斯坦等国家。2005 年公司专门成立了集成房屋营销事业部，并在全国一类城市及沿海地区建立了如同“汽车 4S 店”模式的销售网络。2006 年又在新加坡成立了“新加坡世纪宅营销公司”，为拓展海外销售建立了模式。

世纪宅公司的集成房屋产品，完全符合国家节能、生态、环保的产业化政策。几年来“国家住宅产业化展示基地”接待了众多的国内外参观者，为推动中国住宅产业化进程起到了重要作用。

世纪宅公司推出的集成房屋概念就是以“集成”发展为主线，先设计出一套完整的房屋图纸，然后与各供货商签订部品、部件、设备供货合同，由各供货商按照图纸的尺寸、规格、数量、质量按规定时间供货，最终由世纪宅公司整合集成完成产品提供给客户。世纪宅公司就是根据这种集成思路，始终以设计研发为龙头，建立起了集成房屋从结构体系、外围防护体系、门窗体系、厨卫体系、装修体系、水电管路体系到设备体系等一系列完备的产业供货商联盟，为公司产业发展创造了可靠的货源条件。

世纪宅公司不断创新研发，努力拓展适合自然生态，适合人类居住的集成房屋，短短几年时间，公司经历了创业的艰辛，奠定了发展的基础，规模不断扩大，业务不断发展，销售业绩、利润水平、市场占有率达到国内同行业的先进水平。世纪宅公司走过的道路对于我国在经济发展中众多的中小企业、高新技术企业有哪些借鉴意义呢?

二、企业文化的形成、锤炼与作用

企业文化是以企业价值观为核心的一系列文化形态的总和。是形成于企业内部的一种群体文化，是企业从上到下，从董事长到总经理，从管理层到普通员工共同认可并遵守的文化形态的总和，它包括价值观、道德标准、行为规范、规章制度、精神风貌等。

企业文化是企业成员在长期的、共同的社会实践中形成的，是管理实践、管理理论与现代科学文化和技术相结合的产物，通过其特殊的管理机制影响和调节企业行为，充分发挥人的潜质，实现企业的经济和社会目标。

（一）企业价值观的形成

世纪宅公司在成立之初就认识到：一家企业从无到有，从小到大，不断成长，需要有一种与时代精神一致的，能够满足社会需要的企业价值观，即明确企业存在的意义和目的。2000年以前，公司董事长李卫东每当乘车远行，眼前掠过一座座用黏土砖建造的低矮民居，看到烧砖毁坏农田，消耗资源，污染环境，就感慨万千。每当一个地方经济发展，城市建设就会产生大量的建筑垃圾难以处置，这些既不抗震也不保暖的黏土砖房屋，在取暖和制冷方面浪费了大量能源。回忆几年来到过的欧美国家，它们在乡村盖房子用的是木结构、轻钢结构，采用的是生态节能材料，在美国、日本、德国、奥地利等国，盖房子就像搭积木，房子的预制件在工厂精准预制，运到现场就像组装家具一样快捷方便。相比之下中国经济社会迅速发展，住宅是生存和发展的永恒需求，而中国的建筑状况与发达国家的差距实在太大，而这种差距，正是我们努力的方向。创建一家提供轻型结构、集成房屋，学习引进国外先进建筑理念的世纪宅公司的构想形成了。

世纪宅公司成立之初，就明确了公司的价值观——为中国的老百姓提供节能、生态、环保的木质结构集成住宅，追求“人、住宅、自然完美和谐”的理念，以尽快让中国人住上节能、生态、舒适的好房子为宗旨。

形成一种公司的理念、宗旨、价值观，还需要社会的理解和认同。在公司的广告和宣传材料中，这一理念一开始市场并不完全接受，许多人还存在着这样那样的疑虑。中国人住房从秦汉以来，就采用砖瓦材料，历来有“秦砖汉瓦”之说，纯粹采用木结构房屋，坚固、保暖、耐用等问题如何解决，房屋能否防风、抗震，社会能否接受这一新型建筑材料，木结构房屋的各种性能能否与现有水泥、砖瓦建筑相比？针对这些疑问，公司管理层深刻认识到：不消除这些疑虑，公司就不能在市场立足，就不能有效生存，而要改变人们思想观念中根深蒂固的传统认识，必须以事实为依据，以实物为样板，以真实的房屋做展示，木结构集成住宅才能逐步地被人们所接受。

于是，公司高层考虑建设一个大型的现场实物展示区，使人们到现场亲自感受木结构集成住宅的优质性能，感受到集成住宅的舒适方便。通过现场感受，逐渐接受集成住宅，进而理解公司的理念和价值观。展示区建在哪里呢？北京是中国的首都，每年有数千万全国各地的官员、商人和企业家，几十万外国的政府官员、商界精英访问北京，这些潜在的客户一旦从北京得到信息，就可以迅速将其传遍全国和世界各地，于是世纪宅公司决定将展示区建在北京。经过几个月紧张的筹备，世纪宅国际集成住宅展示中心（住宅体验馆）在中国建筑文化中心建成迎接客户了。展示中心实景图见图1、图2。

图1　世纪宅展示中心实景1

世纪宅国际集成住宅展示中心是目前国内唯一一个国家级住宅产业化展示基地，占地面积3000平方米，里边以1∶1的比例实景建设了10多种各种风格的住宅。这里有草原风格的木屋，有澳洲乡村风格的木结构住宅，还有典型的北欧芬兰样式的小木屋，也有德国当代木制联排别墅，欧洲古典风格的木制住宅。住宅展示内不但有各种风格的外观，还有内部设计。有现代风格的客厅、意大利和北美风格的客厅，有乡村风格和现代风格的卧室，有乡村风格的开放式厨房，还有充满着浓郁乡村格调的卫生间。简洁的构图，柔和的光线，

图 2　世纪宅展示中心实景 2

淡雅的色彩，舒缓的音乐，世纪宅国际集成住宅展示中心接待了一批又一批的参观者，洽谈的客户络绎不绝。在参观中，在现场的感受里，公司的产品逐渐被市场所接受，“节能、生态、环保”的木质结构住宅开始在各地有条件地建设。经过几年的发展，“人、住宅、自然完美和谐”的公司理念逐渐被社会理解。

（二）企业宗旨的贯彻

公司的宗旨和理念不但要被社会理解和接受，还要成为公司从高层到员工追求的目标。世纪宅公司在创立初期，并不是所有的人都对公司的价值观自觉地接受和贯彻。有些员工开始进入企业，也只是为赚钱谋生，看到有些私营企业只为盈利，不择手段，甚至钻法律的空子，“打擦边球”，也产生过动摇和犹豫。公司领导层总结了公司成长的经历，告诫大家：一家企业要想生存，想不断地发展壮大，就不能把赚钱盈利作为公司唯一的、至高无上的目标。如果企业只看到利润，只追求利润，只把企业作为赚钱盈利的手段，就会把员工当作赚钱的工具来使用，把社会大众当作捞取金钱的目标。这样的企业在发展中必然被员工所抛弃，被社会所淘汰。虽然可能获利于一时，却不能获利于长久，也就是不能持久生存。公司把促进社会的进步和繁荣当作目标，才有前途，才能尊重人，尊重员工的地位，才能促进社会、企业、员工的协调发展。世纪宅公司以为：为中国的老百姓提供节能、生态、环保的木质结构集成住宅，以尽快让中国人住上节能、生态、舒适的好房子为宗旨。把办实业当作一项事业，把为社会提供服务当作一种价值，这样的企业才有前途，这样的公司才能健康持久地发展。拥有这样价值观的企业必然尊重员工，尊重客户，努力回报社会。

经过灌输和教育，公司的价值观、企业宗旨逐渐被广大员工所接受，从高层管理者到中层经理，从技术人员到业务人员，从办公室职员到保安、保洁员，大家逐渐认识到公司存在的意义，看到公司可持续发展的未来，由此形成了良好的精神风貌。公司的凝聚力增强了，员工的工作积极性发挥出来了，这些共同带动了世纪宅公司的成长壮大。

（三）企业理念的深化与作用

公司的各个部门，根据各自的业务内容，提出符合总体文化的文化理念。

公司的设计部门提出“创新为上，科技为本”的设计理念。在工作中，贯彻公司的价值观，经过多年的实践，不断探索创新，先后创造出国内领先的节点全新连接技术，不断探索建筑的结构，创新推出多种性能优越的卓越木屋户型，同时开发出适用范围广泛的经典独栋小住宅，房间超高的使用率能够充分满足人们对独立空间的使用需求。设计部门在为客户设计住宅时充分考虑听取客户的意见，处处为客户着想，创造出若干个第一：将木结构、轻钢结构用于作业，第一个提出“集成房”的概念，在中国第一个用木结构体系建造北京的四合院，在中国第一个建成“生态集成养老院”。

公司的预算部门，贯彻公司的价值观，提出“效率为上，效果为本”的理念。为用户着想，用专业的成本控制能力，以稳定、周密、高性价比为客户提供产品，形成了严密的成本控制体系。事前控制：根据客户的要求，预算部门做出前期预算。事中控制：客户满意设计图纸后，预算部门进行精准预算。事后控制：项目施工结束后，预算部门严格把关，进行竣工结算。为客户着想，为客户控制成本，使公司的产品保持了最佳的性价比，获得了客户的满意和好评。

公司的销售和售后服务部门，贯彻公司的价值观，提出“诚信为上，质量为本”的理念，采用国际化的招标标书制作，全面精准的标书讲解，让客户准确了解公司的设计理念，清楚工程设计、建造过程，制订国际化的施工计划，帮助客户准确无误地掌握工程进度。公司视质量为生命，时刻提醒要用心为客户建造传世经典的房屋，保证工期，严格控制工程进度，确保工程质量。世纪宅公司在房屋建造过程中，保证使用居住过程中的安全，提供全方位的售后服务，使客户使用产品放心、安心。

公司的信息部门，贯彻公司的价值观，提出“目标为上，执行为本”的理念。为客户提供完善全面的信息。包括行业信息、国际信息、国内前沿信息和公司完整的客户信息。强大的信息能力，使世纪宅公司始终处于行业的领先地位。

公司的文化形成了良好的内部氛围，公司的员工形成了优秀的团队作战能力，从销售到设计，从建造到装饰，从竣工到售后服务，各个部门通力合作、各司其职，又环环相扣，相互协作。销售人员给客户讲解，洽商谈判，客户签订意向书，设计人员按客户要求设计图纸，客户满意后签订正式合同，制造部门定做制造、安装部件、进行内部装饰装修，客户验收合格交钥匙，售后人员进行售后服务。

公司的员工形成了积极向上的文化氛围，“善学为上，智慧为本”。积极学习科技文化知识，努力提高工作业务水平。“进取为上，毅力为本。”员工保持积极向上的心理，努力克服困难，不断追求一流业绩，遇到困难不退缩，不灰心，以极大的毅力克服困难，坚持到底，取得更大业绩。

公司的管理层，也有建立和谐的公司文化的要求，坚持“目标为上，执行为本”的理念，提高执行力，贯彻公司的计划目标，完成各自部门的任务。在对待客户和员工时，遵循“客户为上，员工为本”的理念，处处为客户着想，将客户的利益和要求放在优先位置。在工作中关心员工，考虑员工的物质和精神诉求，为员工创造良好的工作和生活条件；尊重员工，听取员工的意见和工作建议。“以员工为本”就是“以人为本”，这是建设和谐文化的出发点和根本目的。

世纪宅公司经过多年的实践，形成了公司的价值观、宗旨和理念，在市场中形成了良好口碑，在公司内部形成了健康向上，温馨和谐的文化氛围，公司业务不断发展，全体员工满怀激情，发奋努力，为公司成长不懈奋斗。

三、打造完整产业链

世纪宅公司努力打造“科技创新、追求最佳、质量效益型”企业，其国际集成住宅展示中心被建设部命名为“国家住宅产业化展示基地”。2004年公司建立起集成房屋展示、销售、设计、生产、装配到售后服务的完整产业链。

（一）问题的提出

世纪宅公司成立之初，由于公司的主要人员来自设计技术部门，公司的优势是设计研发，开始公司业务发展的主要方向也主要是集成房屋的设计，公司的设计部门力量最强，公司有设计研发中心，还有生态集成房屋开发事业部。但是市场客户更迫切的要求是产品的实际使用，光有图纸不能解决实际问题。特别是图纸技术性很强，客户从图纸上不能了解木结构集成房屋的优点，不能了解产品的性能、特点，自然也不可能贸然签订合同。这样的问题碰到许多起，公司决策层感到这个问题必须尽快解决，否则公司在市场上无法成长。如何解决这个问题呢？中国人相信“耳听为虚、眼见为实”，让潜在客户亲眼看到集成房屋，了解房屋的内在结构，亲自体验房屋的各种性能，就可以打消顾虑，接受生态集成房屋。于是公司决定建立集成住宅展示中心，使客户看到实际的集成房屋，这样就可以吸引客户，形成市场。在公司的努力下，在有关部门的大力支持下，在北京三里河中国建筑文化中心内，占地 3000 平方米、1∶1 比例的世纪宅国际集成住宅展示中心建成了。展示中心全部采用实景实料，实际装修装饰，客户不但可以看到房屋的外部样式，还可以进入房间内部看到布局，在许多地方还可以看到房屋的内部结构。在集成房屋展示现场，营销部门可以直观地为客户介绍集成房屋，客户可以亲身体验各种样式的集成房屋，同时公司还可以根据客户的需要，开发设计各种式样的木屋。世纪宅公司可以提供的集成房屋的种类有：独栋别墅、联排别墅、可移动房屋、水上木屋，还有组合式房屋、蒙古包式别墅。房屋的结构类型有薄壁轻钢结构，有原木结构和普通的木结构。

在展示中，公司突出了集成房屋“节能、节地、节材、节水、环保、智能”的特点。节能：木结构集成房屋墙体采用新型的保温体系，轻钢（或木结构）、玻璃保温棉、OSB 板、单向呼吸纸、空气层、石膏板的合理结合，集成为新型的墙体。这种墙体保温隔热性能是传统混凝土的 3 倍。高性能的墙体和门窗在日照、透光以及对空气、结构的承压方面均非常出色，加上太阳能、风能等节能设备的使用，大大提高了房屋的节能性。节地：集成房屋的空间使用率大大提高，传统房屋使用率约为 70%，而集成房屋的使用率达到 90%左右。节材：由于集成房屋采用工厂预制的方式为用户进行量身制造，避免了不必要的材料浪费。节水：集成房屋建造过程采用干作业的方式，从而节约了水资源。房屋设计有中水系统，又进一步节约了水资源。环保：集成房屋所用材料回收利用率高达 70%。建房所用纸、木板等大量材料均可降解，融入大自然，所用轻钢材料可 100%回收利用。智能：世纪宅公司在集成房屋中采用家庭智能化系统，此系统是世界上最先进的智能化系统，采用最新的神经元科技与软件技术相结合，具有超常规的创意设计，将家庭安全、家庭自动化、家庭通信与网络设施集成在一起，实现了 E-HOME——智能屋。

世纪宅国际集成住宅展示中心的开放，吸引了大量的客户，产品销售开始增加，公司业务迅速扩展。

（二）销售模式的改造

为了进一步开拓全国和海外市场，世纪宅公司借鉴“汽车4S店”的销售模式，创立了集成房屋“4S店”的营销模式。将销售（sale）、零部件（sparepart）、售后服务（service）、信息反馈（survey）组合成四位一体，凡是房屋购买所要求的，到“4S店”都会体验到全程的专业服务。这种模式方便了客户，使购买集成房屋就像买汽车一样方便。公司“4S店”可以为客户提供1000多套适合各种市场需求的集成房屋整套设计图纸，和一个集千种建筑材料汇集的展示中心，客户可在“4S店”亲身体验，直接感受集成房屋的优势。同时公司欢迎客户到集成房屋展示中心，看到真实还原的室外建筑，看到房屋结构剖面，户型结构、内部装饰、家居饰品等，零距离感受集成房屋的魅力。

为了扩大市场影响，公司在天津建立了研发生产展示基地，该基地占地200亩，建有十几栋世界各国及各地风格结构不同的生态集成样板房，即国家住宅产业化（室外）展示基地。

“4S店”的销售模式、北京（室内）集成住宅展示中心、天津（室外）展示基地，世纪宅公司形成了适应市场，方便客户的集成住宅销售模式。

世纪宅产品有良好的市场前景，建立了具有鲜明特点的销售渠道，公司业绩开始逐渐上升，但随之又有新的问题产生了，即如何保证房屋的建造和施工质量。木结构集成房屋的制造要求精密，设施设备安装要求精度高，如果出现较大误差，就不能保证房屋的配套和正常使用，也就不能保证集成房屋优势的体现。为了解决制造、施工的问题，公司认识到必须形成一合理的产业链条。

（三）公司产业链的形成

销售模式的成功，产品销售量的增加，为公司带来了良好的经济效益和社会效益，但是公司领导层并没有沾沾自喜，盲目乐观，反而感到更大的压力。集成房屋销售完成并不是任务的完成，公司还要保证房屋的有效使用，这就要求设计出集成房屋后，要按照图纸的标准在工厂量身定做，房屋的部件完成后，要在现场施工安装，这些环节任何一个出问题，都会影响产品质量，影响集成房屋的使用。为了保证公司的信誉，保证产品的质量，公司严格挑选供货商，严格监督检验产品制造质量，公司与五大材料体系供货商建立了“供货商联盟”，与供货商形成了良好的合作关系，共同保证产品质量。同时，公司还建立了生产、制造基地，组建了获得国家二级施工资质的施工安装队伍，从而形成了集成房屋从销售、设计、生产、装配到售后服务的一条龙的集成模式，形成了完整的产业链条。为什么要打造完整的产业链条呢？由于公司是国内首创的生产集成房屋的高新企业，产品、运营模式、施工方法的创新在中国建筑史上具有重大意义。形成完整的产业链才能保证产品的销售和使用，才能保证产品的质量和服务。如果不能形成完整的产业链，产品进入市场就会遇到困难，特别是集成房屋这种产品，属于国内首创，市场不熟悉，客户不了解、不认识，也不容易找到合作者，为此公司需要完成产品从销售、设计，到生产、装配乃至售后服务的全面活动，这可能是新产品特别是技术产品进入市场的必经之路。

目前，世界多次爆发石油危机，石油价格不断上涨，而汽油是石油的主要产品，找到汽油替代品是降低油价的有效途径。生产乙醇是替代汽油的合适燃料，而乙醇的生产如果靠粮食，也将会带来世界粮食短缺的潜在危险。但是利用食品加工废料和餐厅厨余生产乙醇是大有前途的事业。在发达国家有25%~40%的食物被浪费，中国的食物浪费也十分惊人。仅北京每天产生的剩饭剩菜就达1600吨以上，采用这些餐厅厨余制造乙醇技术上充分可行，还解决了垃圾回收利用的问题。这样好的项目却不能在市场建设，确实令人扼腕叹息。究其原因就是不能形成完整的产业链，不能控制各个产业环节。厨余垃圾的回收、运输既复杂又困难，生产的乙醇销售又受制于垄断的汽油销售市场，如此一来，生产环节就没有多少利润，这一项目就不能形成产业。

世纪宅公司根据市场的需求，使集成房屋形成产业链，使购房主体从政府机关到企事业单位，从房地产商到旅游开发区、度假区以及个人；扩展了集成房屋的用途，从住宅到办公用房，从旅游度假村用房到农村住宅，特别是也可以用于北京的四合院改造。公司的产业链形成了全程定制的集成房屋设计制造体系。由专人引导客户参观集成房屋，面对面讲解，提供经典户型图纸作为参照，帮助客户在房屋风格、结构、外观、层数、户型、设备、功能、材料、装修、家居饰品、环境等方面进行选择，提供全方位的定制服务，签订设计合同。设计工作完成后，依据建设部制定的标准合同文本，签订工程施工合同。进一步帮助客户选材、采购、配送，对房屋结构和其他部品进行工厂化定制生产加工。在房屋现场施工、装配、装修，设备安装，全过程的质量控制与检验。交钥匙，建立客户档案，售后走访、定期保修，提供住宅使用中的咨询服务。如此细致周到的全方位服务，落实以人为本，使客户安居无忧。

世纪宅公司属于中小企业，成立以来发展很快，公司成长路径，对于中小企业成长发展有很强的示范效应，该公司的理念和宗旨符合社会发展方向，抓住了人才战略这个21世纪的竞争关键；树立了企业文化，形成了完整的产业链条，提高了企业的核心竞争力。

现在公司的业务进一步发展，从生态集成房屋到住宅集成装修，从旅游休闲房产到小城镇、新农村建设，又开始进入养老、疗养房产事业、老民居、四合院改造事业。并建成山区、水上、树林的多种特色集成房屋，公司的海外拓展也取得初步成功，在新加坡设立销售公司，产品进入欧美许多国家和地区。公司制定的十年发展规划，2003~2005年为创业期，2006~2009年为成长期，2010~2012年为成熟发展期。创业已取得成功，成长期的目标是完善公司运营制度，建立卓越的工作团队，扩展业绩，夯实基础的目标顺利实现。目前正在全力创造条件，为公司可持续发展而努力。

四、附 录

附录1 世纪宅国际集成住宅展示中心简介

步入世纪宅国际集成住宅展示中心，一片田园社区映入眼帘：一条小河缓缓流过，跨过小木桥，河中的灯光、喷泉智能系统自动开启。9栋风格各异的集成住宅展现在眼前，不同户型充分张扬个性，配以古朴的街灯、防腐木的藤架、凉亭、各式围栏、淡色的街道、草坪，使参观者仿佛融入富于变化的空间和生动活泼的街区。在建筑布局上，力求实现住宅与自然景观的和谐，利用建筑错落围合，创造人性化、多层次、有实际内涵的"院落式"建筑空间，营造了"院落文化"和谐融洽的生活氛围。走入智能屋（Wise House），打开智能锁，房门自动开启，智能屋里的电脑感应器开始调节室内温度、灯光、新风和影视系统，墙壁上的显示器为参观者介绍各屋智能系统和建筑材料。来到e式户型，您将被室内庭院景观所吸引，自动分隔窗可随着季节和温度的变化而随意调整，庭院内草木、花鸟、虫鱼相映成趣，使您置身于大自然的美景中，所谓"园中有房，房中有院"。参观者也可以通过显示器与物业取得联系。智能屋不仅富含高科技，还体现生态要求，建筑材料符合无毒、无害、无污染、无放射性、无挥发性的要求，可重复、循环、再生使用，同时在能源和水、气、声、光、热、环境以及绿化、废弃物处理、建筑材料等9个方面符合国家有关标准。这一切充分体现了世纪宅的理念——人、住宅、自然的完美和谐。

世纪宅国际集成住宅展示中心突破了传统单一摊位式展示模式，采用了

"立体实景展示"、"剖面展示"、"透明展示"、"裸露展示"等方式，将隐蔽在墙内的设备、产品毫无保留地呈现在参观者面前，具有直观、真实、生动的展示效果。同时，参观者可以全面透视住宅的内外结构，了解各种新型住宅部品、部件的合理使用情况，起到了"住宅教科书"的作用，使参观者足不出馆，便可跨越不同国度，了解世界各地的住宅精品与文化。

世纪宅集合了各国最新的住宅精品，选择有突出科技含量的产品进行集成，让人充分感受科技在住宅产业中的绝对作用——质量取决于高质量产品的集成能力及科技含量的高低。为此在展厅内建造了具有智能、绿色、节能、安全等特色的住宅，让人充分感受科技与人、住宅、自然的和谐统一，与北京科技、绿色、人文城市的理念相吻合。

世纪宅作为新型贸易平台，在产品展示、成果交流、理念推广的同时，还注重产品，特别是国内外高端住宅科技产品的交易及服务的延伸，更好地满足日益增长的国内市场需求。为方便地产商、建造商等业界的集团采购，引导居民消费，世纪宅还在展厅内设有专业工程师全程导购，采用观众预先登记、制卡、POS 机、触摸屏查询系统等科技辅助手段，并在采购过程中，提供订单、设计、配送、安装、结算、售后、保险等一站式服务，这更加有利于促进产品的交易。

世纪宅顺应依据客户要求，定制建造住宅的国际潮流，搭建了独特的集成住宅展示平台，从集成住宅市场需求出发，提供集成住宅设计、产品供应、房屋建造等一站式服务，并带动与之相关行业间的交流合作，创造出住宅定制建造的新型商业模式，为广大消费者及地产商、建造商服务。

纵观国内外住宅建设发展历程，特别是对比国内外建设现状，可以知道科技进步是提高住宅建设质量、改善人的居住环境的重要因素。目前，我国住宅产业化发展的步伐正日益加快，其工作重点之一就是在传统单项技术、产品运用的基础上强化先进、适用的技术产品的集成。世纪宅正是把握住宅产业化的发展趋势，适应这一市场需求而设立的，以"人、住宅、自然的完美结合"作为理念，充分体现安全、节能、环保、智能、个性等特点，追踪住宅科技、展示尖端产品、交流最新信息、促进贸易发展、加速新品推广、提供系列服务。

附录 2　集成房和世纪宅公司简介

世纪宅遵从以人为本，崇尚生态的居所、和谐的环境，完美的体验，追求人、住宅、自然的完美和谐，将具有世界最先进的房屋建筑体系的集成住宅和具有国际领先水平的房屋消费品以独特、新颖的室内展示方式，带给客户最贴近、最真实、最具说服力的现场感受。以此推动中国的集成房消费市场，让中国的广大建筑产品消费者真正感受到一种从建筑产品的策划、设计、采购、生产、施工、安装、销售、内装修装饰服务等建筑相关环节融为一体，并能投身自主的一种集成化的定制服务。

世纪宅国际集成住宅展示中心展示和推广的集成住宅正是通过国际化、专业化、规模化的作业流水线加工、生产和组装的代表。它集新设计、新材料、新工艺、新技术、新设备的优化合理组合为一体，在中国成为第一家拥有世界最先进的房屋集成建筑体系的展示平台。

世纪宅国际集成住宅展示中心汇集了来自澳大利亚、意大利、美国、芬兰、德国、新西兰、日本、加拿大、韩国、西班牙、比利时、瑞典、伊朗等国际集成住宅科技产品，并按 1∶1 的比例建造了澳洲风格、意大利风韵、美国风情、芬兰原味、德式格调、新西兰现代、日式、加拿大魅力实景集成式住宅。可以让参观者真实感受到高科技智能屋的魅力。小桥流水、镜湖远山、名家雕塑、建筑小品等全面展现了新设计、新材料、新工艺、新技术、新设备在超现代化家居中的应用。

1. 木结构

无论在东方世界还是西方国家，木材都是自古以来广为采用的传统建筑材料。随着工业技术的发展，木结构房屋的建造体系也在不断完善。目前流行的木结构住宅建造体系主要有：实木房屋、梁柱式木结构住宅、框架式木结构住宅。

框架式木结构住宅是流行于北美的建筑方法，在当地俗称“2 × 4”结构。其主要特点是使用标准规格的木材制作房屋框架，在楼面、墙体、屋面均铺设标准规格的结构胶合板或定向木片板（OSB），使房屋形成六面整合、结构稳定的整体。

较之梁柱式住宅，框架式“2 × 4”木结构住宅具有节省木材、结构稳定性强、密闭性好、保温隔音、防火抗震、施工简捷、可以工厂预制等优点，是木结构建筑体系中最为科学合理的建筑方法。世纪宅国际集成住宅展示中心以加拿大的框架式“2 × 4”木结构住宅为例，展示了以框架式木结构为建筑体系的集成房，即“加拿大木屋”，其主要特点如下：

• 居住舒适

木结构住宅与砖混住宅的最大区别是舒适性。由于国内多年来使用实心黏土砖和混凝土建造房屋，人们更偏爱砖混住宅。但走进木结构住宅去感受一下，就会发现其优势。例如，砖混住宅无论装修如何豪华，隔一段时间不用就会有阴冷潮湿之感；而木结构住宅从竣工之日入住就十分舒适，空置再久也不会出现如砖混房屋的不适感。尤其是现代的新型木结构住宅，使用的配套建材都具有环保特性。生活在木结构住宅里，仿佛置身于大自然，使人受益于无形之中。

• 设计灵活

由于建筑材料自身的特点，使木结构住宅的外观造型和室内布局设计十分灵活，可以充分发挥设计师的想象力和居住者的个性。源于英国中世纪的“都铎式”，田园情调的“乡村式”，充满浪漫色彩的“法兰西式”，严谨典雅的“维多利亚式”等。中国的低层住宅在设计水平和品位上尚待提高，其中一个重要的障碍就是使用混凝土材料难以完成复杂灵活的建筑造型。而木结构住宅在这方面拥有极大的优势。不仅房屋设计可以随心所欲，施工过程中还能随时调整和更改房间的布局、门窗的位置等，甚至在使用过程中，也可以轻易地扩建和改造。这些都是混凝土住宅所难以企及的。

• 保温隔音

木结构住宅的另一个突出特点是保温和隔音能力强。

利用夹层保温和空气屏障的原理，使木结构住宅的保温能力甚佳。木材和石膏板都是热的不良导体，二者结合的框架结构形成相对封闭的室内空间。因此，无论是冬季取暖，还是夏季制冷，木结构住宅的能源消耗仅为砖混住宅的1/5，大大节省了能源费用。

由于墙体内装有保温隔音材料——玻璃纤维岩棉，更有效地提高了木结构住宅的保温和隔音能力。同样厚度的玻璃纤维岩棉，其保温效果是混凝土的8~12倍，其降噪吸声效果是混凝土的4倍。实际检测结果表明，50mm厚的玻璃纤维岩棉可以降低噪声50分贝。中空玻璃窗的选用也提高了保温隔音效果，创造了静谧温馨的居住空间。

• 防潮防腐

在人们的传统意识中，木材的防潮防腐性能差，容易因此而影响住宅的使用寿命。其实，防潮防腐处理技术早已解决了这一担忧。木结构住宅的防潮防腐主要通过对木材的防腐处理和配套使用防潮建材来实现。例如，与混凝土基础接触的部位使用经防腐处理的木材；在外墙体敷设单向透气的防潮膜，既可防止外界潮气对墙内保温材料的侵袭，又能避免室内潮气在墙体内形成冷凝现象；在屋面瓦的下面也铺设防潮建筑纸。合理的结构设计使木结构住宅具有良好的防潮防腐能力，即使是建筑在海边的住宅，其坚固耐久性也是经得起考验的。加拿大的温哥华是全世界最潮湿的城市之一，不仅位于海边，且其年均降雨量超过中国的任何大城市，但木结构住宅在那里并没有受到威胁。木结构住宅的标准使用寿命为70年。实际上，在温哥华地区逾百年的木结构住宅比比皆是。

• 防火防蚁

建筑物的防火能力并不取决于单项建筑材料的性能，而是取决于整个建筑系统的耐火等级。木结构住宅主体框架采用密封防火设计，并封闭在石膏板后面。石膏板遇火灾时产生的结晶水可以有效地阻燃，而木结构的密封设计也防止了火焰的蔓延。耐火实验证明，在室内发生火灾的 2 小时内，木结构住宅的主框架保持稳固完整，居住者有充分的时间离开火场并采取灭火措施。

对付白蚁的方法也由传统的土壤处理法发展到使用金属屏障网和屏障沙粒、杀蚁药品、对木材进行防腐防蚁处理等多种有效的方法。今天，“谈蚁色变”的时代早已过去了。

• 抗震防风

木结构房屋的抗震能力是众所周知的。框架式木结构住宅的墙体和楼面、屋面六位一体，均匀受力，抵御地震。在里氏 6.8 级的神户大地震中，日本的梁柱式木结构住宅因横向承载力不足而纷纷倒塌，只有从加拿大进口的木结构住宅抗震效果极佳，使日本兴起了进口加拿大预制住宅的热潮。

因木结构住宅属于密肋的墙承重体系，并且六面整合，抗侧力很强，所以能够承受风速为 70 米/秒的飓风。在飓风多发的美国西海岸地区和陆地龙卷风强烈的加拿大北部地区，木结构住宅仍是当地居民的首选。

• 健康环保

21 世纪，绿色环保生活将成为新的生活方式。木结构住宅采用天然材料作为结构主体，配套建材也不含对人体的有害物质，是理想的绿色居住空间，使人在不知不觉中享受健康环保的益处。另外，木结构建筑法对周围环境的污染和损害极小。国际认可的“生命周期分析方法”对主要建筑材料的环境污染指数进行测试的结果表明，木材对环境污染的各项指标均大大低于砖瓦和混凝土，对水、空气、土壤、周围环境均不造成污染。

2. 原木结构

原木是厚度至少为 70 毫米，由工业刨床生产的主要用做墙体结构的实心的建筑材料，分为矩形原木、圆形原木、层压原木。矩形原木呈凹凸形状，尺寸（宽度）为 70mm、90mm、120mm、145mm。圆形原木呈圆形或接近圆形，尺寸（直径）为 70mm、90mm、120mm、145mm。层压原木是由两块或更多块原木粘合在一起并形成纵向和横向的接缝，尺寸（宽度）为 92mm、116mm、140mm。相对于矩形原木和圆形原木，层压原木不易开裂。

世纪宅国际集成住宅展示中心以“芬兰木屋”为例，展示了有关以原木结构为建筑体系的集成房。其特点有：

●抗震性

原木建筑在地震中有很好的生命安全性能，芬兰木屋采用榫接建造，主结构交错连接，具有很好的稳定性。所以造成倾塌倒斜的可能性就小。

●耐久性

木材是一种稳定性强、寿命长、耐久性强的材料。芬兰木屋的原木材料都经过了现代技术的加工，更加坚固耐用，而且“层压原木”不会开裂，这些特点使得“芬兰木屋”可以在世界不同国家和地区的不同环境下被推广和使用。

●防火性、防潮性

天然的木材防火、防潮性能不好，但“芬兰木屋”很好地解决了这个重要的问题。原木材料都经过了现代技术的加工处理，在防火、防潮方面有良好的性能，这样才使得“芬兰木屋”成为安全的房屋，并能够适应气候较为潮湿的国家的环境。

●绿色环保、保温节能性

“芬兰木屋”被称为“会呼吸的房子”，由于选用天然的木材作为材料，原木房屋具有良好的环保性，室内可以保持良好新鲜的空气，是真正意义上环保自然的房屋产品。原木材料采用一流的北欧木材，木质优良，这样使得“芬兰木屋”冬暖夏凉，大大地节约了能源。

●施工作业简单化

“芬兰木屋”的原木材料都是大规模工业化生产下的严格符合规格的产品，施工主要采用现场拼装的方式，只需要将各种尺寸的原木材料用专业的连接件拼装起来，大大地减少了工作量。

3. 轻钢结构

按照轻钢结构设计规程，由冷弯薄壁型钢、热轧和焊接轻型钢以及薄壁钢管做成的结构都可以称为轻钢结构。世纪宅国际集成住宅展示中心中以“美国风格、德式风格、新西兰风格、意大利风格、澳大利亚风格”的集成房为例展示了采用轻钢结构的集成房，其中按照外保护材料的不同分别有：

（1）冷弯薄壁型钢支撑框架结构（美国风格）：它选用高镀锌量的钢板冷加工工艺，与高强韧性的 OSB 板结合，形成稳定的“板肋”结构体系。

（2）蒸压轻质加气混凝土（Autoclaved Lightweight Concrete）板材（德式风格）：简称 ALC 板材，它是以硅岩、水泥、石灰等为主要原料，由经过防锈处理的钢筋增强，经过高温、高压、蒸气养护而成的多气孔混凝土板材，是一种性能优越的新型轻质建筑材料。

（3）冷弯轻型钢结构（新西兰风格）：它是用低碱硫铝酸盐水泥、粉煤灰配以其他辅料做面层，以自熄型聚苯乙烯泡沫板作芯层，采用了专利技术即物理发泡新工艺。

轻钢结构集成房具备的特点如下：

①结构方面的特点。钢材的强度重量比是所有材料中最高的，因此可以用来建造大跨度的空间，轻钢结构抵御大风及地震也有良好的表现，钢特有的强度和韧性使得轻钢结构房屋比传统房屋能更好地抵抗诸如火灾、地震、飓风等自然灾害的影响。

建筑设计上具有较大的灵活性，可以很容易地进行结构重建。非承重墙可以十分容易地移走，更换，重建。

②建造方面的特点。钢框架可以用日常普通的工具进行加工制造，钢铁具有与生俱来的坚固形态，使得它在使用过程中很难破碎。钢材不会缩水或膨胀，因此钢框架能够紧密地同墙面饰面板及墙面抹灰结合。钢铁也不会轻易腐烂、开裂或弯曲，因而钢结构适宜所有常用装修材料。

③环保方面的特点。所有的钢铁产品都是可回收的。回收率可以达到66%，是所有人造材料中回收率最高的，并且钢铁无须降解就可以被回收利用。

④经济方面的特点。和木结构一样，通过加工，钢铁可以制成许多种预制构件，也可以制成标准的或传统的构件，这样就减少了工地浪费，节约了工程成本。通过先在钢构件上打孔，便于将来安装管线，减少了后续工序的准备工作，可以十分灵活方便地配置具有高科技含量的设备。因此轻钢结构的墙体构造也很容易布置住宅智能化的综合布线系统。

由以上几种结构性能特点的解释，不难看出世纪宅展示的新型建筑体系较传统的“秦砖汉瓦”式的建筑更具先进性、方便性、施工简易性，从工程造价、施工周期、使用年限、环保智能、贴近人性等各方面看都具备很大优势。

从原始的穴居、巢居到麻木呆板的钢混、砖混，再到会呼吸，贴近人性的新式钢木结构，新式住宅带给人类的是融入自然健康环保的绿色智能化居住家园。

五、案例使用说明

（一）案例类型与教学目的

本案例为企业文化与建立产业链案例。

本案例的教学目的包括：

（1）领会中小企业成长中企业文化的作用。
（2）企业文化核心的含义。
（3）领会企业价值观的意义。
（4）企业文化的形成与贯彻。
（5）了解世纪宅公司的产品特点。
（6）了解世纪宅公司的成长经历。
（7）了解世纪宅公司的产品销售模式。
（8）了解世纪宅公司产业链的形成。

（二）可供教师在课堂上选用的启发思考题

（1）世纪宅公司的企业文化是否在公司成长中发挥了作用？企业的价值观是如何锤炼成的？

（2）公司的价值观如何转变为各部门和全体员工的理念？

（3）世纪宅公司的销售模式是如何形成的？

（4）世纪宅公司为什么要打造集成房屋从销售到设计，从制造施工安装到售后服务的完整产业链？

（三）案例分析路线

世纪宅公司的成长路经→企业初创→企业文化的形成→企业文化核心企业价值观的锤炼与传播→企业理念的贯彻。企业销售模式的建立→世纪宅国际集成住宅展示中心建立→室外展示中心建立→集成房屋从销售、设计、生产、装配到售后一条龙集成模式的形成。

（四）背景资料

（1）世纪宅集成住宅的特点。
（2）企业文化的理论。
（3）世纪宅公司简介。

（五）理论要点

（1）企业文化理论。

(2) 企业文化的核心、企业的宗旨、理念。

(3) 产业经济中产业链理论。

(六) 参考资料

(1) 世纪宅公司简介。

(2) 世纪宅公司服务手册。

(3) 世纪宅公司网站，http：//www.IHHIP.com.cn。

(4) 罗长海:《企业文化学》，中国人民大学出版社，1991 年。

(5) 王春利、李大伟主编:《管理学基础》(修订第 3 版)，首都经济贸易大学出版社，2009 年。

案例 7

组织变革，克服电厂发展“瓶颈”

陈 庆[①]

摘要： C 公司是一家新建的大型火力发电企业，公司在建设的初期，由于种种原因，导致企业发生了一起重大的环境污染事故和采购质量事故，严重影响了公司建设工程的进度，总经理也被调换。在新任总经理的领导下，公司通过与外部管理咨询机构的合作，对公司在组织、人力资源以及内部管理等方面的问题进行了深入研究和改革，出台了一系列的改革措施。最终帮助公司走出困境，走上了正常发展的轨道。

关键词： 组织结构优化 岗位工资制 部门（员工）绩效管理 流程优化 制度建设

一、C 公司概况

（一）公司背景

C 公司是由 Y 省大型投资公司 A 公司、中国国内知名大型电力企业 H 公司、Y 省属能源企业 N 公司共同出资成立的公司。公司建设 L 市电厂项目工程的投资总额定为人民币 60 亿元。公司的项目建设资本金为工程总投资的 20%，各方的出资比例为：A 公司 55%，H 公司 40%，N 公司 5%。公司成立的注册资本金为人民币 2 亿元。

---

① 陈 庆：首都经济贸易大学工商管理学院副教授，博士。

公司位于 Y 省南部具有建设大型火电项目地域优势的 L 市，毗邻长江，通信发达，交通便利。公司建设规划容量为 4×600MW，分期建成。一期建设装机容量为 2×600MW，于 2004 年经国家发改委批准立项。按照公司的发展规划，首台机组计划于 2007 年 6 月投产发电。作为一个新建大型火力发电企业，为了增强公司的市场竞争力，公司完全按照“新企业、新标准、新模式、新机制”来运作，按照国际先进水平的新型火力发电公司的要求来进行经营和管理(关于火电厂的基本生产业务流程介绍见附录 1)。

(二) 公司发展历程与发展瓶颈

在公司建设的开始阶段，一切都显得那么的顺利，厂区建设、生活区建设等一切都在有条不紊地进行着，看样子按期完工，实现首台机组的按时投产发电应该是没什么问题的。公司总经理司总对于公司的现状还是很满意的，司总是由公司的大股东 A 公司选派的，作为一个大型的投资公司，A 公司在 Y 省各地投资控股了很多的企业，其投资领域主要是在能源方面，因此 A 公司在子公司管控方面应该说具有很丰富的经验。司总作为一名资深的财务专家，虽然以前没有过在电厂工作的经验，但他相信，凭借自己多年大型企业的管理经验，要管理好这一还处于建设期间的电厂应该是没有问题的。

到了 2006 年，随着时间的推移和工程进展的深入，问题逐渐凸显出来。最明显的一点是员工的抱怨开始增加，士气也比较低落。公司是正处在建设期的新电厂，其员工绝大多数都是从电力系统内其他电厂招过来的。由于公司目前还没有收入，相比原来的单位，员工的收入普遍都下降了不少。但是大家主要是冲着公司未来良好的发展前景而来的，作为一个采用国内目前先进的超临界 600MW 型发电机组的大型火力发电厂，其吸引力对于每一个火电系统的从业人员来说都是很大的。所以在最初的两年，大家主要是凭着一腔热情在努力工作，希望能够早日投产。然而两年多过去了，工程的建设看起来还是遥遥无期，而且最近的进度还有放缓的迹象。另外公司位于 L 市郊区的 B 镇，离 L 市城区还有 1 个多小时的车程，条件非常艰苦，基本上没有什么娱乐设施。大部分员工都是从外地来的，在这么艰苦的地方一待就是两年多，从心理上来说也难免会产生一些抵触的情绪。加上公司人手不够，很多时候都要一人兼数职，时间长了，难免会在工作中产生一些配合上的问题，从而引起一些摩擦。所有这一切都影响了工程的进展。

就在这个关键的时候，公司发生了一件重大的环境污染事故，对于整个公司的建设造成了严重的打击。2006 年 11 月 13 日上午 9 时许，公司位于长江的排污口下游被发现有少量油污。11月15日，L市环境执法人员在现场发现长江江面有条长约几公里的柴油污染带。调查发现，此次污染事件致使L市水务集团两个点取水中断，污染物流入C市J县境内，造成了跨省污染长江的重大污染事故。省市联合事故调查组查明此次柴油泄漏事件：一方面由于C公司与施工单位擅自将冷却水管接入雨水沟，从而导致点火系统调试过程中供油泵密封圈损坏，大量柴油从冷却水管外泄；另一方面由于公司及施工单位管理不善，污油管理不严，操作工人盲目蛮干，致使抽取污油池中冷却水时不慎将部分污油外排。事故发生后，公司并没有立即想办法采取补救措施，而是希望尽量降低事件的影响，于是做了一个非常错误的决策，将小锅炉燃油量按大锅炉计算，并故意将购油数量减少3%计算出0.38吨柴油泄漏量的初步数据。L市环保局和企业经过再次核实，最终查明泄漏油量为16.9吨。由于公司对柴油泄漏量估算严重失实，给上级决策和事件处置造成了一定影响。根据调查结果，Y省环保局责成C公司立即停工整改，全面排查环保隐患，认真吸取教训。并对C公司处以20万元人民币的经济处罚，责成公司向Y省环保局做出书面检查。此外，企业相关责任人也被处以扣减奖金、撤销职务等处罚。对应负监督管理领导责任的公司总经理司总扣减半年绩效考核奖金并提请董事会给予警告处分；对应负现场监督管理领导责任的公司副总工程师苟总扣减三个月绩效考核奖金并撤销副总工程师职务；对应负现场监督管理直接责任的锅炉专业组副组长程某扣减三个月绩效考核奖金并撤销副组长职务、解聘其锅炉专业工程师岗位等。

然而，麻烦才刚刚开始，环境污染事件的影响还没完全消除，公司内部发生的另外一起采购风波给公司的建设再一次蒙上了阴影。事情的经过大体是这样的：公司向外招标采购了一批防火材料，主要用于涂抹在输送高温蒸汽的蒸汽管道内壁，以防止长时间的高温使管道开裂甚至爆炸。然而就在防火材料涂好后的试运行过程中，这些原本应该起到高温隔热作用的防火材料竟然燃烧起来，其后果是导致几千万的材料损失和几个月的工程进度延后。而对于这样规模的电厂来说，每延期一个月的损失至少都是数以亿计的。在后来的事故调查中发现，这批招标采购的防火材料不仅不合格，更为严重的是其供应商根本不具备参与招标的资格。如此严重的问题一再出现让几大股东无法再忍受，最终公司股东经过协商决定免去司总的公司总经理职务，由A公司另外委派杨总来担任C公司的总经理。

（三）解决之道

与司总的经历不同，杨总是从A公司下属的另外一个企业——J电厂选派过来的，他在电厂工作了几十年，从基层一直干到总经理的职位，有着丰富的火电厂工作和管理经验。而且C公司的员工有很大一部分是从J电厂过来的，很多都是杨总的老部下，对杨总的个人能力都是非常地敬佩。A公司在这个关键时刻派杨总过来，也是希望他能够力挽狂澜，保证C公司能够尽快投产运行。

但是，摆在杨总面前的可不是一件容易完成的任务，有几件事情是亟待解决的。首先，公司目前的组织机构设置是按照建设期工作的需要而设立的，随着公司从建设期转入生产期，工作的重心也要随之发生改变，原来的组织结构显然已不适应新的工作要求，必须尽快做出调整。其次，最关键也是最急迫的一点，必须要解决员工在薪酬分配方面的不满，这关系到企业能不能留住人才，也是保证公司投产后能够平稳过渡的最基本保证。最后，公司目前的管理过于粗放和无序，前面发生的种种问题，显然和公司的管理松散有关。对于电厂这样一个半军事化管理的企业来说，如果正式投产运行后还是目前这种管理状况，其后果肯定是不堪设想的。然而距离公司设定的投产日期已经越来越近了，如果光靠公司自己的力量来做这些工作肯定是没法按时完成的，经过股东的批准和公司的联系洽谈，C公司最终决定聘请北京求是联合管理咨询有限公司帮助其完成此次组织结构和人力资源管理改革的工作。北京求是联合管理咨询有限公司项目组（以下简称“求是咨询项目组”）经过两个月时间的实地工作，通过深入调研和访谈把握了企业的问题关键，并与企业相关人员研究探讨解决方法，帮助企业列出了一系列的解决方案。

在组织结构方面，C公司原来设有总经理工作部、资产财务部、人力资源部、党群工作部、综合事务部、计划经营部、物资部、安全监察部、发电部、设备部、燃煤质检部等11个部门，此外在总经理工作部下面还有一个成都办事处（见图1）。公司只有总经理、党委书记和常务副总经理3名高管人员，每个人同时要分管几个部门，这使得高管人员的大量时间耗费在日常事务的处理上，难以集中有限的时间和精力对公司的经营战略和管理提升进行系统思考，也很难保证每个部门都能得到有效的管理。此外，生产技术管理是火电行业一项非常重要的职能，在C公司原来的组织结构中将其与设备维修、环境监督等职能一起划归设备部管理，造成设备部承担的职责过重，也没有从组织结构上体现对生产技术管理的重视。成都办事处的主要职责只是负责接待好各相关单位和公司各部门来往人员，协助处理好与相关单位的工作和业务联系，工作事务不是很繁重，但却设有7个人的编制，成为公司一个不小的包袱。此外，公司缺乏审计、监察等风险管理和控制职能，企业经营风险较大。

针对这些问题，求是咨询项目组提出了以下解决方案：一是增加1~2名副

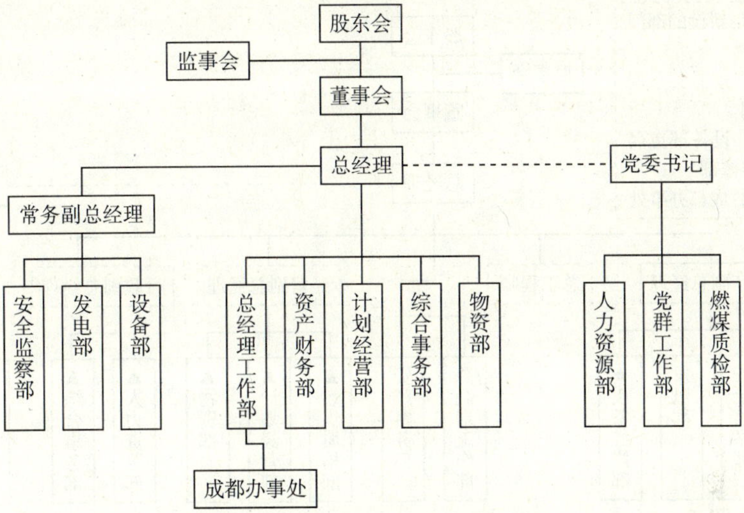

图 1　C 公司原有组织结构图

总经理，分担总经理和党委书记的部分管理职能；二是增设一个生产技术部，负责公司生产技术方面的管理工作，另外把环境监督功能也从设备部拿出来，放到安全监察部，设备部主要负责设备的维护和检修，更名为设备维修部；三是成立审计监察部，加强内部审计和行政监察；四是对于成都办事处的处理，从精简机构，减员增效的角度考虑，如果没有更多的职能赋予，建议精简成都办事处人员，配置 1 个人。以后随着职能的回收，逐步取消成都办事处。改进后的组织结构图如图 2 所示。

在薪酬分配方面，公司面临的一大难题是薪酬整体水平在行业内偏低，而且内部差异也较大，员工的意见很大。这是一个比较棘手但是又不得不解决的问题。首先公司的工资总额是受大股东 A 公司的控制的，目前 A 公司限定给 C 公司的工资总额上限是按 380 人的编制，人均 5.5 万元/年定的，这一点肯定不能突破。虽然在 A 公司内部，这一工资水平并不低，但是放在整个火电行业来看，这样的工资水平很难留住公司的核心人才。为了保证留住公司最需要的中层干部这一层级的人才，C 公司的薪酬政策目前是向中层倾斜的，这就导致了基层员工的意见很大。因为没有正式投产，公司没有效益，大多数人都认为不同层级员工之间的差距不应该拉得那么大，应该同甘共苦。这样的要求应该说也很合理，但是公司也有公司的难处，因为即使按照现在的分配制度，目前中层管理人员拿到的薪酬相对同行业平均水平来说也是偏低的，而公司在建设期间中层人员要承担更多的管理、组织协调作用，如果薪酬再低的话恐怕多数人都要跳槽了。那么究竟怎样才能在受这么多条件限制的情况下解决这一难题呢？

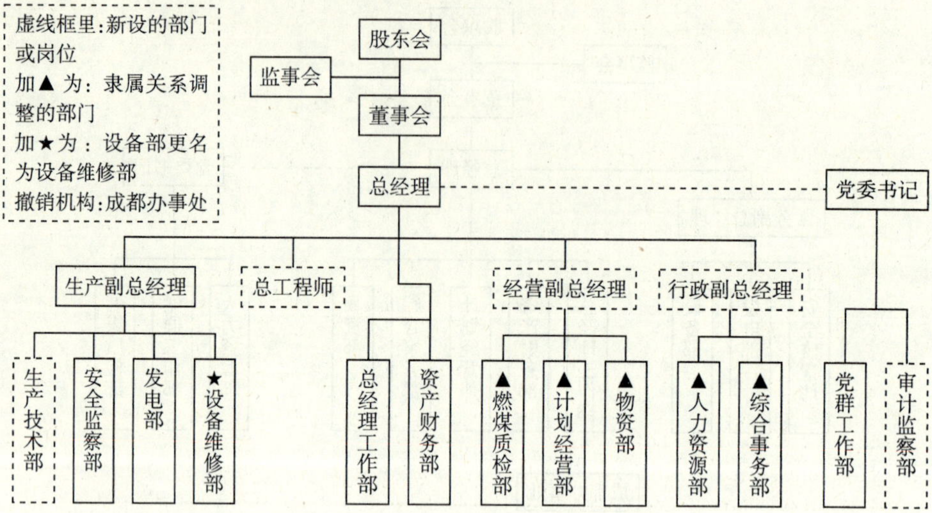

图 2 C 公司调整后的组织结构图

合理运用人员编制是求是咨询项目组和公司相关人员经过充分讨论协商后想到的一条可行方案。因为 A 公司目前是按照公司实际的人员编制来发工资的，而目前公司的员工编制还远没有达到 A 公司规定的上限，由于公司目前还没投产，人员还没招聘到位，所以许多岗位的编制严重不足。在这次组织结构调整的过程中，求是咨询项目组根据公司正常运转的需要合理确定了公司各个岗位的编制，报公司董事会通过后作为今后发放工资的依据。对于一些非核心岗位，建议公司尽量用临时工代替正式职工，由于临时工相对正式职工的薪酬要低得多，这样一来就可在总额不变的情况下提高正式职工的薪酬水平，从而在一定程度上解决目前公司整体薪酬水平偏低的问题。

对于员工之间收入差距过大的问题，求是咨询项目组建议公司采用岗位工资制将内部差距制度化、合理化。首先组织岗位评价小组采用科学的因素评分法（具体实施方法见附录 2）对公司所有岗位进行打分，根据打分的结果来确定每一个岗位的相对价值和薪酬水平，这样就使得不同岗位之间的薪酬差异有了依据，并且尽量将不同岗位之间的薪酬差距控制在员工可以接受的范围之内。而对于企业所急需的中层骨干人才，企业可以采用额外奖励的方式进行补偿，这也是目前解决员工对于薪酬分配抱怨的一种折中方法。等公司正式投产后，有了收益，可分配的工资总额多了，就可以采用更好的方法来解决薪酬的内部公平问题。

与新的岗位工资制度相对应，求是咨询项目组为公司设计了一套绩效管理制度来加强公司的绩效管理。原来公司的绩效管理几乎流于形式，员工只要不出现大的工作失误，干好干坏都一个样，这也在很大程度上影响了员工积极性的发挥。针对这种情况，新的绩效管理制度将公司的整体利益和部门、员工的利益紧密结合起来。

首先，根据不同部门在公司经营过程中应承担的主要职责，将公司的战略目标分解到每一个部门，并在此基础上制订出部门的绩效考核指标，然后将部门的绩效考核指标再分解到每一个岗位上，这样就使得公司、部门、员工三者之间有了统一的行动方向。下面表1和表2分别列出了C公司发电部和该部门值长岗位的关键业绩指标，从中可以看到如何将公司的战略目标层层分解到各部门和各岗位。

表1 C公司发电部关键业绩指标

编号	关键业绩指标名称	信息来源	权重	指标说明（定义/公式）	目标值	考核主体
1	部门管理费用超支率	资产财务部分析数据	5%	(实际管理费用-预算管理费用)/预算管理费用	目标值：0 每超支1%，扣5分	资产财务部
2	发电量	生产报表	20%	考核期内是否完成公司制订的发电量计划	因发电部自身原因没完成计划，每降低1%，扣5分	计划经营部
3	不合格电量	生产报表	10%	不合格电量控制在公司允许的范围内	因发电部自身原因导致不合格电量超标，每超标1%，扣5分	计划经营部
4	经济技术指标完成情况	生产报表	20%	厂用电率、发电煤耗、油耗、油质和蒸汽品质、其他经济技术小指标的完成情况	因发电部自身原因导致指标未完成，每一项未完成扣5分	生产技术部
5	非计划停运次数	生产报表	10%	非计划停运次数不超过公司允许的范围	因发电部人为原因导致非计划停运次数超标，每增加一次扣10分	生产技术部
6	环保设施投运率	生产报表	5%	运行脱硫率不低于公司下达的指标标准	因辅运部自身原因导致环保设施未投入，扣5分/套，超标排放10分/次	安全监察部
7	运行管理	生产运行记录	10%	主机运行管理到位，没有出现因主机原因影响发电	每出现一次因主机原因而影响公司发电生产，扣10分	生产技术部
8	安全文明生产违规情况	安全监察部检查记录	5%	考核期内部门内员工违反安全文明生产制度规定的次数	违规次数不超过5人次，每增加1人次扣1分	安全监察部
9	劳动纪律违规情况	人力资源部检查记录	5%	考核期内部门员工违反劳动纪律的次数；绩效考核报表是否及时提供	违规次数不超过5人次，每增加1人次扣2分	人力资源部
10	其他工作完成情况	上级评价	10%	领导交代的其他工作的完成情况	酌情打分	分管领导

表 2 C 公司发电部值长关键业绩指标

序号	指标项	信息来源	权重	指标说明（定义/公式）	考核标准	考核人
1	经济技术小指标完成率	生产报表	30%	是否完成给水温度、高加投运率、飞灰可燃物、AGC 投运率、蒸汽温度压力、排烟温度、真空、补水率等指标	每有一项指标未达标，扣 5 分	发电部主任
2	两票合格率	部门两票统计记录	20%	两票合格数/两票总数	目标值：100% 每降低 5%，扣 5 分	
3	设备消缺率	生产技术部	20%	实际消缺数/总缺陷设备故障数	目标值：100% 每降低 5%，扣 5 分	
4	计划完成率	工作计划	20%	本期已完成工作项数/本期计划工作项数	目标值：100% 每降低 5%，扣 5 分	
5	领导交代工作完成情况	上级评价	10%	领导交代的其他工作的完成情况	酌情打分	

在明确了各部门和各岗位关键业绩指标的基础上，求是咨询项目组为 C 公司设计了一套有针对性的考核方案，并且将绩效考核分为季度考核和年度考核，考核的结果实行强制分布。例如，对部门考核结果采取四级强制分布，分别为 S（卓越）、A（优秀）、B（合格）、C（需改进）。部门考核结果强制分布比例如表 3 所示。

表 3 部门考核结果强制分布比例

等级 部门类别	S	A	B	C
公司职能部门	8%	24%	60%	8%

同样，对部门内员工的考核结果也采取四级强制分布，分别为 S（卓越）、A（优秀）、B（合格）、C（需改进）。部门内员工考核结果强制分布比例如表 4 所示。

表 4 员工考核结果强制分布比例

等级 类别	S	A	B	C
部门内员工	5%	20%	70%	5%

部门、员工绩效考核的结果直接影响到部门、员工的绩效工资和奖金，同时员工的考核结果还将影响到今后工资等级的升降、岗位的调动、培训等各个方面，这就使得员工的积极性得到了极大的调动。

部门的考核等级决定该部门绩效工资系数，同时也决定了该部门实发的绩效工资数额，如表5所示。

表5 部门绩效工资系数

部门季度考核等级	S	A	B	C
部门绩效工资系数	1.10	1.05	1.00	0.95

$$部门绩效工资=\frac{部门绩效工资系数\times部门绩效工资基数\times公司绩效工资}{\sum各部门绩效工资系数\times部门绩效工资基数}$$

个人的考核等级决定该个人绩效工资系数，同时与部门绩效工资一起决定了该个人的实发绩效工资数额，如表6所示。

表6 个人绩效工资系数

考核等级	S	A	B	C
个人绩效工资系数	1.2	1.1	1.0	0.9

$$个人绩效工资=\frac{个人绩效工资系数\times个人绩效工资基数\times部门绩效工资}{\sum部门内个人绩效工资系数\times各岗位绩效工资基数}$$

岗位工资的级别调整每年末进行一次，根据员工每年的考核等级决定其岗级调整，具体调整方式如表7所示。

表7 调级方法

年度考核等级	调级方法
S	上浮1级
A+A	上浮1级
S+S	固定1级，浮动1级
A+A+A	固定1级
S+C、A+A+C	取消浮动
C+C	下浮1级
C+C+C	下岗培训
C+C+C+C	辞退

在解决公司薪酬分配问题的同时，求是咨询项目组也制订了一系列的方案来帮助 C 公司提升管理水平。

首先，在新的组织结构下，明确各个部门的职责和岗位职责，并且以统一的格式帮助公司编制各部门的职责说明书和岗位说明书，保证企业各个部门、各个岗位能够职责分明，各司其职、各尽其责，避免因为职责划分不清而造成部门之间的相互推诿和扯皮现象。同时，统一的岗位说明书也为公司科学地评价各个岗位对企业的价值提供了依据，也为公司进行人员招聘、培训等其他人力资源管理工作打下了基础。

其次，针对 C 公司原来流程不清晰、部门间工作衔接不畅、效率低下等问题，求是咨询项目组帮助公司重新梳理了一系列核心的管理和业务流程，特别是一些跨部门的关键流程。通过对关键流程各个环节的详细描述，说明流程各阶段关键节点的控制要点和需要提交的文件，保证流程涉及的各单位和各部门都能够明确自己在流程中的工作职责和权限，从而减少了参与流程的各部门相互推诿和扯皮现象的发生，大大提高了企业运行的效率。同时，对一些关键管理和业务流程的明确界定，也减少了企业发生重大违规事件的风险，可以有效地避免公司再次发生前期类似的重大事件。

最后，针对 C 公司目前制度建设落后的情况，求是咨询项目组协助公司修订了一批重要的管理制度，主要涉及人力资源、战略管理、财务管理、采购管理、合同管理等方面。通过这一系列重要制度的出台，帮助公司在制度化管理方面迈上了一个新的台阶。

“一分耕耘，一分收获。”在经历了前期的种种挫折之后，C 公司这一成长中的企业，终于在北京求是联合管理咨询有限公司的帮助下，找到了正确的前进方向。目前公司一期的两台机组都已正式投产并且运转良好，而北京求是联合管理咨询有限公司提供的所有方案都被应用于企业的实际工作中，经过近一年的实践检验，取得了非常显著的效果：首先，员工的满意度明显提升，人员流动率大大降低，在这一年来的时间内企业核心员工无一人跳槽，对于企业正式投产后的平稳运转起到了非常重要的作用；其次，企业管理水平和管理效率大大提高，部门间推诿扯皮现象明显减少，企业建设进程明显加快，原来一期机组迟迟不能投产的局面在方案实行两个月后就被打破，而且取得了很好的经营业绩。

有了过去的种种经历，相信 C 公司将会在自己的发展之路上越走越顺利。

二、附 录

附录1 火力发电厂基本生产业务流程

火力发电一般是指利用石油、煤炭和天然气等燃料燃烧时产生的热能来加热水，使水变成高温、高压水蒸气，然后再由水蒸气推动发电机来发电的方式的总称。以煤、石油或天然气作为燃料的发电厂统称为火电厂。

火力发电站的主要设备系统包括：燃料供给系统、给水系统、蒸汽系统、冷却系统、电气系统及其他一些辅助处理设备。

火力发电系统主要由燃烧系统（以锅炉为核心）、汽水系统（主要由各类泵、给水加热器、凝汽器、管道、水冷壁等组成）、电气系统（以汽轮发电机、主变压器等为主）、控制系统等组成。前二者产生高温、高压蒸汽；电气系统实现由热能、机械能到电能的转变；控制系统保证各系统安全、合理、经济运行。

火力发电厂由三大主要设备——锅炉、汽轮机、发电机及相应辅助设备组成，它们通过管道或线路相连构成生产主系统，即燃烧系统、汽水系统和电气系统。其生产过程简介如下：

1. 燃烧系统

燃烧系统如图3所示，包括锅炉的燃烧部分和输煤、除灰和烟气排放系统等。

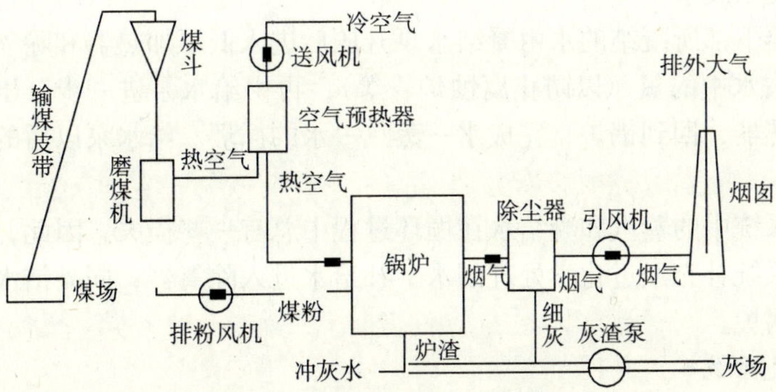

图3 燃烧系统流程（煤粉炉）

煤由皮带输送到锅炉车间的煤斗，进入磨煤机磨成煤粉，然后与经过预热器预热的空气一起喷入炉内燃烧，将煤的化学能转换成热能，烟气经除尘器清除灰分后，由引风机抽出，经高大的烟囱排入大气。炉渣和除尘器下部的细灰由灰渣泵排至灰场。

2. 汽水系统

汽水系统流程如图 4 所示，包括锅炉、汽轮机、凝汽器及给水泵等组成的汽水循环和水处理系统、冷却水系统等。

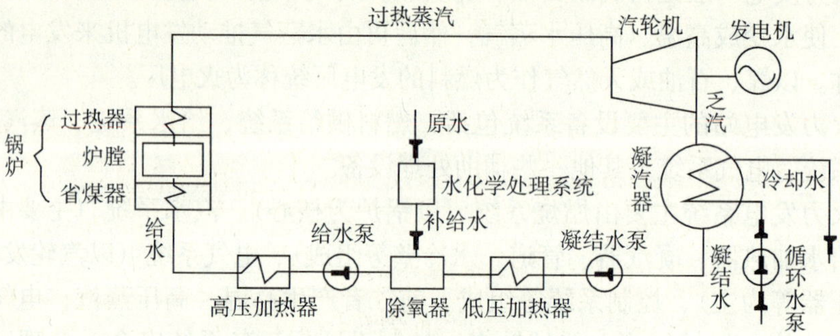

图 4　汽水系统流程

水在锅炉中加热后蒸发成蒸汽，经过热器进一步加热，成为具有规定压力和温度的过热蒸汽，然后经过管道送入汽轮机。

在汽轮机中，蒸汽不断膨胀，高速流动，冲击汽轮机的转子，以额定转速（3000r/min）旋转，将热能转换成机械能，带动与汽轮机同轴的发电机发电。

在膨胀过程中，蒸汽的压力和温度不断降低。蒸汽做功后从汽轮机下部排出。排出的蒸汽称为乏汽，它排入凝汽器。在凝汽器中，汽轮机的乏汽被冷却水冷却，凝结成水。

凝汽器下部所凝结的水由凝结水泵升压后进入低压加热器和除氧器，提高水温并除去水中的氧（以防止腐蚀炉管等），再由给水泵进一步升压，然后进入高压加热器，回到锅炉，完成水—蒸汽—水的循环。给水泵以后的凝结水称为给水。

汽水系统中的蒸汽和凝结水在循环过程中总有一些损失，因此，必须不断地向给水系统补充经过化学处理的水。补给水进入除氧器，同凝结水一起由给水泵打入锅炉。

3. 电气系统

电气系统如图 5 所示，包括发电机、励磁系统、厂用电系统和升压变电站等。

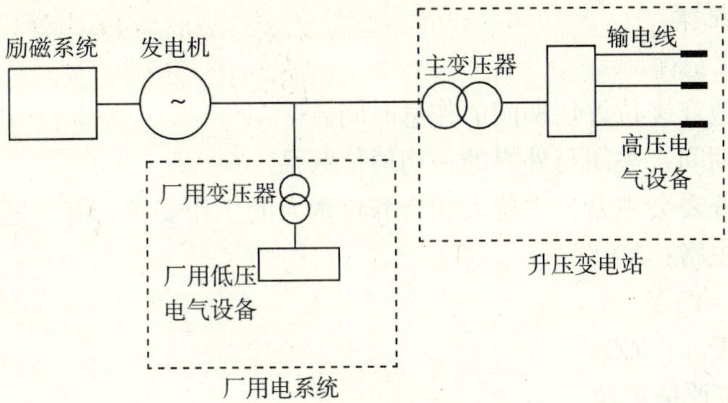

图 5 电气系统

发电机的机端电压和电流随其容量不同而变化，其电压一般在 10~20kV，电流可达数千安至 20kA。因此，发电机发出的电，一般由主变压器升高电压后，经变电站高压电气设备和输电线送往电网。极少部分电，通过厂用变压器降低电压后，经厂用电配电装置和电缆供厂内风机、水泵等各种辅机设备和照明等用。

附录 2 岗位评估实施过程

1. 日程安排表（见表 8）

日期：2007 年 5 月 31 日

时间：8:00~23:00

工作地点：C 公司临时生活区办公楼三楼会议室

表 8 日程安排表

时间		工作内容	备注
上午	8:00~8:10	双方项目组、会务人员到场做准备工作并发放评估手册	
	8:10~8:20	评委会主席作动员讲话	
	8:20~9:50	岗位评估培训	
	10:00~12:00	标杆岗位评估	
中午	12:00~14:00	午餐及午间休息	
下午	14:00~19:00	岗位评估	评委自我调整休息
晚上	19:00~20:00	晚餐	
	20:00~23:00	评委休息，求是咨询项目组作数据处理	

2. 工作纪律

（1）会议纪律。

①严格遵守岗位评估期间的作息时间。

②会议期间，关闭与外界的一切通信联系。

③服从评委会主席、主持人和会务负责人的工作安排，有问题主动联系。

评委会主席：XXX

主持人：YYY

会务负责人：ZZZ

（2）岗位评估纪律。

①座位：在会议室的桌子上有座位序号，请各位评委会人员打分时固定在某一个座位上入座，记住自己的序号并作为自己的编号。

②岗位评分严格按工作流程和规则进行，每打完一轮及时提交打分结果。

③评分过程中，各评委独立打分，不得相互协商，有疑问请与主持人商讨。

④评审过程及结果要保密，禁止任何人以任何方式将岗位评估中间过程、中间结果及最终结果透露给评估委员会以外的任何人员。

⑤评估结束时，交回全部评估资料（包括评估手册）。

3. 评估规则

（1）岗位评估流程。

①培训。

②标杆岗位评估。

③岗位评估。

（2）评估过程要求。

①接收评估文件。

每一位评委将收到三份文件：岗位评估打分表；岗位说明书；岗位评估手册。

②打分要求。

开始打分时，首先将自己的编号填入“岗位评估打分表”左上角的“评委编号”栏内，然后，比照各个岗位说明书，依次将每个岗位、每个要素的得分填入“岗位评估打分表”的对应栏目内，注意对应准确，打分完整。

参加岗位评定的委员必须独立地对各个职位进行评价，不要互相协商打分，有疑问请举手向主持人或专业人员申请咨询。

③结果提交方式。

每一轮打分结束，“岗位评估打分表”填写完毕后，放在座位的右上角，由求是咨询项目组人员统一收回。

（3）主持人规则。

会议主持人由求是咨询项目组人员担任，不参加打分，以公正中立的立场主持委员会成员的自由讨论、控制评估过程，并主持岗位评估工作的进行。

（4）岗位评估委员会的构成和组织规则。

①评委会委员人数。评委会委员共 18 人，其中中层干部 16 人，普通员工代表 2 人。

②评委会委员权力。岗位评估委员会是岗位评估的决策团体，对每个待评估岗位进行评估打分。需要投票时有表决权，每人一票。

③评委会委员义务。岗位评估应对岗位进行公正的价值评价，不得带个人偏见、部门偏见和感情色彩。

④评估委员会主席。岗位评估委员会设主席 1 人，评委会主席是评估委员会的领导者和此次评估的协调人，与岗位评估主持人共同维持有序的评估过程。在需要投票表决时，参加投票表决，当投票结果双方人数相同导致问题不能决定的情况下，主席在现场行使最终决定权。

（5）标杆岗位打分规则。

①标杆岗位的选择。本次评估范围为公司全体人员，标杆岗位从企业不同类型、不同重要程度的岗位中选取，共 15 个。

②标杆岗位打分。标杆岗位打分的过程也是评委们对岗位评估因素的认知过程，因此每个标杆岗位的每一因素都应仔细地评价——均值是否合理，总分排序和差距是否合理。对于任何标杆岗位的评分结果，专家组成员对于明显有偏差的地方可以充分发表意见，充分讨论后，进行岗位评估打分。

标杆岗位的排序是以后各个岗位打分的参照，因此标杆岗位打分必须准确。

（6）岗位评分规则。

①岗位总分。某一个岗位的最终得分是各个因素的得分总和。

②每个因素的得分。每个因素分若干个子因素，每个子因素的评分标准分为不同的档级，每个档级分别有该档级的最高得分，在为该子因素打分的时候，先选定适合的档级，然后打分，该分数应高于上一档级的最高分，小于等于本档级的最高分。将所有子因素打分相加即为该因素的得分。

③评价阶段（正式打分）。评估委员会集中时间对所有要评价岗位进行正式打分。同时，操作组成员（包括分析人员和录入人员）并行进行数据录入和分析工作。根据统计分析方法将打分不符合要求的因素和岗位找出来，准备重新打分。

④总结阶段（重新打分）。重新打分的对象是超过控制范围的单项因素指

标，总分排序明显不合理的岗位。每阶段结束后，操作小组将需要重打分的岗位反馈给评估委员会，评估委员会在充分讨论的基础上对这些岗位进行重新评估，直至得到合理结果，如果仍不能达成一致意见，将根据例外原则，进行举手表决，评估委员会主席裁决。

⑤例外原则。在多次评估后，对个别岗位或因素评估结果不能达成一致意见时，将根据少数服从多数的原则由评估委员会进行投票表决，当投票结果双方人数相同导致问题不能决定的情况下，主席在现场行使最终决定权。

4. 评估岗位清单

(1) 标杆岗位。

①总经理。

②生产副总经理。

③总经理工作部秘书。

④资产财务部资产管理会计。

⑤人力资源部主任。

⑥发电部锅炉专责。

⑦安全环保部安全监察专责。

⑧设备维修部主任。

⑨设备维修部机务检修队队长。

⑩发电部汽轮机专责。

⑪发电部值长。

⑫发电部主值班员。

⑬发电部巡检员。

⑭辅运部化学运行主值。

⑮燃煤部质检专责。

(2) 评估岗位（见表9）。

表9　评估岗位

第一批（12个）	第二批（12个）	第三批（12个）
总工程师	总经理工作部副主任	党群工作部宣传干事
总经理工作部主任	总经理工作部信息管理员	生产技术部副主任
资产财务部主任	总经理工作部文书	生产技术部汽轮机专责
计划经营部主任	总经理工作部法律顾问	生产技术部热工专责
物资部主任	总经理工作部档案管理专责	生产技术部电气专责
综合事务部主任	成都办事处办事员	生产技术部金属监督专责

续表

第一批（12个）	第二批（12个）	第三批（12个）
生产技术部主任 安全环保部主任 发电部主任 辅运部主任 燃煤质检部主任 党群工作部主任	资产财务部出纳 计划经营部合同管理专责 物资部副主任 物资部机电设备专责 物资部机电设备库管员 物资部结算专责	生产技术部节能和技术监督专责 安全环保部环保与文明生产专责 设备维修部副主任 设备维修部综合管理员 设备维修部锅炉专责 设备维修部机务检修队副队长
第四批（12个）	第五批（12个）	第六批（11个）
辅运部副主任 辅运部脱硫除灰专责 辅运部化学试验班班长 辅运部化验员 辅运部环境监测员 辅运部辅机运行班长 辅运部化学运行副值 辅运部除灰运行主值 辅运部脱硫运行主值 辅运部江边泵房值班员 辅运部输煤运行专责 辅运部输煤运行班长	发电部副主任 发电部安全专责 发电部副值长 发电部副值班员 发电部电气主控 煤管班班长 燃煤质检部编码员 燃煤质检部煤监员 燃煤质检部采样班班长 燃煤质检部化验班班长 燃煤质检部化验员 输煤巡检员	人力资源部培训绩效专责 综合事务部后勤管理专责 综合事务部治安保卫专责 设备维修部机务检修队工程师 机务检修队检修工 设备维修部热工检修队队长 设备维修部电气检修队队长 翻车机操作工 推煤机操作工 斗轮机操作工 程控值班员

5. 评价因素（见表10）

表10 评价因素

	1. 责任因素	
	1.1 经营损失的责任	
	因素定义：指为保证经营活动顺利进行，风险控制责任的大小以及可能造成的经营损失方面所承担的责任。	
1	极少有风险。造成损失可能极小。	5
2	仅有一些小的风险。一旦发生问题，会造成较小的损失。	15
3	有一定的风险。一旦发生问题，会造成较大的损失。	30
4	有较大的风险。一旦发生问题，会造成重大的损失。	45
5	有极大风险。一旦发生问题，会造成不可估量的损失，会导致经营危机。	60
	1.2 领导管理的责任	
	因素定义：指在正常权力范围内所拥有的正式领导管理职责。其责任的大小根据所领导管理人员的层次进行判断。 **注：**一般人员指的是无下级的员工；一般管理人员是指有下级的基层管理人员；中层管理人员指的是职能部门或业务部门中的负责人（正/副职）；高层管理人员指的是公司副总经理及以上人员。	

续表

1.2 领导管理的责任		
0	不领导管理任何人，只对自己负责。	0
1	领导管理一般人员。	5
2	领导管理一般管理人员。	10
3	领导管理岗位中有中层管理人员。	15
4	领导管理岗位中有部门第一负责人。	20
5	领导管理岗位中有高层管理人员。	30
1.3 内部协调责任		
	因素定义：指在正常工作中，需要与之合作共同顺利开展业务的协调活动。其责任的大小以所协调对象的所在层次，人员数量及频繁程度和协调后果大小作为判断基准。	
1	不需要与任何人进行协调，若有，也是偶尔的、本部门的一般职工。	5
2	仅与本部门职工进行工作协调，偶尔与其他部门进行一些个人协调，协调不力一般不影响自己和他人的正常工作。	10
3	与本部门和其他部门职工有密切的工作联系，协调不力会影响双方的工作。	15
4	几乎与本公司所有一般职工有密切工作联系，或与部分部门经理有工作协调的必要。协调不力对公司有一定的影响。	25
5	与各部门的经理及负责人有密切的工作联系，在工作中需要保持随时联系和沟通，协调不力对整个公司有重大影响。	35
1.4 外部协调的责任		
	因素定义：只在正常工作中需维持密切工作关系，以便顺利开展工作方面所负有的责任，其责任大小由对方工作重要性作为判断标准。	
1	不需要与外界保持密切联系，如有，也仅限于一般公职人员，且属偶然性。	5
2	工作需要与外界几个固定部门的一般人员发生较频繁的业务联系，所开展的业务属于常规性。	10
3	需要与厂商、政府机构、外商保持密切联系，联系原因只限于具体业务范围内。	25
4	需要与上级或其他主管部门的负责人保持密切联系，频繁沟通，联系的原因往往涉及重大问题或影响决策。	35
1.5 工作结果的责任		
	因素定义：指对工作结果承担多大的责任。以工作结果对公司影响的大小作为判断责任大小的基准。	
0	只对自己的工作结果负责。	5
1	需要对自己和所领导员工的工作结果负责。	10
2	对整个部门（业务部门/职能部门）的工作结果负责。	20
3	对多个部门工作结果负责。	30
4	对整体的工作结果负责。	40

续表

	1.6 人力资源的责任	
	因素定义：指在正常工作中，对人员的选拔、任用、考核、工作分配、激励等具有法定的权力。	
0	不负有人力资源的责任。	0
1	仅对一般职工有工作分配任务、考核和激励的责任。	10
2	对一般职工具有选拔、使用和管理的责任。	15
3	对一般管理人员具有选拔的权力。	20
4	对中层管理人员具有选拔的权力。	30
	1.7 法律上的责任	
	因素定义：指在正常工作中需要拟定和签署具有法律效力的合同，并对合同的结果负有相应的责任。其责任的大小视签约、拟定合同的重要性及后果的严重性作为判断基准。	
0	不参与有关法律合同的拟订和签约。	0
1	工作需要偶尔拟订具有法律效力的合同条文，其条文最终受上级审核方可签约。	5
2	工作经常需要拟定合同和签约，领导只做原则审核。个人承担部分责任。	10
3	工作经常需要审核各种业务或其他具有法律效力的合同，并对合同的结果负有全部责任。	20
4	工作经常需要以法人资格签署各种有关合同，并对其结果负有全部责任。	30
	1.8 决策的责任	
	因素定义：指在正常的工作中需要参与决策，其责任的大小根据所参与决策的层次高低作为判断基准。	
1	工作中常做一些小的决定，一般不影响他人。	5
2	工作中需要做一些大的决定，只影响与自己有工作关系的部分一般职工。	10
3	工作中需要做一些对所属人员有影响的决策。	20
4	工作中需要做一些大的决策，但必须与其他部门负责人共同协商方可。	30
5	工作中需要参与最高层次决策。	40
	2. 知识技能因素	
	2.1 最低学历要求	
	因素定义：指顺利履行工作职责所要求的最低学历要求，其判断基准按正规教育水平判断。	
1	初中及以下。	0
2	高中、职业高中、技校或中专毕业。	5
3	大学专科。	10
4	大学本科。	20
5	硕士及以上。	30
	2.2 知识多样性	
	因素定义：指在顺利履行工作职能时需要使用多种学科、专业领域的知识。判断基准在于广博不在精深。	

续表

	2.2 知识多样性	
1	偶然使用其他学科的知识。	0
2	较频繁地使用其他学科的一般知识。	10
3	频繁地综合使用其他学科的知识。	15
4	工作要求经常变换专业领域。	20
	2.3 工作经验	
	因素定义：指基本胜任本职工作所需要的相关工作经验。	
1	一年以上。	0
2	二年以上。	5
3	三年以上。	10
4	五年以上。	15
5	六年以上。	25
6	八年以上。	35
	2.4 语言表达能力	
	因素定义：指工作所要求实际运用的文字知识程度。	
1	偶尔需要运用汉语写作能力。	5
2	需要简单运用汉语语言编写一般行政文件，如信函、简报、通知等。	10
3	需要较熟练地运用汉语语言文字能力，编写汇报文件，总结（非个人）。	15
4	需要熟练运用汉语语言文字能力，编写制度文件或一般研究、论证报告，或者需要使用外语。	25
5	需要非常熟练地运用汉语语言文字能力，编写制度文件、综合性研究论证报告、合同或法律条文，或者需要经常使用外语。	35
	2.5 计算机知识	
	因素定义：指工作所要求的实际计算机操作水平。判断以常规使用的最低程度为基准。	
1	一般不需要具备计算机操作能力。	5
2	需要具备简单的计算机操作能力。	10
3	需要具备一般的计算机操作能力。	15
4	需要具备熟练的计算机操作能力。	20
5	需要具备开发计算机应用软件的能力。	30
	2.6 公关能力	
	因素定义：指为顺利履行工作职责在公关场合所需表现的介入能力、适应能力、控制能力以及协调性等。	
1	偶尔需要一般公关能力。	5
2	需要一般的公关能力。	10
3	需要较强的公关能力。	20
4	需要特别强的公关能力。	30
	2.7 专业技术知识技能	
	因素定义：指为顺利履行工作职责应具备的专业技术知识和技能要求的程度。	

续表

	2.7 专业技术知识技能	
1	工作需要较浅的专业技术知识和较简单技能。	5
2	工作需要一般的专业技术知识和简单技能。	10
3	工作需要较深入的专业技术知识和一般技能，该知识需较长时间学习积累才可掌握。	25
4	工作需要深入的专业技术知识和熟练的技能，该知识需很长时间学习积累才可掌握。	35
	2.8 管理知识技能	
	因素定义：指组织、协调相关人员开展工作所需要的素质和能力。判断基准是，工作中进行组织协调的范围、程度和组织协调的影响力。	
1	工作简单，基本不需要管理知识技能。	5
2	需要较浅的管理知识和决断能力。	10
3	需要基本的管理知识和决断能力。	15
4	需要较强的管理知识和决断能力来协调各方面关系。	25
5	需要非常强的管理能力和决断能力。	35
	2.9 综合能力	
	因素定义：指为顺利履行工作职责具备的多种知识素质、经验和能力的总体效能要求。	
1	工作单一、简单、无需特殊技能和能力。	5
2	工作规范化、程序化，仅需某方面的专业知识和技能。	10
3	工作多样化、灵活处理问题要求高，需综合使用多种知识和技能。	25
4	非常规性工作，需在复杂多变的环境中处理事务，需要高度综合能力。	40
	3. 岗位性质因素	
	3.1 工作对企业发展的贡献	
	因素定义：指工作本身对发展的重要程度，其判断基准是根据所作的贡献水平大小而定。	
1	工作本身对企业的发展作出很小的贡献。	5
2	工作本身对企业的发展作出一些贡献。	15
3	工作本身对企业的发展作出较大的贡献。	25
4	工作本身对企业的发展作出很大的贡献。	35
5	工作本身对企业的发展作出重大的贡献。	45
	3.2 工作压力	
	因素定义：指工作本身给任职人员带来的压力。根据决策迅速性、工作常规性、任务多样性、工作流动性及工作是否被时常打断进行判断。	
1	极少迅速作决定，工作常规化，工作很少被打断或者干扰。	10
2	很少迅速作决定，工作速度没有特定要求，手头的工作有时被打断。	20
3	要求经常迅速作出决定，任务多样化，手头的工作常被打断，工作流动性强。	30
4	经常地迅速作出决定，任务多样化，工作时间很紧张，工作流动性很强，难得坐下来安静处理问题。	40

续表

	3.3 工作复杂性	
	因素定义：指在工作中履行职责的复杂程度。其判断基准根据所需的判断、分析、计划等水平而定。	
1	简单的、执行性的工作。	5
2	只需简单的提示即可完成的工作。	10
3	需进行专门训练才可胜任的工作。	20
4	需要运用多种专业技能才能胜任的工作。	30
5	需要综合的技术、管理水平才能胜任的高度复杂工作。	40
	3.4 工作的灵活性	
	因素定义：指工作需要灵活处理事情的程度。判断基准取决于工作职责要求。	
0	属于常规性工作，很少或不需要灵活性。	0
1	大部分属于常规性工作，偶尔需要灵活处理一些一般性问题。	5
2	工作中一般属于常规性的，经常需要灵活处理工作中所出现的问题。	10
3	工作中一大半属于非常规性的，主要靠自己灵活地按具体情况进行妥善处理。	20
4	工作非常规，需要在复杂多变的环境中灵活地处理重大的偶然性问题。	30
	3.5 体力、脑力劳动的强度	
	因素定义：指在工作时所需体力、脑力劳动辛苦程度的要求。	
1	工作时以一般的体力为主。	5
2	工作时以中等的体力为主。	10
3	工作时以较强的体力为主或一般强度脑力劳动。	15
4	工作时从事较高强度脑力劳动。	25
5	工作时从事高强度脑力劳动。	35
	3.6 工作地点的稳定性	
	因素定义：指工作时是否经常变换工作地点，主要根据出差的频繁程度进行判断。	
0	基本不需要出差。	0
1	偶尔需要出差。	5
2	经常需要出差。	10
3	频繁出差。	20
	3.7 工作的创造性	
	因素定义：指顺利进行工作所必需的创新与开拓的精神和能力的要求。	
0	全部工作为程序化、规范化，无需开拓创新。	0
1	工作基本规范化，偶尔需要开拓创新。	10
2	工作时常需要开拓和创新。	20
3	工作性质本身即为开拓和创新的。	30
	3.8 工作紧张程度	
	因素定义：指工作的节奏、时限、工作量、注意力转移程度和工作所需对细节的重视所引起的工作紧迫感。	

续表

	3.8 工作紧张程度	
1	工作的节奏、时限自己掌握，没有紧迫感。	5
2	大部分时间的工作节奏、时限自己掌握，有时比较紧张，但时间持续不长。	15
3	工作的节奏、时限自己无法控制，明显感到工作紧张。	25
4	为完成每日工作需要加快工作节奏，持续保持注意力的高度集中，每天下班时经常明显感到疲劳。	35
	3.9 工作均衡性	
	因素定义：指工作每天忙闲不均的程度。	
1	一般没有忙闲不均的现象。	5
2	有时忙闲不均，但有规律性。	10
3	经常有忙闲不均的现象，且没有明显的规律。	15
4	工作经常忙闲不均，而且忙的时间持续很长，要打破正常的作息时间。	25
	4. 工作环境因素	
	4.1 职业病	
	因素定义：因工作所造成的身体疾病。	
0	无职业病危险：无职业病的可能。	0
1	轻微职业病危险：会对身体某些部位造成轻度伤害。	5
2	有职业病危险：对身体某些部位造成能明显感觉到的损害。	15
3	职业病危险高：对身体某些部位造成损害致使产生痛苦。	25
	4.2 工作时间特征	
	因素定义：指工作要求的特定起止时间。	
0	按正常时间上下班。	0
1	基本按正常时间上下班，偶尔需要早到迟退。	5
2	上下班时间根据工作具体情况而定，但有一事实上的规律，自己可以控制安排。	15
3	上下班时间根据工作具体情况而定，并无规律可循，自己无法安排控制。	25
	4.3 环境舒适性	
	因素定义：指工作时环境对任职者身体、心理健康影响的程度。	
0	舒适：没有不良感觉。	0
1	比较舒适：不舒适时间占全部时间的 10%~25%。	5
2	不舒适：不舒适时间占 26%~50%或极不舒适占 10%~25%。	10
3	很不舒适：不舒适时间占 51%以上或极不舒适占 26%~50%。	15
4	极不舒适：不舒适时间占 51%以上。	20
	4.4 危险性	
	因素定义：指工作本身可能对任职者身体所造成的危害。	
0	无危险：没有可能对人身造成任何伤害。	0
1	轻微危险：不注意可能造成人体轻度伤害。	10
2	危险：发生意外可造成明显伤害。	20
3	非常危险：工作危险性大，有可能造成很大的伤害。	30

三、案例使用说明

（一）案例类型与教学目的

1. 案例类型

组织与人力资源管理。

2. 教学目的

通过案例的讨论与分析，帮助学员掌握组织理论在企业实际中的应用，初步掌握工作分析、薪酬设计、绩效管理等人力资源方法在企业中的应用。学会使用组织和人力资源管理相关知识和方法去分析、解决企业面临的实际问题。

（二）可供选用的讨论题目

（1）你认为 C 公司前期出现种种问题的主要原因有哪些？

（2）对于 C 公司的组织结构改革，你的意见如何？

（3）对于 C 公司的薪酬分配改革，你的评价如何？如果让你来帮助其进行薪酬设计，你准备如何进行？

（4）你认为一个好的绩效管理制度应该具备哪些要素？如何评价 C 公司采取的绩效管理制度？

（5）谈谈你对 C 公司加强内部管理所采取的改革方案的看法，你有没有更好的意见和建议？

（三）教学分析路线

本案例侧重培养学员应用所学组织和人力资源管理相关理论去分析和解释企业管理实践工作的能力，学员在做案例分析时，应该重点学会从复杂的背景信息中提取关键信息，并且能够灵活运用所学理论知识去解释企业的行为，形成自己的观点，逐步培养自己应用所学管理理论进行企业决策的能力。教师在进行案例教学的时候，可以将学员分为若干小组，通过小组讨论的形式来激发学员的思维，效果更佳。

（四）关键点

本案例的关键点是组织与人力资源管理方面的相关理论和知识，着重考察学员对于组织结构设计的理论与方法、定岗定编方案的实际应用、薪酬设计的方法与技巧、绩效管理的方法、如何通过流程优化与制度管理提升企业内部管理水平等，重点培养学员应用管理理论分析解决企业实际问题的能力。

（五）参考资料

本案例所有资料均由北京求是管理咨询有限公司提供。此案例系该公司2007年为某电力企业客户所做的一个组织与人力资源管理改革咨询项目，案例中所列信息皆出自求是咨询项目组在咨询过程中所获取的信息和为客户所提供的解决方案。作者认为此案例充分反映了一个创业期的企业在成长阶段可能会遇到的各种管理问题，以及面对这些问题时可以采取的解决方案，具有很强的代表性，故而将其改编为MBA教学案例。由于保密协议的关系，文中删去了客户的真实名称，以及一些不能透露的资料数据，但是文中所列举的信息已经足够供教师和学员用于MBA教学实践。

案例 8

项目沟通管理助力“科技奥运”

崔佳颖[1]

摘要： 项目沟通管理是对项目信息进行提取、收集、传播和处置的过程，对取得项目成功具有重要作用。本案例以“北京奥运村空间规划及物资管理信息系统”的项目沟通管理为主题，介绍该项目在具体实施中如何有效处理项目信息，协调委托方、承建方、监理方和测试方之间的工作，最终顺利通过项目验收、实施的全过程。本案例通过对相关资料的整理，进一步分析目前我国大型项目实施过程中典型的沟通问题和解决方案。

关键词： 奥运村物资管理信息系统开发项目　项目沟通管理　项目管理

一、背景介绍

（一）项目简介

自 2008 年 8 月 8 日北京奥运会开幕至残奥会结束，来自于 204 个国家和地区的 16000 名运动员和官员陆续进驻奥运村，而且从奥运会的居住使用环境转变成残奥会的居住使用环境的时间仅有 26 小时，这对于奥运村的空间规划与物资管理是一个极大的挑战。

---

① 崔佳颖：首都经济贸易大学工商管理学院讲师、博士。

为了向世界各国运动员和官员提供更好的服务，面对复杂的奥运村运行管理的需要，北京奥组委采用一种全新的数字化方式来对奥运村的空间规划和物流进行管理。这个系统使用 BIM（建筑信息模型）方法将整个奥运村建筑及内部物资信息化建立起来后对其进行管理——北京奥运村空间规划及物资管理信息系统（以下简称 AW 信息系统）。

2006 年 7 月 20 日，北京奥组委通过招标方式委托欧特克软件（中国）有限公司设计和开发 AW 信息系统，项目监理方为肯思捷信息系统咨询有限公司，项目测试方为北京软件产品质量检测检验中心。AW 信息系统项目于 2006 年 7 月 30 日至 10 月 30 日进行需求调研，2006 年 10 月 31 日正式启动，2006 年 11 月 1 日至 12 月 30 日进行系统设计，2007 年 1 月 1 日至 3 月 20 日进行系统开发与测试，2008 年 3 月顺利通过验收测试和专家终验评审，成功地完成了整个项目。

（二）项目内容

AW 信息系统是将计算机绘制的空间分布图与设备设施及物资数据库相连，实现空间布局、设施设备配置、物资跟踪的统一管理的管理工具，它将北京奥运村空间规划及设施以三维图形的方式进行处理并创建 BIM 数据，保障 2008 奥运准备期及奥运会期间奥运设施数字化管理的高效、准确与直观，提高作业效率、管理效率，尽量减少资产的流失。

北京奥运村主要包括运动员村、绿色家园媒体村和汇园公寓媒体村等 3 个场馆，赛时直接为运动员、随队官员、媒体记者等进行吃住行等各种综合保障服务。运动员村是北京奥林匹克公园的重要组成部分，在奥运会、残奥会期间，是世界各国运动员及官员住地。运动员村共占地 66 公顷，位于奥林匹克公园（Olympic Green）内，北邻森林公园，南接主场馆区。居住区内除运动员公寓外，还设有运动员综合诊所、餐厅、多功能图书馆、娱乐中心、休闲体育区等相关服务设施。运动员村公寓地上总建筑面积为 37 万平方米。所有公寓均位于永久建筑楼内，包括 22 栋 6 层楼建筑和 20 栋 9 层楼建筑。媒体村包括绿色家园媒体村和汇园公寓媒体村两部分。绿色家园媒体村位于北京奥林匹克公园东北方向，距离奥运主场馆及奥运新闻中心约 5 公里，建设用地约 10 公顷，总建筑面积约 63 万平方米，包括 16 栋建筑，将为采访 2008 年北京奥运会的各国媒体机构工作人员提供舒适的居住条件。汇园公寓媒体村位于北京市北四环路亚运村内，总建筑面积约 6.6 万平方米，由 6 栋公寓楼组成。

AW 信息系统需要管理的物资主要是配备于运动员公寓、媒体公寓及各办公室内的通用家具白电、技术物资、收费卡物资、办公设施、休闲娱乐设施、临时设施、消耗性物资、布草物资、形象景观物资、专业物资、赞助商合同商物资以及需要管理的业主物资等。通用家具白电、技术设备、收费卡物资需要以图形方式绘制在空间设施设备配置图上，仅前期的移入工作，就涉及1万多个空间单元、36万件家具白电。系统为UPS物流、海尔家电、联想电脑、皇朝家私等供应商按时间、指定位置将其负责的设备、设施准确布置到位提供资料。

作为“科技奥运”的重点项目，AW信息系统包括空间规划设计系统、空间物资查询统计、物资管理系统、运行管理系统、工作单系统及系统管理六个部分。AW信息系统不仅仅满足赛时物资跟踪管理的应急之需，更重要的是要贯穿于奥运村内部空间设计、物流采购信息收集、入村规划、赛时运行、平稳有序转换、赛后复原的全过程，实现在虚拟的世界中进行现实的奥运村的物流管理，显著提升庞大物流管理的直观性、降低了操作难度，得以让奥运村物流管理在物资品种多、数量大、空间单元复杂、空间单元及资产归属要求绝对准确、物资进出频繁、作业集中度高的情况下高效、有序和安全地运行。

（三）项目开发团队

欧特克公司（Autodesk）是世界领先的二维、三维数字化设计软件公司，其产品广泛运用于建筑设计、土地资源开发、生产、公用设施、通信、媒体和娱乐等行业，2008年全球营业收入达23亿美元。欧特克软件（中国）有限公司成立于1994年，在北京、上海、广州、成都、武汉设有办事处，拥有员工1600余人。此次承建AW信息系统项目的研究开发人员共20多人，其中有9人常驻奥运村负责运营管理。

二、项目沟通计划的提出

（一）项目沟通管理的目标

项目沟通管理的目标是确保项目信息能够及时适当地生成、收集、发送、存储和部署。项目各方之间的沟通贯穿项目的整个过程，如果项目范围大，参与人众多，没有沟通管理计划，就会容易出现混乱。

AW 信息系统是北京奥运会的重点项目，涉及北京奥组委（委托方）、欧特克软件（中国）有限公司（承建方）、肯思捷信息系统咨询有限公司（监理方）、北京软件产品质量检测检验中心（测试方），参与人员较多，时间要求很紧。因此，制订项目沟通计划，促使各方及时准确地沟通信息，对项目顺利完成至关重要。

（二）项目沟通计划的内容

AW 信息系统的项目沟通计划主要包括四个部分，即项目沟通目标、项目沟通原则、项目沟通对象、项目沟通方式。

1. 项目沟通目标

以适当的方式及时向相关各方传递项目信息，使各方了解项目的进展情况，提出合理化建议和意见，并使项目信息得到妥善处置。

2. 项目沟通原则

（1）相关各方及时、准确、完整地获取项目信息；

（2）鼓励相关各方对项目提出合理化建议和意见；

（3）促进相关各方对项目达成一致共识；

（4）运用有效的沟通渠道和沟通方法。

3. 项目沟通对象

（1）北京奥组委技术部信息系统处；

（2）北京奥组委奥运村部后勤保障处；

（3）欧特克软件（中国）有限公司；

（4）肯思捷信息系统咨询有限公司；

（5）北京软件产品质量检测检验中心。

4. 项目沟通方式

（1）项目协调会，由各方的主要负责人组成，便于统一各方意见和建议，集中力量迅速解决问题。

（2）项目沟通例会，是指定期召开相关各方的联席会，总结前一阶段的工作，交流经验，发现不足，并提出下一阶段工作的任务和目标。

（3）临时沟通会，是遇到突发事件时，相关各方召开临时会议，及时沟通项目信息，消除分歧，找出解决问题的办法。

三、项目沟通计划的实施

（一）项目开始阶段的沟通管理

2006年10月30日，北京奥组委主持召开了项目启动会，项目各方在会上讨论了项目实施计划，并约定了基本工作制度，其中包括常设的项目协调会、两周一次的项目沟通例会以及处理突发事件的临时沟通会。北京奥组委的领导十分重视项目沟通管理工作，要求相关各方在项目进行的全过程中要及时进行信息沟通，每次会议必须要有详细记录，会上提出的问题都要有承办部门和处理意见。

1. 项目沟通例会

2006年11月10日，奥运村空间规划与资产管理信息系统项目召开第一次沟通例会，项目委托方、承建方、监理方和测试方的主要负责人都参加了会议。会议由监理方主持，议程主要包括：①监理方介绍监理工作方法和沟通例会的目的；②承建方汇报工作，各方提出存在的问题，协商解决方法；③监理方协助承建方制订下一步工作计划，同时安排各方需要配合的事项。

首先，监理方负责人介绍了监理工作的作用和监理方法。监理方介入项目运作是为了更好地协助委托方、配合承建方，在项目运作过程中做好监督，在关键里程碑处把好关，推动项目按期保质地顺利实施。监理工作方法和手段包括召开沟通例会、现场巡查项目、提出文档审查意见、发送监理工作联系单等，其中沟通例会的主要流程是：监理方通知与会人员例会时间、地点和会议议题→监理方主持会议→会后监理方提交会议纪要→下次会议根据会议纪要对工作进行检查。

其次，承建方负责人汇报了上周工作情况，主要包括：①2006年11月1日至11月9日，对奥运村相关人员进行空间规划设计软件培训工作，因为学员没能配备计算机，原计划的实际操作练习没有开展；②与奥组委用户就需求说明书进行沟通确认，按照计划在2006年11月9日提交需求说明书；③对系统进行概要分析和设计。

再次，各方人员就上周的工作进展和存在的问题进行讨论：①关于设计师的机器问题。承建方表示，不落实设计师的电脑，将影响项目的工作进度。奥运村部后勤保障处负责人表示，为了保证奥组委内部网络的安全，对外来人员入网有非常严格和繁琐的审批流程，对他们的资格审查（包括配给机器）需要较长的时间。②关于培训工作。因为上次培训还没有进行实际操作练习，监理方建议在用户申请到机器之后，承建方及时补上这块培训内容，同时做好培训工作的记录。③关于测试工作。承建方提出，目前空间规划设计与数据库链接的程序已经开发完毕，测试方可以先对这部分工作进行测试。测试方提出，因为数据的保密性，测试地点如何选取？监理方建议：测试方要提前进入项目，对项目的需求、设计进行了解，提前对测试中可能遇到的问题进行分析，然后制订一份测试方案。测试方答应在对需求和设计文档进行分析之后，提交一份测试方案。④关于项目进度。承建方已经于 11 月 9 日提交了需求说明书，下一步计划是，11 月 14 日前落实需求说明书的确认签字工作，11 月 20 日召开需求和设计的专家评审会。

最后，与会各方就下两周的工作计划达成一致意见：①奥运村部后勤保障处先申请机器，同时协助设计师进行入网资格申请；②承建方根据用户要求，继续完善需求说明书，并于 11 月 14 日完成设计说明书；③在落实机器后，承建方继续培训工作，协助设计师进行设计工作；④在落实需求说明书和概要设计书后，监理方协助组织专家评审会；⑤在对需求和设计书进行分析后，测试方提交一份测试方案。

2. 需求和概要设计评审会

2006 年 11 月 23 日，项目相关各方在奥运大厦 306 会议室举行了“奥运村空间规划与资产管理信息系统需求和概要设计评审会”，参加人员包括项目各方的负责人和特邀专家组成员。会议议程主要包括：①项目团队负责人进行需求分析和概要设计的汇报；②专家提问，项目团队回答；③专家填写评审报告并提交。

专家组成员来自奥组委技术部、中科院计算所、北京机械工业自动化研究所、长天科技集团等单位。听完项目团队的工作报告后，专家开始提问，项目团队分别进行了回答，并归纳整理了专家的意见。

专家组认为，《奥运村空间规划和物资管理信息系统》项目提供的需求分析和概要设计评审资料齐全，基本详细地描述了项目的功能需求、性能要求和运行环境设定及项目的总体框架和流程，基本满足要求，但在如下方面希望能进一步补充改善：

（1）性能要求应提高一些，如页面响应时间应分别设定，常用的页面响应时间以不超过 1 秒为好，数据库的检索响应时间以不超过 1 秒为好。

（2）安全保密设计应更具体一些。

（3）对贵重物品的管理，建议使用射频识别卡，以便于出入库管理以及使用过程中的安全管理。

(4) 应说明系统不同用户的使用方式，如界面、权限、功能等。

最后，专家组给出的评价意见是：整个系统的概要设计是合理可行的，满足了奥组委提出的需求，经过部分整改后可以进入详细设计阶段。

3. 整改沟通会

2006 年 12 月 29 日，项目各方召开整改沟通会，讨论项目开发团队针对需求和概要设计评审会上专家组提出的意见进行整改的情况。

首先，项目开发团队负责人汇报了整改工作情况，主要包括：

(1) 修改需求说明书。根据专家评审会的意见，与奥组委用户进行沟通，再次梳理了工作流程，对需求说明书进行修改和补充，形成需求说明书（第三版）。

(2) 继续进行数据准备工作，目前完成了 15%的工作量。

(3) 开始详细设计工作。

其次，各方负责人就项目进展和存在的问题进行讨论：

(1) 关于项目计划的问题。委托方负责人表示：目前基本确认了需求，接下来要把需求说明书发给领导审查，一定在 1 月 15 日前请领导签字确认。承建方认为：1 月 15 日领导确认需求的时间太晚了，因为按照计划，1 月 15 日就要完成详细设计说明书。最终会上决定：开发方先按照目前的需求说明书（第三版）进行详细设计工作，如果后来需求再发生变动，则进入需求变更流程处理。另外，会上还决定：项目计划的时间点还要调整，承建方要补充详细设计之前的工作内容，测试方要把“测试用例编写”等工作提前，并且写明文档提交的时间点，最后监理方再整体调整一遍计划，在下次例会前发送给各方。

(2) 关于需求的问题。承建方提出：仍旧还有一些需求内容未明确，例如物流部还没有确定物资编码，部分表单格式未定，媒体村与运动员村的物资管理是否一样等。最重要的是要确定各项数据的属性，这关系到设计和开发，一旦确定后就不能轻易变动了。会上决定，会后承建方和委托方进一步沟通，如果有必要，可以另外召开需求研讨会。

(3) 关于测试环境的问题。因为奥组委对安全方面的严格规定，会上暂定：由承建方搭建一个系统运行环境，项目各方人员可以通过互联网访问，测试方也采用这个环境进行测试工作。测试方表示：担心这个网络的性能不够好，会影响系统性能测试的结果。

最后，与会人员就下两周的工作计划达成一致意见：

(1) 承建方与委托方就需求说明书（第三版）里未明确的事项进行沟通，委托方尽快明确物资编码、详细表单格式。

（2）委托方将需求说明书（第三版）发给领导审查，于 2007 年 1 月 15 日前请领导签字。

（3）承建方根据需求说明书（第三版）开始详细设计工作。

（4）测试方调整项目计划里的工作内容，写明文档提交的时间点。

（5）监理方整合两方的计划，在下次例会前发送给各方。

（6）承建方继续进行数据准备工作。

（二）项目中期的沟通管理

项目各方经过初期的磨合和调整后，形成了规范化的沟通渠道和沟通方式，彼此之间的沟通越来越顺畅。随着软件设计进入关键阶段，为保证圆满完成任务，从 2007 年 1~7 月，项目各方一共召开了 20 多次沟通例会，及时解决项目研发过程中发现的问题，使 AW 信息系统开发取得了阶段性的成果。

1. 软件测试筹备会

2007 年 1 月 25 日，项目各方在奥运大厦 1808 会议室召开例行沟通会，主要内容是筹备软件测试工作。

首先，承建方负责人汇报了上两周工作情况，主要包括：

（1）多次与用户讨论，调整需求，除工作单系统模块外，别的内容已明确。

（2）提交详细说明书（空间规划、物资管理、UI 界面）初稿，后期还要根据需求的调整，修改详细设计说明书。

（3）数据准备分两块内容：承建方转换图纸，设计师在图纸上详细运行设计。目前承建方已完成转换图纸的工作，设计师则在进行详细运行设计工作。

（4）软件开发工作也在进行中，用户管理模块开发完毕。

其次，各方人员就项目进展和存在的问题进行了讨论：

（1）关于项目计划。委托方表示，奥组委内已经搭建了服务器，上线前可以对用户进行全面的培训，包括上机操作，承建方或测试方如果发现工作实际情况与计划不符，就应及时告知监理方和委托方，便于发现问题、解决问题。承建方表示同意，另外还提交了一个网址，可以用以查询项目进展。

（2）关于测试环境。委托方倾向于在第三方测试公司搭建测试环境这个方案。基于这个方案，有三个条件：第一，测试方的硬件水平可以达到本系统的要求；第二，承建方可以找到技术支持，搭建测试环境；第三，找到测试数据。经过上周的准备和会上的讨论，第一，测试方的硬件水平可以满足测试需求；第二，承建方表示已经在申请技术支持，还没有得到答复，安装 buzzsaw 服务器需要 3~5 天；第三，用户无法提供真实数据，需承建方协助测试方制作测试数据。

(3) 关于测试用例。测试方表示：由于承建方提供的详细设计说明书比计划晚了一周，所以无法按照计划在1月底提供第一版的测试用例。委托方表示同意测试方晚一周提交测试用例，即2月7日前提交。另外关于空间规划模块，因为Revit是一个成熟的产品，所以测试方主要只关注空间物资与数据库的链接是否正确，不会针对Revit这个产品进行测试。

(4) 关于沟通例会。由于项目时间比较紧，委托方提议每周举行一次例会，暂定每周四上午进行，各方表示同意。

最后，与会人员就下周的工作计划达成一致意见：

(1) 承建方修改需求说明书，继续进行详细设计工作和开发工作。

(2) 设计师进行数据设计工作。

(3) 承建方继续与奥组委沟通buzzsaw服务器搭建问题。

2. 测试结果沟通会

2007年4月5日，项目委托方、承建方和验收方在奥运大厦1105会议室对上周软件测试结果情况进行通报和沟通。

首先，承建方和测试方分别进行了工作汇报，本周工作进展如下：

(1) 4月2日，测试方开始进行测试工作。测试工作前三天一共发现了53条缺陷，目前已经确认了44条。还有9条缺陷与需求相关，需要和用户确认。测试中发现的最大问题是：在测试水晶报表时，并发打印多次后，无法再生成和打印报表，需要重启服务器。

(2) 承建方继续制作性能测试需要的数据，目前测试所需的数据都已准备完毕。

(3) 承建方每天查收缺陷报告，确认其中的问题，并进行修改。同时，承建方还在进行内部测试和修改。

其次，项目各方就项目进展情况进行讨论：

(1) 关于第三方测试。测试流程是：测试方每日提交缺陷报告→承建方和委托方就此报告进行沟通，确认哪些是缺陷问题，哪些是需求变更→4月13日，承建方和委托方对第一轮测试中提出的所有缺陷进行签字确认。测试中发现的最大问题是：在测试水晶报表时，并发打印多次后，无法再生成和打印报表，需要重启服务器。承建方表示：水晶报表这个问题有两个可能原因：第一可能是因为本系统没有采用授权正版的水晶报表，第二可能是因为代码编写有问题。会上要求：承建方务必在本周末解决此问题，否则将耽搁测试进度，从而影响项目整体进度。

(2) 关于用户培训。承建方提交了一份培训计划，会上通过讨论，认为培训计划还需要调整和细化，确认了培训时间是4月20日全天、4月23日下午及4月24、25日全天。委托方希望：培训应增加实效性，例如在工作流系统培训时，应带领学员操作各个步骤，模拟工作流系统的运行和管理。监理方建议：承建方应准备培训反馈表，并进一步补充培训计划，说明培训老师、培训教材、培训步骤（理论和上机）等。委托方还需尽快落实参加培训的人员，最好细化到每天培训都有谁参加。培训之前的准备工作还有很多，承建方和委托方要加强沟通和配合，尽快拿出翔实可行的培训计划。

(3) 关于用户接受测试。委托方计划在用户培训之后，组织接受测试，时间是4月26日至4月30日。在用户测试过程中，委托方要记录发现的问题，最终要提交用户接受测试报告。

(4) 关于系统运行环境。承建方表示最好采用IE7，内存也稍微大些。另外培训时要安装插件，还要给学员开通相关权限。委托方表示：回去再和技术支持团队沟通，会配合做好技术支持工作。

最后，各方人员达成如下一致意见：

(1) 承建方审查测试方每日提交的缺陷报告，尽早给予确认。

(2) 委托方组织用户，准备用户培训工作和用户接受测试，提供参加培训的人员名单给奥组委技术部。

(3) 测试方执行测试，每天下午5点提交缺陷报告。

(4) 承建方根据缺陷报告，及时沟通不明确的内容，尽快修改明确了的缺陷问题。

(5) 承建方要与委托方多沟通，做好培训准备工作，拿出翔实可行的培训计划。委托方配合做好技术支持工作，落实系统终端插件安装需求。

(6) 4月13日召开下次沟通例会进行第一轮测试的缺陷确认工作。

(三) 项目后期的沟通管理

1. 系统试运行筹备会

经过多次沟通，承建方解决了软件测试中出现的缺陷问题，项目各方于2007年7月2日在奥运大厦B104会议室召开系统试运行筹备沟通会。

首先，项目各方就需求变更情况进行了讨论和确认：

(1) 内容范围方面：委托方已经和承建方达成一致意见，并确认了变更说明书，委托方明确表示这次变更已经进行了周全考虑，以后不会再出现需求变更了。

(2) 进度方面：承建方提交了进度计划，保证在7周内完成变更内容。

(3) 质量方面：承建方进行了风险评估，认为存在的风险是可控的，风险报告还需进一步完善；同时承建方也表示会再去和第三方测试单位联系，协商对需求变更后的系统再做一次测试。

(4) 流程处理方面：委托方撰写的变更申请函还需修改一下；另外关于需求变更单，各方需要签字确认。

其次，项目各方就系统试运行进行了讨论和确认：

(1) 准备工作：目前已经在奥组委安装好了 buzzsaw 服务器，但是由于数据库光盘有问题，应用还没有搭建完成，预计本周可以搭建完毕；各方同意环境搭建完毕，就开始系统试运行；承建方已经提交了试运行申请和方案，监理方提出一些修改意见，试运行申请和方案需要各方的签字确认。

(2) 应用方面：委托方表示由于存在人员的调离、部门间的沟通协调等问题，推动系统应用非常困难，正在和承建方沟通如何推动系统的应用。

(3) 记录工作：监理方要求承建方不但要做好技术支持工作，对重要问题修改、培训事宜等，都要做好文档记录。

最后，各方人员达成如下一致意见：

(1) 奥运村各项工作准备就绪，可以开始系统试运行。

(2) 承建方修改试运行申请和方案，各方进行签字确认。

(3) 承建方协助委托方做好试运行技术支持工作。

(4) 委托方修改需求变更申请函。

(5) 承建方修改需求变更风险评估。

(6) 各方对需求变更单进行签字确认。

(7) 系统进入试运行之后，每周例会将改成按需举行的协调会，暂定每两周开一次。

2. 试运行沟通会

2007 年 8 月 3 日，项目委托方、承建方和监理方对试运行准备以及运行期间可能存在的问题进行沟通，监理方拟订了一个试运行方案，主要包括试运行准备、试运行工作、试运行文档等，要求承建方尽快完善该方案，同时依据方案做好试运行期间的各项工作以及文档记录，每周报送监理方。

2007 年 9 月 4 日，项目委托方、承建方和监理方召开试运行沟通会，对系统试运行一个月来的情况进行总结。

通过各方讨论，对于试运行前期的问题以及试运行的界定如下：

(1) 关于前期出现的机器不够的问题，委托方解释，现在奥组委的机器都是由秘书行政部审批，预计最后团队成员就得五六人共用一台机器，实习生也不会配给机器，现在机器基本上已经到位，再申请到机器的希望不大，用户只能克服一下困难，基于现状进行试运行。

（2）关于奥运村部搭建的局域网，委托方表示：这个事情本应该先向技术部沟通，但现在已经自己搭建起来，这不属于技术部管辖范围，技术部对此不过问。

（3）关于 IE 版本。回归测试已经确定使用 IE 7 版本，但是在实际使用过程中，还没有给机器装上 IE 7，所以要尽快给机器装上 IE 7，看性能能否更好。

（4）关于试运行界定，各方一致同意：在奥运村部的局域网上使用系统不能算是系统正式的试运行，只能算是试运行前期的数据准备工作，必须将系统迁移到奥组委的 Admin 网上进行试用，才算是真正的试运行。

关于下一阶段的计划，各方协商如下：

（1）在三周时间内，委托方在自己的局域网上，对变更后的系统进行用户测试，承建方进行技术支持，对用户提出的问题进行修改，用户如果认为系统需要进行第三方测试，要在三周内提出。

（2）如果委托方认可系统变更后的情况，那么准备在 10 月初将系统迁移到奥组委 Admin 网，进行正式的试运行。

（3）为了更好地进行沟通，本项目两周进行一次沟通会。

最后，各方都表示要努力配合，把项目做成功。委托方表示回去尽快组织开展用户测试，监理方表示会协调各方，制订后期的整体计划。

3. 系统验收筹备会

2007 年 12 月 25 日，项目委托方、承建方和监理方召开系统验收筹备沟通会，对试运行中发现的问题的处理情况和下一步工作计划进行讨论。

首先，会上最终确认如下：

（1）因为工作单系统发现 2 条未满足需求的缺陷，需进行修改，所以顺便一起修改掉第三方测试提出的 4 条工作单系统相关的缺陷。这 6 条缺陷要经委托方进行确认。

（2）第三方测试提出的其他缺陷都不作修改，但是承建方要补充文档，通过培训和管理方法，避免缺陷的产生。用户要对《缺陷修改意见》进行签字确认。

（3）委托方配合承建方分析赛前和赛时的系统使用情况，制订应急预案。

其次，各方对下一步工作计划进行讨论：

（1）因为工作单系统还需要修改，所以分两次部署。2007 年 12 月 26~29 日部署空间规划与物资管理系统。工作单系统在 2007 年 12 月 29 日前完成修改，2008 年 1 月 2~8 日进行测试，然后技术部安排其部署。

（2）数据准备进度需要调整。

（3）现在物流部已经确定了80%的物资编码，剩下20%的物资还没有编码，有100个左右。以前会议讨论决定采用工具对编码进行转换。会上，委托方和承建方认为在真实的数据库里进行编码转换的风险较大。最终协商决定：对于剩下20%物资编码，如果物流部在规定时间里没有给出，承建方就采用自己的编码，与物流部接口时给一个对应表；会后承建方先准备这样一个方案，然后提交给委托方组织与物流部协商。

（4）委托方和承建方进行培训准备，在2008年1月9日提交培训计划初稿，1月11日定稿，1月14~25日进行培训。物资管理系统和工作单系统的培训和演练时间也要进行调整。

（5）验收准备。验收应在奥运村开村前，验收前需要做的工作有用户培训，功能演练和性能测试。

最后，部署本次会议后的各方工作：

（1）承建方工作。

①2007年12月26~29日部署空间规划与物资管理系统。

②按照会上沟通，编写关于物资编码的方案，提交给委托方。

③就工作单系统，与委托方负责人确认需要修改的6条缺陷。

④就工作单系统，与委托方负责人协商培训和演练的时间。

⑤按照会上确定的计划，对工作单系统进行修改、测试，并在技术部配合下进行部署。

⑥按照会上确定的计划，与用户一起准备进行培训的准备工作，开展培训工作。

⑦按照会上沟通，调整项目的下一步工作计划。

⑧分析赛前和赛时的系统使用情况，协助用户制订应急预案。

（2）委托方工作。

①与物流部沟通物资编码方案。

②与承建方一起进行培训准备，组织人员参加培训。

③分析赛前和赛时的系统使用情况，制订应急预案。

④对《奥运村空间规划及物资管理信息系统V2.1.7回归测试缺陷修改意见》进行签字确认。

⑤协助承建方在2007年12月26~29日部署空间规划与物资管理系统。

⑥协助承建方在1月期间部署工作单系统。

⑦审查系统应急预案，协助进行信息安全角度的控制。

(3) 监理方工作。

①按需组织沟通会。

②审查相关方案：培训计划、物资编码方案、应急预案等。

③审查下一步工作计划，进行进度监控。

④协助验收准备工作。

四、项目沟通管理成效显著

(一) 项目顺利通过验收，获得奥组委好评

项目各方的有效沟通使 AW 系统在 2008 年初顺利通过了验收，并在奥运会和残奥会期间高效运行，使奥运村管理实现了“零投诉”。

该项目成为 2008“科技奥运”的重要元素，所有参与该项目的技术人员都获得奥运村（残奥村）运行团队颁发的荣誉证书，在奥组委的感谢信中这样写道：“(AW 系统项目) 在奥运村物流领域和奥运攻坚的关键时期，经受住了考验，圆满完成了工作任务，为奥运村物资保障工作作出了突出贡献，为奥运会的成功举办作出了重要贡献。”

(二) 积累了大型项目沟通管理经验，提高了企业竞争力

通过承建 2008 北京奥运会奥运村空间规划及物资管理信息系统项目，欧特克软件（中国）有限公司在赢得巨大荣誉的同时，还积累了大型项目管理的丰富经验和人才队伍，并运用到南水北调工程、香港地区地铁项目、天津国际邮轮码头、汶川地震纪念馆、上海时代金融中心、2010 年世博会、德意志联邦共和国国家馆等项目中。

欧特克软件（中国）有限公司逐步完善在中国本土的研发体系，为本土人才培养、技术研究、产品开发、业务创新提供了强大的平台。2009 年 1 月，欧特克首款完全在中国研发的产品线——“计算机集成制造”荣获“2008 中国模具行业最佳客户满意度奖”。同月，欧特克中国研究院荣膺“2009 中国杰出雇主奖”。

（三）项目沟通中存在的问题及未来发展趋势

由于中国是第一次举办奥运会，委托方对奥运村物资运行方式的表述是从模糊到清晰的过程，项目的成败很大程度取决于能否有一个良好的沟通方式，必须充分理解委托方提出的需求。对沟通的复杂程度准备不够充分、需求方案可能频繁变动的估计不足会给项目实施带来很大障碍。承建方开始按一般的项目进行管理和实施就遇到了上述问题，造成一定困难以致进展缓慢。经过各方的共同努力，项目后期的沟通逐渐顺畅，为推进项目沟通管理更加完善积累了丰富的实践经验。在未来大型项目的沟通管理中，一定要注意前期准备工作，利用各种能将项目模型更形象化的手段，让各参与方能准确表达出自己的想法而且容易被直观理解，使各方对沟通的内容、目的和形式达成一致，避免沟通过程中可能出现的障碍。

五、附　录

附录1　工程初步/终验收验申请表（见表1）

表1　工程初步/终验收验申请表

项目名称：　　　　　　　　　　　　　　编号：

致：　　　　　　（承包商） 我单位已完成了________________工作，现报上该工程报验申请表，请予以审查和验收。 附件： 承包单位（章）__________ 项目经理__________ 日　期__________
监理方意见： 项目监理机构__________ 总/专业监理工程师__________ 日　期__________
建设方意见： 建设单位__________ 负 责 人__________ 日　　期__________

附录 2　奥组委管理信息系统变更处理单（见表 2）

表 2　奥组委管理信息系统变更处理单

<table>
<tr><td>项目名称</td><td colspan="3">北京奥组委空间规划与物资管理信息系统</td></tr>
<tr><td>变更申请人</td><td></td><td>申请日期</td><td>年　月　日</td></tr>
<tr><td>项目监理</td><td colspan="3"></td></tr>
<tr><td>变更类型</td><td colspan="3">□需求　□项目计划　□设计　□编码　□其他</td></tr>
<tr><td>所处阶段</td><td colspan="3">□需求分析　□总体设计　□编码　□单元测试　□集成测试　□系统测试
□维护</td></tr>
<tr><td>变更原因</td><td colspan="3"></td></tr>
<tr><td>变更描述</td><td colspan="3"></td></tr>
<tr><td>变更评估</td><td colspan="3">变更评估人：　　　　日期：</td></tr>
<tr><td>批准变更</td><td>□同意　□不同意
监理单位：
批准日期：</td><td colspan="2">□同意　□不同意
建设单位：
批准日期：</td></tr>
<tr><td>变更实施情况</td><td colspan="3">变更执行人：　　　　执行日期：</td></tr>
<tr><td>变更验证
（变更申请人）</td><td colspan="3"></td></tr>
</table>

六、案例使用说明

（一）案例性质与教学目的

本案例为项目沟通管理的案例。

本案例的教学目的包括：

（1）学习项目沟通管理的概念和内容。

（2）加深对项目沟通管理重要性的认识。

（3）了解项目沟通管理的流程。

(4) 掌握项目沟通管理的主要方法。

(二) 教学用思考题

(1) 为什么说项目沟通管理十分重要?
(2) 大型项目如何进行沟通管理?
(3) AW 项目的沟通管理有什么特点?
(4) AW 项目的沟通管理如何影响项目成效?
(5) AW 项目的沟通管理有什么成功经验和不足之处?

(三) 案例分析路线

项目沟通管理的类型→我国企业项目沟通管理的经验教训→AW 项目的沟通环境→AW 项目的沟通策略→AW 项目的沟通方法→AW 项目的沟通成效→AW 项目沟通的成功经验和不足之处→我国企业大型项目沟通管理的前景展望和对策。

(四) 背景资料

(1) 2008 北京奥运会的筹备及运行情况。
(2) 欧特克软件公司的发展情况。
(3) BIM (建筑信息模型) 的特点。

(五) 理论要点

(1) 项目管理理论。
(2) 管理沟通理论。
(3) 项目信息流。
(4) 项目干系人 (项目相关方)。

(六) 参考资料

(1) 代宏坤、徐玖平:《项目沟通管理》,经济管理出版社,2008 年。
(2) 韩万江、姜立新:《软件开发项目管理》,机械工业出版社,2005 年。

(3) 张京敏、靳娟：《北京奥运村物流需求及对策探讨》，《商业时代》，2007 (36)。

(4)《北京奥运村为什么能够“井井有条”?》，《科技日报》，2009 年 1 月 8 日。

(5)《奥运村物资管理系统“零投诉”的背后》，比特网，http：//soft.Chinabyte.com/38/8629538.shtml。

(6) 北京奥运村空间规划及物资管理信息系统项目沟通资料，2008 年。

电子商务与管理信息化篇

案例9

老字号内联升的电子商务战略

陶 峻[①]

摘要：北京内联升鞋业有限公司是一家知名的老字号企业，以生产经营传统产品千层底布鞋而闻名中外，是目前国内规模最大的手工布鞋生产经营企业。为了提高效率，促进产品销售，开拓新的渠道和市场，内联升大力推广电子商务，在企业内部推行了ERP和CRM系统，还建立了电子商务网站，通过网络进行直销。此案例主要描述了老字号企业内联升如何通过从部门信息化到企业整体电子商务的发展逐步提升企业效率，赢得客户的整个过程。

关键词：企业整体电子商务模式　ERP　CRM　内联升

一、背景介绍

北京的老字号内联升创建于公元1853年，如今已成为北京内联升鞋业有限公司，以生产经营传统产品千层底布鞋而闻名中外，是目前国内规模最大的手工布鞋生产经营企业。内联升从2000年起陆续开展基于组织业务的信息化建设，公司从一开始定位就非常明确，主要关注于销售系统和生产系统，即利用局域网和信息技术，整合供应、生产、销售、人事、财务等经营活动，实现信息无障碍传递和资源共享，改粗放式管理为集约式管理，提高效率，降低成本。基于此战略，内联升根据企业需求定制开发了一套特色化的局域网业务系

① 陶　峻，首都经济贸易大学工商管理学院副教授，博士。

统"进销存管理系统"，通过ISDN网络传输协议，将车间生产工序化管理和店面零售终端管理有机结合，实现了异地信息化管理，为规范化的业务管理和特许连锁经营体系打下了坚实的基础。

2008年，内联升开始尝试引入更先进的ERP管理系统替代原有的局域网进销存系统，完善原有系统的不足，增加先进的客户关系管理（CRM）和数据商业智能（BI），并希望通过业务流程的再造进一步提升管理水平，实现信息高效无障碍地共享，直营店、加盟店与公司网络数据的实时同步，建立企业整体电子商务模式。内联升的整体电子商务体系以ERP系统为基础，集成了客户关系管理（CRM）、人力以及财务等内部控制系统，构成"以客户管理为中心"的企业内部信息化完整平台，实现以客户为导向的企业供销存、人力、财务等管理业务的信息化。

总体来说，内联升的电子商务平台涵盖了B2B、B2C等电子商务类型，其中B2B主要是实现企业与供应商、分销商及门店间的信息共享及经营业务；B2C主要实现企业与最终客户之间的互动。内联升的B2C电子商务给客户提供了一个网上购买的平台，并可以为客户提供一个客户与企业之间、客户与客户之间的信息交流平台，这个网络平台与企业内部的CRM相集成，能够更好地实现客户管理。

二、内联升的发展历程

内联升是一家在海内外享有极高知名度的老字号企业，以生产经营传统产品千层底布鞋而闻名中外。内联升始建于公元1853年（清咸丰三年），创始人赵廷为天津武清县人。他早年在一家鞋作坊学得一手制鞋技术，又积累了一定的管理经验。清咸丰三年（1853）冬，赵廷与京城一高官，在北京东江米巷（今台基厂）开办了内联升朝靴店。店名中的内联升三个字，"内"代表大内宫廷；"联升"示意顾客穿上此店制作的朝靴，可以在宫廷官运亨通，连升三级。当时，赵廷根据北京制鞋业的状况，认为北京制作朝靴的专业鞋店很少，于是决定办个朝靴店，为皇亲国戚、朝廷文武百官制作朝靴。"打坐轿人主意"这句话，成为内联升代代相传的经营方针。除了产品的产销方面，今天的内联升也依然保持了传统的中、高端产品定位。

过去老北京人有句口头禅："头顶马聚源，脚踩内联升，身穿八大祥，腰缠四大恒。"这里说的"脚踩内联升"，是说能穿上内联升做的鞋，是一种身份的象征。

当时那些中、高级官员，一般都请内联升上门为其亲量尺寸定做朝靴。在内联升最初开业的几年，每年做朝靴，派人上门量尺寸，试样子，往返要跑好几趟。经过几年经营的实践总结，创始人赵廷独具慧眼，针对满清官员这一贵族群体的用鞋市场，想出个既省事又可以留住老主顾的好办法，就是把政府大小官员中，凡是在内联升店中做过鞋子或是买过朝靴的人的姓名、年龄、住址、靴子尺寸、样式、特殊爱好、特别需求（如脚疾或其他与众不同之处）等记入专门的账中，同时再将收集到的客户的身份、官职和其他背景信息，按系统登记入册，多年积累之后形成了当年京城名噪一时的《履中备载》。这也是中国企业史上最早的客户关系管理档案。《履中备载》的作用，不仅亲密了商家和用户的感情联络，也使一些小官吏找到了逢迎达官显贵的门路。内联升的生意因此兴隆火暴起来，并在商家中的信誉大增，官员也把能够在《履中备载》中有记录视为一种荣耀。

辛亥革命推翻了清王朝，内联升开始生产经营礼服呢鞋和缎子面鞋，其服务对象仍然是社会上层——新的“坐轿”人。而小牛皮底礼服呢圆口鞋的问世，迎合了文艺界、知识界人士的喜好。但因其销售对象狭窄，数量较少，生产力水平一直低下，企业发展逡巡不前。

1949 年新中国成立，内联升打破专营男靴鞋的传统，开始增添女鞋（绣花鞋等）、解放鞋等，这段“恢复——转变”时期，内联升经历了经营思想、经营方向上的重大变化。

1956~1958 年，鞋店完成了经营方向上的转变，进入“转变——发展”时期，鞋店也由“私方”变成了国有企业，此时内联升千层底布鞋成了北京名牌产品，并且走向全国各地。

1970 年，内联升办起了全新含义的工厂，结束了它前店后厂（手工业作坊）的历史。此时适销的非自产鞋也列入了销售范围。1977 年，内联升恢复了著名老字号的名称。1986 年新的内联升工厂厂房竣工，厂房面积约有 13 亩。1988 年一座外观具有清代的建筑风格，营业面积 1700 多平方米的新营业楼落成。在这一时期内联升的销售业绩不断攀升，市场份额不断增大。

改革开放以后，内联升进入新的发展阶段。但是伴随着向市场经济转轨，消费者的消费观念发生了很大变化。原有的管理机制限制了企业的发展，单纯的手工千层底布鞋也难以适应消费者多样化的需求。2000 年开始，内联升着手股份制改造，职工入股，人人都是股东，大大激发了大家的积极性。2001 年，企业性质变更为有限责任公司。内联升也顺应消费者需求，利用自己的品牌效应和优势，在做好传统布鞋的基础上，生产一些休闲皮鞋和时尚布鞋，向产品多元化拓展。近年来，内联升不断开拓新的产品线，保持着 20%以上的高速增长，已达到年销售 40 万双，企业也获得了多项荣誉，2007 年被评为“中国驰名商标”，“内联升千层底制作技艺”被文化部列入《国家级非物质文化遗产名录》，2008 年更成为北京奥运会颁奖指定用鞋。

三、内联升电子商务战略的选择与实施

（一）内联升的信息化基础

与很多企业的信息化都是由财务软件开始不同，内联升的信息化是从生产领域开始入手的。由于手工生产特有的生产组织形式，内联升的生产组织是“橄榄形”的。也就是说，在生产流程上游的一些环节，如纳底、绱帮等加工生产环节，一般由一些与企业有业务关系的加工单位来做，这样的加工协作单位有十几个，承担着 3 个大工序的 100 道加工项目。作为龙头企业，内联升需要对这些单位的加工生产进行组织、管理，同时承担新产品的研发。当未成品处于不同的生产环节上时，如何调配生产进度成为组织生产很重要的因素。而在产品生产出来后则需要通过加盟店、直营店等销售网点进行销售，企业对销售网点的管理也非常重要。内联升的这种经营模式导致随着企业规模的不断扩大和业务的拓展，信息量大幅增加，信息反馈的时间拉长，同时其准确性、及时性都打了折扣，为了提高效率，内联升开始在信息化方面进行探索。

2000 年，内联升总部自主研发了一套“进销存管理系统”，成为第一批探索信息化管理的老字号企业。这套系统的服务器采用 Windows 2000 操作系统，客户终端采用 Windows98 操作系统，软件本身设计架构是 C/S 模式。

该系统承担了管理生产、销售的功能。内联升的每一双布鞋会有一个九位数的货号码，这个货号码的每一个数字都对应着特定的信息，包括大类、款式、用料、规格、价格等。相应的管理人员只要用特定的账号进入系统以后就能获取其工作相关的信息。例如，生产管理人员可以清楚地看到每一批鞋到了哪一个生产环节，在何时下一个生产环节可以留出相应的生产时间，应该将鞋安排到承担下一个生产环节的哪个厂家……相关的生产数据也会记录在系统里，加工厂领取了多少材料，总共制成了多少双鞋，其中有多少精品，多少残品，系统也会记录下来，作为今后决策的参考。在销售领域，内联升直营店的营业员每个人都有一个员工代码，同样，在“进销存管理局域网”上也可以看

到直营店的销售数据，了解员工卖了多少双鞋，卖的什么鞋，是以什么价钱卖出的。通过对销售系统的监控，生产部门可以及时调整生产计划，改变传统按照经验下单，根据产品质量要求和生产预测给加工厂直接下订单的做法，更加顺应市场需求，也防止脱销和积压的情况出现。

“进销存管理系统”的使用给内联升带来了效率的大幅提高。通过网络和信息技术的应用，企业整合了进、销、存体系，在生产和销售的各个环节实现了计算机管理，并进一步将系统扩展到内部财务和人事管理领域，提高了企业的生产能力和经营效率，降低了经营成本，增强企业的市场适应能力和竞争能力。

然而随着企业的发展和信息技术的进步，原有系统的问题也日益凸显。原分销系统设计得相对比较简单，系统存在内存无法释放，并有时出现系统停滞、响应缓慢等问题，无法满足现有业务不断扩大的需求；系统的扩容性比较差，门店的增多给系统带来严峻挑战。另外，原分销系统只是一个简单的事务处理系统，缺乏对 VIP 客户信息的挖掘和分析，没有充分地利用这些客户信息来创造商业价值，不支持客户关系管理的功能需求。在网络方面，公司、仓库、直营店虽然形成了一个完整的信息网络，但数据传输不及时不对称，依靠原始拨号传输，速度比较慢，且随着分店增多，原有网络系统将无法支撑。

（二）内联升的电子商务发展战略

为了更好地适应市场的需求，促进企业进一步发展，提升网络信息技术在企业层面的应用，2008 年，内联升开始推行企业整体电子商务，将应用系统从传统的、小型业务系统逐渐向大型关键业务系统扩展，构建适合企业运作各流程和涉及各部门的以客户为中心的企业整体电子商务解决模式，尝试引入更先进的 ERP 管理系统替代原有的局域网进销存软件，完善原有系统的不足，增加先进的客户关系管理（CRM）和数据商业智能（BI），并希望通过业务流程的再造进一步提升管理水平，实现信息高效无障碍的共享，直营店、加盟店与公司网络数据的实时同步。作为传统的手工制造类企业，内联升发展电子商务的目的很明确，就是要通过网络和信息技术的应用，整合供、产、销、运，提高企业的生产能力和经营效率，降低经营成本，进一步提升服务客户的能力，增强企业市场适应能力和竞争能力。在总体发展战略的指导下，内联升的整体电子商务发展战略涉及以下几个方面：

(1) 建立“以市场为导向、客户为中心”的电子商务平台，在内部信息化高度集成的基础上，构建公司直营店、专柜、加盟店、分销商、供应商的统一信息交互平台。

（2）通过建立客户关系管理系统，实现客户资料的电子化管理，用信息化的手段重现《履中备载》的功能，建立快速反应的运作机制和系统，与客户建立有效的信息沟通渠道，在此基础上实现更好地为客户服务，提高客户满意度进而获取客户忠诚。

（3）构建智能化的 B2C 网上销售平台，使用多媒体技术、面向对象数据库技术和 Web 技术，实现网站与 CRM 系统的数据库信息共享，扩展网络销售渠道，全面提升客户体验。

内联升为了充分落实确立的电子商务战略，逐步建立了以 ERP 系统为基础，集成 CRM、财务等内部控制系统，并通过企业网站将内部控制系统与企业网站、网上商城等动态功能相结合，构成以客户管理为中心的企业电子商务完整平台，以实现企业的进销存、人力、财务等管理业务的信息化，并通过 VPN 网络将总部与分销商、加盟店等联系在一起，以实现不同角色信息的共享。

（三）内联升的整体电子商务模式

具体而言，内联升整体电子商务模式的推进具体涉及以下几个方面：

1. ERP 系统

内联升的整体电子商务模式的推进是以引入 ERP 系统为开端的。由于纺织服装鞋帽行业与其他行业相比有着明显的不同，通用的 ERP 产品在纺织服装行业里很难适用。服装鞋帽类产品存在的结构性差异，导致即使对通用 ERP 产品进行二次开发，也很难满足企业需求。要能够完全适应纺织服装行业用户需求，只有针对纺织服装行业的特点，开发实施该行业专用的 ERP 产品。而内联升的产品特点及其作为一个坚持手工制鞋的老字号，其 ERP 的选择与实施面临的问题则更多，需求也更加独特，并没有任何特定的解决方案能够完全满足其需要，二次开发任务非常艰巨。具体而言，其需求的独特性主要表现在以下几方面：

（1）典型的多品种、小批量、多订单生产，管理难度大。内联升的产品种类相当丰富，总体分为传统布鞋、时装布鞋、皮鞋三大系列，涵盖男布鞋、女布鞋、童鞋、拖鞋、手工皮鞋等多个品种，形成了全方位的产品结构，目前共有花色品种 3000 多种。在数千种花色中，除了几款经典千层底手工布鞋以外，基本属于多品种、小批量生产，生产管理的难度较大。

（2）生产销售时存在技术打样（试制）过程，样品管理的工作量较大；由于不断推出新产品，内联升生产的样品的种类数量要远远大于其所生产的产品的种类数量，样品同时也体现了企业的技术积累。设计出的小批量样品也会在直营店试销检验市场效果并获取反馈意见。这使ERP系统在信息处理上与其他制造类企业有很大的区别。

(3) 劳动密集型企业，车间统计数据量大。内联升的生产车间属于劳动密集型，员工的数量较多，普遍采用计件工资管理。众多的员工人数，再加上管理中对各个厂家、各道工序的完工登记，数据量惊人，给统计工作带来极大不便。

(4) 产品及部分原料除了需要按颜色、尺码管理以外，同一批次生产出来的同一货号的产品内联升还需要通过检验再划分为不同的级别进入库存和销售流程，这与常规服装生产系统存在着很大的差别，需要对系统进行修改，其数据分析和报表编制难度增大。

内联升基于对自身需求的分析，对市场上规模较大的服饰鞋帽行业整体解决方案的供应商进行了分析和比较，并最终选择了具有服务于ESPRIT、CK、KENZO、ECCO等国际一线品牌经验的上海伯骏计算机信息技术有限公司负责其系统开发工作。

2008年6月，伯骏公司开始对内联升原系统运转流程、工作内容进行调研，总结详细的问题所在并列出系统改进的管理方案，针对伯骏系统软件的特性协商讨论形成新系统的使用流程和管理措施，根据实际情况对ERP系统进行二次开发。经过近一年的开发、修改、安装、调试、试运行和相关部门人员的培训，目前ERP系统的分销系统和生产系统都已经完成测试运行，内联升已经将所有业务完全切换到新系统中进入正常使用。

内联升ERP系统的分销系统是基于伯骏EMAX系统进行二次开发的，采用的B/S结合C/S架构，适用于大中型服装企业及其上下游供应链组织。分销系统采用统一的中央数据库，在任何时间任何节点都可以实时共享相同的信息，防止不同的物理地点数据不一致的情况出现，保证了数据的准确性。通过系统的使用，内联升实现了分销商、直营店与总部的系统连接，从下订单/补货到收货入仓的整个交易过程都能够实现电子化，门店销售采用POS系统与总部联系，确保销售信息实时传递回总部，总部可依据销售状况对生产进行调整。分销系统还提供了单店分析功能，可以用于考核各销售网点乃至各营业员的销售状况。

由于内联升生产的产品手工化程度较高，原材料种类品级多样，其生产系统开发难度较大，最终由伯骏与上海扬格科技有限公司共同开发。分销系统对生产系统主要起到指导生产计划的目的。一般情况下，是根据分销系统中的订货情况，来决定生产计划，即什么时候开始生产，生产多少。在生产系统中，制订生产计划时，提供了向导来统计分销系统中的订货数据，作为制订生产计划的参考依据。生产系统实现了从生产排期、物料计划、采购管理、各类库存管理、车间收发、外发加工、半成品管理、成品管理、产品耗料、成本核算等完整流程。并通过成品可以直接对应到设计师和生产人员，便于对绩效进行考核。

一个系统的强大并不完全取决于它的功能，也在很大程度上依赖于它的安全性和可靠性。ERP 系统由于涉及大量企业内部数据，要求安全和稳定的网络支持。在接入方式上，内联升选择了 VPN 组网方案，各个系统节点可以通过公共网络建立私有加密通道，从远端地区安全地存取 ERP 系统数据。利用 VPN 技术，内联升实现了企业的整体互联，确保数据传输的安全可靠和对接入用户的严格认证。如图 1 所示。

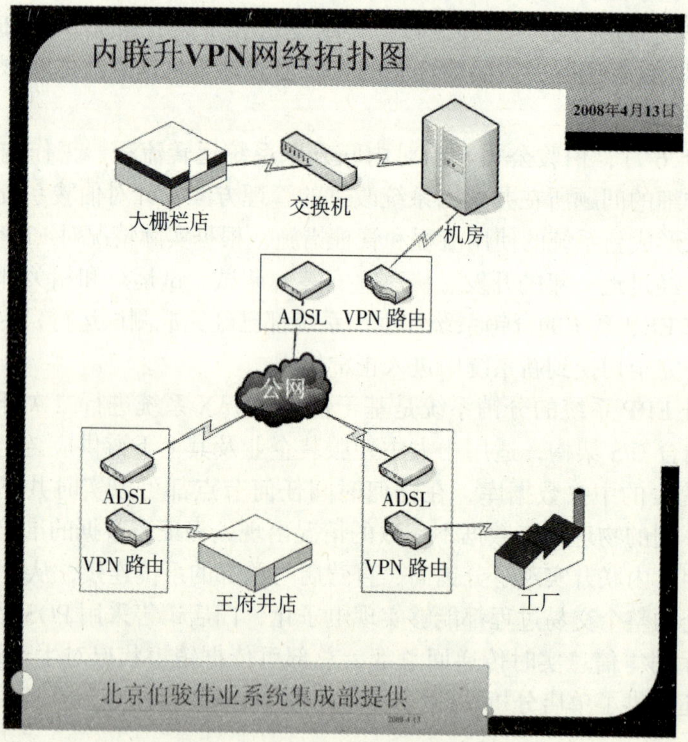

图 1 内联升 VPN 网络拓扑图

资料来源：伯骏伟业内部资料。

2. CRM 系统

基于轻工制造类企业的特性和企业发展的需要，内联升的客户关系管理系统强调投入成本小、上线周期短的需求。其 CRM 系统强调实现客户资料和客户消费的管理功能，与销售系统实时连接，获取客户信息；同时与企业网上商城连接，实现 VIP 客户积分管理和客户积分查询功能。

内联升的 CRM 系统可以实现以下功能：

（1）建立稳定的客户数据库，获取客户信息，使抽象的数字转变成真实具体的数据；

（2）以积分换礼等形式作为答谢方式，巩固现有客户，实现多次销售，提升客户忠诚度；

（3）实现与客户之间的多渠道联系，与客户通过电话、传真、E-mail、手机短信和互联网等多种方式进行联系；

（4）处理客户问题，向相关部门分派任务及获取反馈，跟踪客户问题的解决情况；

（5）执行市场活动，跟踪潜在用户，提高潜在客户转化率；

（6）通过筛选，确定企业的核心顾客群体，分析其消费行为特点，为决策提供可靠依据；

（7）分析各类数据，考核所涉及人员及部门。

通过 CRM 系统的使用，内联升实现了对客户信息的收集、整理，提高了客户管理的准确性、便捷性和实效性，其数据分析功能更能为公司的生产销售决策提供指导。

3. 内联升网站

内联升网站于 1998 年建立，最初只是用于信息发布和企业宣传。2007 年内联升对网站进行了改版升级，采用了多媒体技术、面向对象的数据库技术和 Web 技术相结合，构成了一个含有大量文字、图像和多方面动态功能的网络平台。内联升的网站提供了信息发布、产品展示、加盟商在线申请、VIP 客户园地、客户在线服务等多项功能。

内联升网站最值得关注的板块是 B2C 网上商城。内联升网上商城是在 2009 年 8 月 28 日正式开通的，完全由内联升销售部门负责维护和经营。虽然运行时间很短，但已经取得了很不错的经济和社会效益。通过网上商城，内联升可以向全球客户提供在门店销量最好的 300 多种产品。客户可以通过网上商城系统，直接订购看中的商品，再通过快递或邮政物流系统送货，并利用网上银行支付货款。网上商城的会员管理与 ERP 系统数据互联，实现客户信息的实时调用和更新。

四、实施电子商务的效果

（一）实施电子商务的效果

内联升的企业电子商务商业模式经过实施以来的不断摸索与完善，已经基本形成了自己独特的思路。公司将以互联网技术为核心的信息技术作用于各个环节，以达到提高企业经营效率和经济效益，改善客户服务和提高企业知名度的目的。在公司经营上以 ERP 为核心、内部网络化为基础，以 CRM 和网站为重要手段提高企业的生产能力和经营效率，降低经营成本，扩大客户，提高客户满意度和忠诚度，降低采购成本，扩大采购范围，减少库存等。

客户关系管理是内联升现有电子商务模式中对客户极有价值的部分。CRM 系统进一步拉近了企业与客户之间的距离，更好地了解客户需求，并为其提供个性化的定制服务，以锁定客户，让这种客户关系为公司持续创造价值，实现了在信息时代对《履中备载》的传承延续。

虽然目前信息化投资并没有直接迅速产生经济利益，但是在降低库存、降低管理费用、提高生产计划的准确性及时效性和提高生产效率方面都获得了很好的效果。随着电子商务的逐步实施，内联升的内部也在悄悄地发生变化。内联升企业管理层以引进 ERP 为契机，学习、研究和应用国外现代企业管理思想、方法和技术，走出了一条属于自己的老字号手工业的企业电子商务模式。

（二）内联升电子商务的启示

具体分析内联升的整体电子商务模式为我们带来许多启示。

1. 决策者的战略眼光

无论是电子商务还是信息化管理，人的因素是关键。内联升之所以信息化项目能成功，与领导的前瞻性和决心分不开。21 世纪初，当 ERP 刚刚在中国兴起的时候，很多大企业纷纷上马，但真正成功的寥寥无几，甚至有统计表明 90%的 ERP 项目以失败告终。具体分析失败的原因众说纷纭，但观念应该是非常重要的部分，很多企业的信息化建设并没有得到高层的足够重视。内联升 ERP 的成功，一方面得益于公司领导的高度重视，公司常务副总及党委书记亲自担任项目组长，负责部门间协调及预算支出；另一方面董事长充分授权项目组，在 ERP 项目框架范围内，可以统筹各部门业务安排（包括加班），相关业务人员无条件配合项目进展。这给了项目组极大的自主权，能够将重点放在技术难点攻关上，从而缩短项目实施周期。

2. 面向应用是内联升电子商务成功的关键

内联升通过信息化建设解决了企业的许多实际问题。在实践中，企业电子商务没有统一标准的模式，各个企业应该根据自身的情况，在理解电子商务的基础上，开展适合企业的电子商务应用。

3. 专业技术人员的积极配合

除了领导重视以外，专业技术人员也发挥着至关重要的作用。习惯于原有系统操作习惯的老职工很难提出具有建设性的功能需求，原有的思维定势无法打破，原有的业务模式就无法打破，ERP 的功能就无法充分发挥，更难有明显的效果。在原先人员无法满足系统上线要求的情况下，内联升招聘了既拥有软件行业技术背景又具备生产企业财务管理经验的专业人员担任内联升工厂生产副厂长，主抓生产系统项目实施，以及分销系统的技术咨询。这使得内联升 ERP 项目技术层面有了质的飞跃，从而顺利完成从技术语言到业务语言的无缝对接，极大地降低了项目实施过程中的沟通成本和时间成本。

五、面临的问题和进一步的电子商务规划

目前内联升正计划将网络销售作为 2010 年新的业务增长点，目前公司的网络销售主要依托于销售部开展业务，公司目前正在培养专业人才以实现网络销售专人专管，形成集产品数据上传、产品图片拍摄、网上商城推广、售前在线咨询、订单支付查询、物流发货管理、售后服务评价的整体网上零售业务。公司计划引进先进的网络销售和技术经验，并考虑与知名 B2C 网站进行合作，利用其成熟的运营模式和稳定的客户群体进行网络授权代销。同时，内联升还在积极尝试通过阿里巴巴、慧聪网等 B2B 网站进行大宗商品批发或团购，开展品牌招商，并学习探索外贸业务。

内联升作为一家老字号手工布鞋制造企业，在电子商务的实施和应用上有其自身的特点和成功之处。总之，对于内联升而言，电子商务之路刚刚起步，还有很多需要学习的知识，同时拥有广阔的发展空间。通过对该公司开展的深入调研，我们发现系统的使用也带来了新的需求，这些新需求有可能会成为内联升下一阶段深化电子商务建设的具体方向。

首先，协同商务、商业智能等还没有进入实际运用。内联升的电子商务系统对大量的销售数据、客户数据以及供应商数据还缺乏有效的过滤和分析，这使得对管理决策支持还有很大的差距。

此外，内联升的客户关系管理应用有待于进一步地深入和扩展。CRM 系统对供应商、销售点、客户的监控和管理不够全面，对客户信息的深层次挖掘和应用不够深入。

六、附 录

附录 1　企业整体电子商务模式简介

企业整体电子商务模式是企业或者其他组织以发展电子商务为目标，对企业或者组织的生产流程、营销模式、组织管理等方面进行统一的信息化处理而采用的电子商务模式。通过整体实施电子商务，可以将企业不同业务单位的信息统一在电子商务平台上，建立起客户同企业的单点联系。这种模式可以使企业内部的管理更加协调，降低采购和生产成本，更好地适应外部环境的变化，满足消费者的个性化需求，扩大市场范围，提高企业的效率。

企业整体电子商务模式的特征包括以下三个方面：

（1）企业的所有数据集中于一个单一的数据库，即企业数据中心。

（2）可以在线完成企业的所有经营流程。

（3）所有业务数据经系统处理，快速形成管理层所需的商业智能，以关键绩效指标、图表以及可追溯的报表形式呈现。

具体来讲，企业整体电子商务必须统一规划电子商务平台。电子商务基础平台至少应该包括硬件、网络、数据中心。同时还需要考虑未来新技术平台的衍生，如无线设备等。

企业整体电子商务涉及企业所有的经营及管理领域。这些领域事实上已经被大家熟悉的应用软件覆盖，如 ERP、CRM、SCM 等。企业整体电子商务从什么地方起步并无绝对的规定，但必须对企业电子商务平台建设进行统一的规划，好的应用软件可以保证企业从任意最急需电子商务化的领域起步，并实现同一目标。

企业整体电子商务必须对商业职能及战略决策支持进行规划。众多国内外的企业对自身的电子商务建设感到效果不明显，主要原因在于将电子商务等同于建设一个企业网站，在网站上介绍公司情况、发布产品信息，以为这就算万事大吉。殊不知，企业电子商务必须进行整体规划，将企业的业务流程进行根本改造，并向商业智能化的方向推进。

企业实施整体电子商务模式具有很多方面的优势。

（1）企业整体电子商务模式能够提高企业内部团队合作效率。在企业内部，该模式可以促进企业打破部门之间的界限，把相关人员集合起来，按照市场机制去组织跨职能的工作，从而减少企业的管理层次和管理人员的数量。将那种容易形成官僚主义、低效率、结构僵化、沟通壁垒的单一决策中心组织改变为分散的多中心决策组织。因为决策的分散化能够加强员工的参与感和责任感，提高了决策的科学性和可操作性，改变下级服从上级，上级行政干预下级的专制型的企业管理模式。在管理思想上，强调企业领导者的协调、服务和创新，着力培养企业员工的团队精神，增强企业的凝聚力；在管理任务方面，强调以客户需求为中心。

（2）企业整体电子商务模式能够增强交易主体及参与对象之间的协调性。商务活动是一种协调过程，它需要客户与公司内部、生产商、批发商、零售商间的协调，在电子商务环境中，它更要求银行、配送中心、通信部门、技术服务等多个部门的通力协作，这些都可以或多或少地利用企业电子商务整体方案来解决。

（3）企业整体电子商务模式能够提高企业管理能力和提升企业的无形资产。企业整体电子商务可以有效解决企业的内部管理问题，提高管理能力，使企业的组织结构和管理模式更加具有效率；通过企业整体电子商务，企业还可以重塑企业形象，增加知名度，让企业的产品得到更加广泛的传播。

（4）企业整体电子商务模式能够促进信息的快速处理和精确分析。企业的电子商务平台可以提高信息的传播速度，扩大资源的配置半径，使企业在全球范围内快速方便地寻找最新技术和最优信息，对客户的情况进行准确及时地调查、跟踪和反馈。同时，企业还可以利用先进的管理软件、智能化的分析系统对收集的资料、数据进行实时地统计、分析，做出经营决策，并在掌握相关数据的基础上，对企业未来的发展作出比较精准的预测，更好地把握企业前进的方向。

在网络经济的时代，电子商务已经逐渐成为人们进行商务活动的新模式。企业开展电子商务势在必行。随着国际经济一体化进程的不断深入，企业与企业之间的竞争已经脱离了传统模式的特征，迅速趋于电子商务平台的竞争。企业要想获取持续性的发展，必须实施电子商务战略，在全球范围内提升自己的竞争力。

附录 2　什么是 VPN

VPN 的英文全称是“Virtual Private Network”，翻译过来就是“虚拟专用网络”。顾名思义，VPN 被定义为通过一个公用网络（通常是互联网）建立一个临时的、安全的连接，VPN 的核心就是在利用公共网络建立虚拟私有网，是一条穿过混乱的公用网络的安全、稳定的隧道，是对企业内部网的扩展。我们可以把 VPN 理解成是虚拟出来的企业内部专线。

VPN 涉及的技术主要包括隧道技术、加解密技术、密钥管理技术和使用者与设备身份认证技术。VPN 可以通过特殊的加密的通信协议在连接在互联网上的两个或多个企业内部网之间建立一条专有的通信线路，就好比是架设了一条专线一样，但是它并不需要真正去铺设光缆之类的物理线路。VPN 技术原是路由器具有的重要技术之一，目前在交换机、防火墙设备或 Windows 2000 等软件里也都支持 VPN 功能。

VPN 技术可以帮助远程用户、公司分支机构、商业伙伴及供应商同公司的内部网建立经济有效且可信的安全连接，并保证数据的安全传输。通过将数据流转移到低成本的网络上，一个企业的虚拟专用网解决方案将大幅度地减少用户花费在网络连接上的费用。同时，这将简化网络的设计和管理，加速连接新的用户和网站。另外，虚拟专用网还可以保护现有的网络投资。

七、案例使用说明

（一）案例类型与教学目的

1. 案例类型

本案例是分析型与问题解决型相结合的案例。案例描述了老字号企业内联升如何通过从部门信息化到企业整体电子商务的发展逐步提升企业效率，赢得客户的整个过程，向学生提供了该企业电子商务战略推进过程中的较为详尽的资料。要求学生运用相关理论，对内联升的电子商务战略加以分析，探求其成功经验和存在问题，并为其他老字号的电子商务建设提供思路和方法。本案例以企业电子商务理论、管理信息系统、客户关系管理等理论为基础，属于企业电子商务的综合性案例，也可以用于“服装行业电子商务”、“管理信息系统”、

“客户关系管理”等领域的专题讨论。

2. 教学目的

本案例的教学目的包括：

（1）了解企业在发展过程中如何逐步地推进电子商务。

（2）理解企业整体电子商务方案的内涵和特征，领会企业整体电子商务模式的优势。

（3）了解企业推进整体电子商务方案的历程。

（4）了解传统企业电子商务战略的特殊性。

（5）把握服装行业电子商务战略的特殊性。

（6）分析服装行业 B2C 电子商务的特点及其基本功能。

（二）启发思考题

（1）查找资料了解服装鞋帽行业的运作模式，分析其 ERP 系统具有哪些特殊性。

（2）“企业整体电子商务模式”为什么会在内联升取得成功？其基本思路是什么？

（3）内联升这种分步走的电子商务战略有何优势？

（4）内联升以客户为中心的电子商务系统是如何运转的？

（5）内联升 B2C 电子商务包含哪些业务模块？其销售网站如何通过与 ERP 系统的连接实现客户关系管理？

（6）内联升的电子商务战略对其他老字号有何借鉴意义？

（7）分析内联升电子商务战略中还存在的问题，提出改进建议。

（三）案例分析路线

首先请学生复述案例的主要内容，特别询问学生内联升为什么要推行电子商务；其次通过文献，分析在 2001 年和 2008 年内联升进行两次大规模信息化建设时所处的市场背景；再次探讨企业整体电子商务模式的优势所在，分析其为何能在内联升取得成功，探讨内联升这种以客户为中心的电子商务系统意义何在；最后思考内联升的电子商务战略对其他老字号企业有何借鉴意义。在本案例中，要特别注意内联升的历史、行业特点以及企业自身的特殊性，注意内联升电子商务建设的普遍性与特殊性，把握企业电子商务过程中的核心原则和关键要素。

(四) 背景资料

(1) 中国服装行业的资料(行业整体状况,主要商业模式,电子商务应用模式)。

(2) 北京内联升鞋业有限公司发展简介。

(3) 服装行业电子商务及 B2C 网络购物发展状况。

(五) 理论要点

(1) 企业整体电子商务模式的内涵和特征。

(2) 服装行业 ERP 系统的主要模块和基本功能。

(3) 服装行业客户关系管理系统的基本功能。

(4) 服装行业 B2C 电子商务的实施要点。

(六) 参考资料

(1)《做布鞋也要信息化》, http://media.ccidnet.com/art/2641/20060905/892349_1.html。

(2) 内联升公司网站, http://www.nls1853.com。

(3) 奇瑞电子商务案例报告, http://glxy.hfut.edu.cn/ec/。

(4) 施志军:《电子商务案例分析》, 化学工业出版社, 2009 年。

(5) 伯骏公司内联升调研材料, 2008 年。

(6)《内联升鞋业 让"每个客户都满意"》,《中国服饰报》, 2008 年 11 月。

案例 10

东方家园的电子商务开展

陈蔚珠[①] 赵 越[②]

摘要：东方家园电子商务平台是建立在东方家园建材家居连锁店的核心业务基础上，充分利用 Internet 电子商务技术手段的专业性信息服务平台。围绕整个建材商品供应链体系，东方家园相继开发了以 B2B、B2C 为主体的电子商务网络模型，为供应商及终端消费者提供在线交易和信息服务。东方家园电子商务平台成功地实现了东方家园与供应商之间、东方家园与集团采购单位之间、东方家园与消费者之间的网上互动和电子化交易处理。本案例的研究有助于深入了解一个传统企业如何开展电子商务，即如何将电子商务战略与企业战略相结合，如何选择电子商务模式，如何进行电子商务系统的规划与设计，如何利用电子商务推动实体业务的发展。

关键词：商务模式 电子商务开展 东方家园

一、东方家园简介

东方家园建材连锁超市（简称东方家园）是由东方集团全面引进了美国 THE HOME DEPOT（家得宝）的经营理念和管理模式投资兴办的全国连锁大型仓储式建筑装饰材料自选超市。它以统一采购、统一营销、天天平价、一站购

① 陈蔚珠：首都经济贸易大学工商管理学院电子商务系副教授。
② 赵 越：首都经济贸易大学工商管理学院市场营销系副教授。

齐为主要特色，在建材市场尚不发达的中国展示了装饰建材零售业的现代形象，让顾客天天都能以低廉的价格感受现代商业文化的氛围。

东方家园第一家标准店位于北京西三环南路55号，丽泽桥西南角，占地3万余平方米，商场建筑面积1.5万平方米，室外停车场2.5万平方米。东方家园致力于为消费者构筑温馨的家，在丽泽店成功营业之后，先后在成都、沈阳等经济较发达城市陆续开店，到目前为止，已经形成了以北京为中心的华北区、以沈阳为中心的东北区、以成都为中心的西南区，25家直营店、4家加盟店的运营规模。

东方家园电子商务平台是建立在东方家园建材家居连锁店核心业务基础上，充分利用互联网电子商务技术手段的专业性信息服务平台。围绕整个建材商品供应链体系，东方家园相继开发了以B2B、B2C为主体的电子商务网络模型，为供应商及终端消费者提供在线交易及信息服务。东方家园电子商务平台成功地实现了东方家园与供应商之间、东方家园与集团采购单位之间、东方家园与消费者之间的网上互动和电子化交易处理。电子商务的成功应用极大地推动了东方家园实体业务的发展。

二、东方家园商务模式

（一）我国建材家居行业发展现状与趋势

我国建材市场的发展由摆地摊的初级形式开始，经过个体零散户、小摊位、小规模零售，小建材商店，建材批发市场一条街，建材综合商城，建材直销商以及近期在大、中城市发展成的建材超市、建材连锁商城，显现了建材市场从无到有、从小到大、从弱到强的发展历程。在我国消费层次呈现多元化初级阶段的国情下，上述各种建材市场的组织形式在相当长的一段时期内，都有其生存、依托和发展的空间。

根据国家发改委经济运行局网站数据，2005年规模以上建材企业工业销售产值（现价）为9931亿元，年增长24.8%。累计实现销售收入为8834亿元，增长26.2%。从近几年来看，整个建材家居市场虽然增幅减慢，但销售额仍然呈现出高于20%的年增长率，呈高幅增长状态。过去十年间，全国建材家居业均在快速增长，作为销售终端的家居卖场，正面临着前所未有的模式突破、管理理念变革和营销方式创新的考验。

目前的建材家居行业市场呈现如下趋势：

1. 建材家居行业产业链一体化加速

部分建材家居上游生产厂家，已经将自己的触角伸向流通渠道，进行纵向一体化，纷纷成立品牌专卖店，并升级为卖场，如深圳吉盛伟邦家具开立商场；北京科宝·博罗尼橱柜成立卖场进行展销和体验；青岛海尔、广东帅康等家电生产企业根据横向一体化的需要，将产品延伸到橱柜、整体厨房一体化打造，同时开展零售卖场进行展销，这些销售模式的出现，分流了专卖店的客流，使建材家居零售模式呈现多样化发展。不可忽视的是，个别大型工程公司，为展示其产品，建造较大规模展厅，同时具备零售功能，出现零售渠道为工程渠道所替代现象，如威海金蚂蚁建材城便是其工程产品的展示。这种工程产品展示店的产生发展，对传统的建材家居零售店也会带来某种意义上的冲击。产业链一体化的发展也使建材家居产品的销售渠道呈现多样化。

可以肯定的是，随着行业的发展演变，业态的分化更加快速，多种营销模式将在一定时期内并存演变，适应市场的营销模式会逐渐在市场中占据上风。

2. 国际巨头纷纷抢滩国内零售市场，并购与重组更加频繁

美国家得宝公司（THE HOME DEPOT），是全球公认的最具规模的建材家居装饰用品零售商。作为零售额为 815 亿元、仅次于沃尔玛的建材家居零售巨头，家得宝于 2006 年 12 月以约 1 亿美元的出资并购了由 2006 胡润排行榜 98 位的企业家杜厦于 1996 年创立、被称为中国国内三大建材家居连锁集团的天津家世界，并接管其设在天津、北京、西安、青岛、沈阳和郑州的 12 家建材家居超市业务，实现了在中国建材家居市场并购扩张的第一步，对中国建材家居市场的格局演变将会产生深远的影响。

总部设立于瑞典斯德哥尔摩的全球第二大家居零售企业，宜家（IKEA）家居于 1998 年进入中国，并将其中国总部设在北京。2003 年，经营面积 3.2 万平方米的上海宜家大卖场开办，宜家中国总部迁至上海。截至 2006 年 12 月份，宜家共在北京、上海、成都、四川开设了四家大型直营超市，总经营面积达 11.6 万平方米，其中在北京的四元桥分店成为继德国之后第二大宜家分店，规模壮观。

B&Q 隶属于世界 500 强企业之一的英国翠丰集团（Kingfisher Group），是世界第三、欧洲第一的大型国际装饰建材零售集团。2004 年 11 月 26 日，翠丰集团宣布：为加速在中国的百安居业务的扩张，收购一家中国私有企业普尔斯马特的五家商场，收购成本为 10500 万元人民币，约合 695 万英镑；2005 年 4 月 27 日，百安居在上海宣布，母公司英国翠丰集团已收购德国欧倍德在中国投资的所有零售业务，交易涉及金额约 8500 万英镑。截至 2006 年 6 月 28 日，

百安居在中国21个城市拥有51家商店，在中国建材超市中稳坐头把交椅。百安居计划在2009年开设100家商店。

国际建材家居巨头在中国市场的展店，促进了并购与重组的形成：国内市场受国际巨头的冲击，产业整合速度加快。

从行业生命周期来看，家居建材行业已经度过市场投入期和成长期前期，个别产品和区域的市场进入成熟期，技术渐趋定型，行业特点、行业竞争状况及用户特点已比较明朗，企业进入壁垒提高，产品品种及竞争者数量稳中有增，行业内的无序竞争逐渐减少，有资本实力和市场优势的企业会逐渐通过并购来争取市场份额，获得竞争优势，一定程度上促进企业间的重组产生。

3."绿色消费"成为市场竞争的热点

随着人们消费观念的提高，建材家居行业的绿色环保意识明显增强。从行业来讲，我国的建材环保意识正在与国际接轨，一是要避免使用能够产生破坏臭氧层的化学物质的结构设备和绝缘材料，在可能的情况下也应尽量避免使用GCFCS所生产的泡沫绝缘材料。二是采用耐久性产品和材料。建筑材料的生产是高耗能的，因此使用时间长、维护少的产品就意味着节约了能源，也减少了固体废料的产生。三是选择不需要维护的建筑材料。在可能的情况下，选用基本上不需要维护的建材。例如粉刷、再处理、防水处理的建筑材料，其维护对环境的影响比较小。四是选择物化能量低的建筑材料。重工业的产品和材料一般都是高耗能的，因此，在不影响产品性能和使用寿命的情况下，应尽可能地选择物化能量低的材料。五是购买本地生产的建筑材料。运输不仅需要消耗能量，同时会产生污染，因此应尽量购买当地生产的材料。购买本地生产的回收再利用的建筑产品，用废弃材料生产建筑产品减轻了固体废料污染，减少了生产中的能量消耗，同时节省自然资源，如纤维素绝缘制品、用草生产的地板砖、回收塑料所生产的塑料木材等。六是在有可能的情况下选用废弃的建筑材料，例如拆卸下来的木材、五金等，这样做可以减轻垃圾填埋的压力，节省自然资源。但是一定要确保这些材料可以安全使用，检测是否含铅、石棉等有害成分。七是寻求可持续的木材供应，使用来自于管理良好的森林的木材。避免使用会释放污染物的材料，溶剂型的涂料、黏结剂、地毯、刨花板等许多建筑产品都可能会释放出甲醛和其他挥发性的有机化合物，这些物质对工人和居住者的身体健康会造成危害。八是要最大限度地减少加压处理木材的使用，在可能的情况下，采用天然木材的替代物——塑料木材来代替天然木材。

从消费者方面来看，在装修中已经将健康消费、绿色环保放在第一位，购买时更加注重产品的绿色认证。

4. 专业化分工与行业微利时代到来

随着行业分工的不断彻底，越来越多的企业只专注于行业内的某个环节，业内的 OEM 越来越常见，比如强化地板的生产，多数厂家都从统一的基材生产厂家订制基材，从耐磨层厂家订制表层材料，最后组合制作而成，很难找到一个厂家从基材到表层生产的实现。类似的情况在其他品类产品的生产中屡见不鲜。随着社会化大生产机械化程度的提高，社会分工日益细化是大势所趋。

同时，随着竞争的加剧，建材家居行业的利润更加微薄。先是钢筋、水泥、玻璃行业进入微利时代，再是木材、地板、卫浴产品进入低价竞争，许多建材类中的高利润产品正在向低利润产品区域滑动，行业的利润水平日益下降。2005 年 1~10 月份，全国建材行业利润仅 278 亿元，同比下降 10.1%。

行业微利的主要原因是生产企业大量投资生产，导致产能过剩。目前，建材行业的产能过剩已经开始显现，产品价格下降，竞争日趋激烈，企业效益降低。这一格局必然带来调整升级，使其由数量扩张型转入结构优化和质量效益型。生产企业利润下降同时导致整个产业链的利润下降，建材家居行业的利润受到大幅影响，整个行业正在进入微利时代。

5. 竞争趋于高层次取向

竞争趋于高层次取向，单一价格向全方位系统化、低成本竞争转型，企业更加注重战略协作与资源整合；实施信息化管理，运用计算机技术对经营活动进行全方位系统管理；突破物流配送瓶颈，企业更加注重降低物流成本和提高配送效率，外包物流成为必然。

（二）我国建材家居行业竞争分析

根据建材家居连锁超市在中国市场环境下的经营现状，我们可以分析行业发展的优势、劣势、机会和威胁。

优势：建材家居连锁超市在中国是一个新生业态，它以统一采购、统一经营、天天平价和一站式购齐开创了建材家居产品销售的新模式。建材家居连锁的商品规划更为有序，消费者面对专业化程度很高的商品更易做出选择，节省了消费者因为选择而付出的精力。它不仅通过连锁企业的规模优势和品牌信用，使消费者更加信赖商品的质量，而且通过集中采购，消除混杂在市场中的伪劣和不合格商品，从这个意义上，建材家居连锁保证了流通商品的质量。建材家居连锁将建材家居商品销售中的服务水平提到了一个前所未有的高度，通过统一收银、可靠的售后服务保证、免费送货、舒适的卖场环境和专业的人员服务等，都较传统的市场有很大的提升。

劣势：在中国的现有市场条件下，建材超市由于受市场环境和成熟程度的影响，存在种种不利的情形，不利的情形主要在于供应链、物流和专业化服务等方面。建材家居连锁作为建材类商品流通渠道的一种，必然受到其他流通渠道的压制和约束。在现有的税率制度和市场监督机制不太完善的情况下，建材连锁企业不仅经营成本高于传统的摊位制市场，而且很难从生产商处拿到真正有竞争力的价格。由于建材家居类商品的特殊性，连锁超市不可能完全地同生产商合作，在专业安装、物流配送和售后服务方面更多地依靠代理商，代理商渠道一方面同超市渠道合作，另一方面却限制着建材连锁超市的发展。结果往往是连锁超市每进入一个新市场，都要同各品牌的当地代理商重新谈判，难以真正发挥连锁企业集中采购的优势；而代理商为连锁超市提供的商品物流配送和专业安装服务一旦不被消费者认可，损失的完全是连锁超市的信誉，连锁超市甚至把握不了商场的顾客服务水平。

机会：建材家居行业是一个被称为“没有上限”的市场，在中国经济日新月异、国民收入快速增长的今天，中国建材家居市场的巨大潜力已经为世界所关注。中国市场的巨大潜力是建材家居连锁行业最大的市场机会。同时，中国消费者日益提高的环保意识和个性化意识也为建材超市这种新兴业态提供了更为广阔的发展空间。

威胁：建材家居连锁超市的发展并非势如破竹，从行业的劣势中可以看出，建材家居连锁超市面临着其他渠道尤其是摊位制市场的激烈竞争。从中国现有的内资或外资建材超市的经营来看，大多数的商场缺乏有力的业绩支撑，多数的商店处于较低的盈利水平甚至于亏损状态。同行业当中针对价格的恶性竞争不断出现，不但扰乱了正常的市场经营秩序，而且降低了商店在消费者心中的形象和信用等级。行业的恶性竞争成为行业发展的最大障碍，行业的发展呼唤有序的竞合，共同提高建材家居连锁超市的市场占有率和信誉度。

迈克尔·波特识别出有五种力量决定了一个市场或细分市场的长期内在吸引力，这五种力量是：同行业的竞争者，潜在的新增加竞争者，替代产品，购买者和供应商。我们下面就建材家居行业在这五种市场力量作用下的竞争逐一进行分析。

1. 同行业的竞争者

建材家居连锁超市同业态的经营者是最为直接的竞争对手。如现阶段中国市场中的百安居同东方家园和家得宝等建材超市，相互之间都以对方为自身发展的竞争对手。现阶段同行业的竞争主要表现为针对价格的竞争，各自使用低价促销、折扣、赠券等方式，力争用低的价格去提高销售额，抢占市场份额并打击竞争对手。不同的企业争相降价来取悦消费者，然而整体的市场容量并没有随着竞争的加剧逐渐扩大，顾客的忠诚度非但没有提高，反而使消费者对超市增加了不信任的感觉。同行业的经营者在竞争中增加合作，共同规范市场的秩序，提高行业的服务水平，提高建材家居连锁超市在建材流通领域的市场份额才是行业竞争的趋势和要求。

2. 潜在的新增加竞争者

随着社会经济的不断发展，建材家居行业及相关行业的发展出现了一些新的趋势：处于建材家居产业价值链下游的部分家装公司和地产商通过向上整合装饰材料提供商的资源，成为了建材超市潜在的竞争力量。一部分发展迅速的家装公司通过全国或区域范围内的扩展，装饰材料的用量激增，客户的装修费中，材料利润是家装公司利润的重要来源。有的装饰公司通过重点推荐某些品牌的产品来获得这些品牌的重点支持，甚至有的装饰公司打出了“自有品牌”的细木工板、油漆等装饰材料。中国的建材超市面对的客户不同于国外超市的DIY市场，向材料流通渗透的装饰公司成为建材超市的竞争力量也不难理解。提供精装修房的地产商由于装饰材料的一次性采购量大，一般可以通过工程项目或者批发同生产商直接合作，不必通过各种渠道和中间环节。精装修房内部的装潢装饰和家居用品都由地产商提供，购房者直接可以入住，这样就缩小了消费者个性化选择的空间，也直接影响了建材超市的市场份额，并且精装修房占新竣工住宅的比例越来越高。如何选择合理的策略同装饰公司和地产商合作已经成为建材超市发展的战略性课题。

3. 替代产品

在建材家居行业的零售渠道中，品牌专卖店、建材五金商店、摊位制市场的经营模式同建材超市存在着很大的差异，它们是建材超市的直接竞争对手，其中摊位制市场销售量大、影响广泛，是现阶段中国市场最大的建材类商品流通渠道，也是建材家居超市最主要的竞争对手。近年来，许多发展良好的摊位制市场通过统一形象、统一收银、统一售后服务的方式来提升在消费者心目中的形象和服务水平，甚至使部分顾客混淆了摊位市场同建材超市的概念。摊位制市场是通过物业出租获取租金获得收益的模式，因为没有统一的采购体系和商品管理，商品是处于无序状态的，由各商户自行管理。这种模式下避免不了由不法商户提供假冒伪劣商品欺诈消费者的现象；并且由于商品品类缺少管理，各种商品是根据各业户的经营范围而不是根据商品的品类进行规划，这给消费者的选购带来了很大的不便。从经营模式来讲，建材超市是具备绝对优势的，它是摊位制市场提升和发展的方向，但现阶段由于市场缺乏规范和有效监督，加上税率的差异，不同的业态经营成本有很大的不同，摊位制市场的低成本优势在一段时间内还会继续存在，这就给了摊位制市场更多想象的空间。

4. 购买者

由于现阶段中国市场建材家居商品流通多种渠道并存，市场商品极为丰富，建材家居类商品处于买方市场，消费者具备较强的讨价还价能力。建材超市及其竞争者们极力地通过各种优惠和折扣政策来吸引消费者，在频繁的促销和降价活动中，消费者反而感觉建材超市的价格存在很大的水分，降低了顾客的忠诚度。

5. 供应商

供应商既是建材家居连锁超市的重要资源，又是供应链上的竞争力量。供货价格和各种通道费用之争是双方竞争的焦点。无论是连锁超市还是供应商，都希望保证商品的销售价格具备竞争力，从而希望对方保持一个较低的毛利水平，扩大自己的利润份额。在现有的市场情况下，由于建材类商品销售处于买方市场，建材连锁超市通过靠近顾客控制买方市场资源而占据有利的地位，供应商讨价还价的能力较弱。建材家居连锁超市在中国沿袭了食品和百货连锁零售的一贯做法，对进入卖场销售的供应商收取名目繁多的费用和支持。除了正常的返利外，业内不同的企业收取的支持有一定的差异，主要的项目有：进店费、促销费、节庆支持费、广告费、驻店代表管理费、堆（端）头费、条码费等。收取通道费用和价外支持不仅是国内零售企业的通常做法，进入中国的外资连锁 B&Q 等企业的收费更是有过之而无不及。多数供应商对这部分费用较为抵触，但实际上，在零售企业和供应商之间存在着较为微妙的博弈过程。对供应商来说，零售商渠道的资源是有限的，在现有买方市场的环境下，零售商通过直接接触顾客控制着买方资源。建材家居连锁的每一家商店大约有几百家供应商，进入到卖场的供应商面临着经营同类商品或替代品供应商的激烈竞争，直接体现在对卖场优势销售位置的争夺、对卖场目标顾客的争夺和对卖场最佳品牌形象的争夺上，因此要尽力同零售企业保持良好的合作关系。在获利甚至是不发生经营亏损的情况下，尽量满足零售商的通道费用和价外支持的要求。对于建材家居连锁企业来说，不管企业对外如何宣传同供应商的良好关系，似乎也并没有第二种选择，各零售商之间也存在着激烈的竞争。向供应商索取的越多，企业就越具备竞争力。在各零售商低利润率恶性竞争的条件下，已经走进了非理性的误区：某零售商向供应商索取的支持越多，经营业绩就越好，营销的投入就越大，扩张的速度也越快，而供应商对零售商的依赖就越大。有许多供应商进入不止一家的零售卖场销售，如果哪家零售商不收取费用，效益核算时就意味着有较高的采购成本，所以在国内现有的市场条件下，零售商收取费用时双方博弈的结果，自有其合理的一面。

(三) 东方家园商务模式

东方家园建材连锁超市(简称东方家园)是由东方集团全面引进了美国家得宝公司(THE HOME DEPOT)的经营理念和管理模式投资兴办的全国连锁大型仓储式建筑装饰材料自选超市。它以统一采购、统一营销、天天平价、一站购齐为主要特色,在建材市场尚不发达的中国展示了装饰建材零售业的现代形象,让顾客天天都能以低廉的价格感受现代商业文化的氛围。

东方家园经营的商品共分为十大部类,即木材、建材、墙地面覆盖材料、油漆涂料、五金工具、管材管件、电工电料、灯具、园艺、厨卫用品,商品品种多达3万~5万种,家庭装饰装修所需材料在这里都能一次购齐。

东方家园的运营模式是:在总部设立一个采购中心,按上述十大部类分工,精选全国各名牌产品供货商,以统一采购的方式,杜绝了劣质和假冒产品,同时也为消费者争取到最优惠的价格,让消费者在产品质量价格和售后服务上放心。东方家园的商品全部放在货架上展示,由顾客自由选购。

东方家园的营运特色是:店址选择在交通方便的城郊结合部,店面整洁,宽敞明亮,且不刻意豪华装饰。对每一个店的建设力求规模宏大,每家标准店的营业面积均在3万平方米以上,室外停车场也不少于1万平方米。店内所售商品种类达3万~5万种,且所有商品直接向制造厂家采购,摈弃一切中间环节。

东方家园的经营目标是:连锁化规模经营,采用统一标识、统一进销和统一管理,以高品质的商品和优质的服务树立东方家园的服务品牌和整体形象。

三、东方家园的电子商务开展

自2002年下半年开始,在东方家园高层领导的战略决策下,组建电子商务公司,开发电子商务业务。当时的工作思路是:在东方家园家居建材连锁业核心业务基础上,利用互联网电子商务技术手段,围绕整个建材商品供应链体系,开发B2B、B2C为主体的电子商务模型,为供应商及终端消费者提供在线交易及信息服务,为东方家园的发展注入创新活力,提供新的发展机会。经过几年的努力,东方家园电子商务成功地实现了家园与供应商之间、东方家园与消费者之间的网上互动和电子化交易处理,促进了东方家园实体业务的发展。同时电子商务的发展也取得了明显的收益,5年累计实现利润1700万元。

（一）供应链管理系统

东方家园电子商务供应链管理系统建立在企业 ERP 系统之上，运用互联网技术扩展了企业 ERP 系统的功能，实现了零售企业内部信息与上游供应商企业之间的信息共享。东方家园的供应商在该系统的帮助下，不仅可以轻松地完成工作流程自动化，而且能有效地实现与东方家园的信息沟通，加速物流、资金流的运转，降低运营成本，使企业的整体工作效率和质量大大提高，促进了供应链总体成本的降低。供应链管理运营数据见表 1。目前供应链管理系统主要提供以下三项功能。

1. 网上订单

通过供应链管理系统，采购人员在完成订单之后，电子商务系统会把订单自动发布到互联网上，供应商通过自己的用户名和密码就可以方便地查询、下载自己的电子订单。

目前东方家园的商品采购订单已经可以全部通过互联网电子商务平台下达，供应商从东方家园网站可及时获得标准的商品采购和门店补货订单，极大地提高了供应商获取订单的效率，缩短了备货时间，提高了信息的准确性，完善的后台通知系统还可通过手机短信方式提醒供应商及时查询新订单，保证供应商及时地获取订单。如图 1 所示。

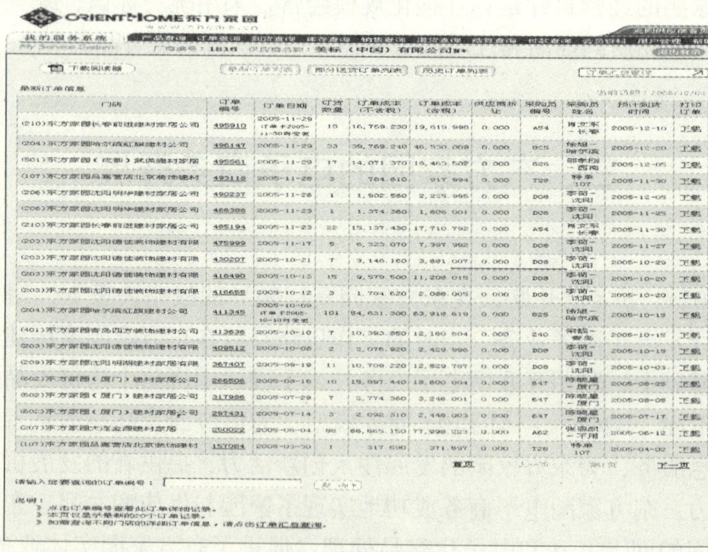

图 1　网上订单

资料来源：东方家园网站。

2. 零售信息查询

B2B 电子商务平台提供的“一对一”查询服务，为供应商提供了极大的便利。借助电子商务供应链管理系统，东方家园与供应商共同分享库存及销售信息，供应商可以主动参与门店库存及销售业务的管理，不但可以根据情况及时进行补货，供应商还会想尽办法将自己商品的库存控制在合理水平，协助零售商进行库存管理。目前可以提供的零售信息查询功能包括：销售查询、库存查询、收货查询、退货查询及商品信息查询。如图 2 所示。

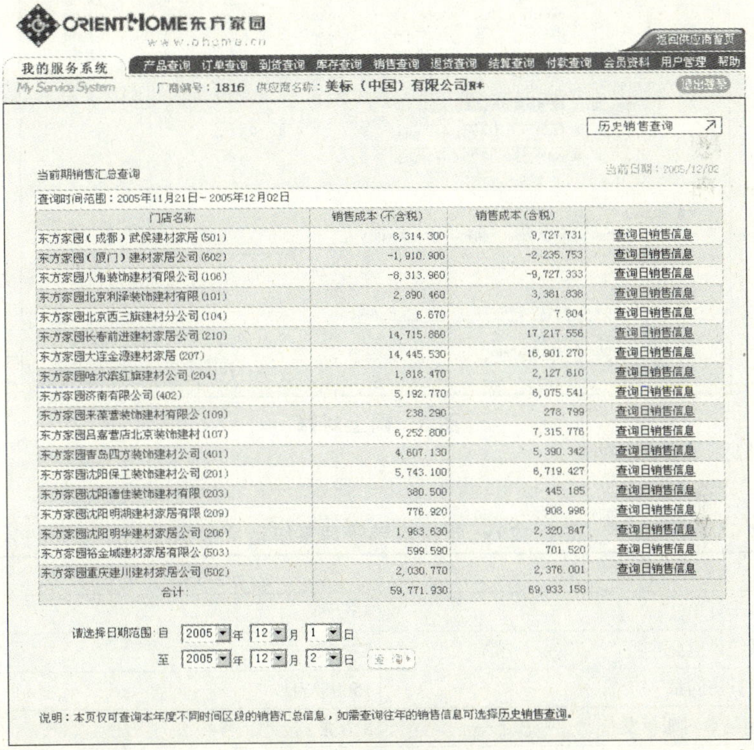

门店名称	销售成本(不含税)	销售成本(含税)	
东方家园(成都)武侯建材家居(501)	8,314.300	9,727.731	查询日销售信息
东方家园(厦门)建材家居公司(602)	-1,910.900	-2,235.753	查询日销售信息
东方家园八角装饰建材有限公司(106)	-8,313.960	-9,727.333	查询日销售信息
东方家园北京利泽装饰建材有限(101)	2,890.460	3,381.838	查询日销售信息
东方家园北京西三旗建材分公司(104)	6.670	7.804	查询日销售信息
东方家园长春前进建材家居公司(210)	14,715.860	17,217.556	查询日销售信息
东方家园大连金源建材家居(207)	14,445.530	16,901.270	查询日销售信息
东方家园哈尔滨红旗建材公司(204)	1,818.470	2,127.610	查询日销售信息
东方家园济南有限公司(402)	5,192.770	6,075.541	查询日销售信息
东方家园来葆营装饰建材有限公(109)	238.290	278.799	查询日销售信息
东方家园吕嘉营店北京装饰建材(107)	6,252.800	7,315.776	查询日销售信息
东方家园青岛四方装饰建材公司(401)	4,607.130	5,390.342	查询日销售信息
东方家园沈阳保工装饰建材公司(201)	5,743.100	6,719.427	查询日销售信息
东方家园沈阳德佳装饰建材有限(203)	380.500	445.185	查询日销售信息
东方家园沈阳明湖建材家居有限(209)	776.920	908.996	查询日销售信息
东方家园沈阳明华建材家居公司(206)	1,983.630	2,320.847	查询日销售信息
东方家园裕金城建材家居有限公(503)	599.590	701.520	查询日销售信息
东方家园重庆建川建材家居公司(502)	2,030.770	2,376.001	查询日销售信息
合计:	59,771.930	69,933.158	

图 2 零售信息查询

资料来源：东方家园网站。

3. 网上对账

准确、详尽的结算查询以及网上对账，减少了东方家园和供应商之间的烦琐的传真和电话通知工作，节约了成本；通过结算查询，供应商可以全面地了解东方家园的业务运作，使东方家园结算工作在供应商面前变得更加透明。不同类型的供应商（经销和代销）可以根据自己的特点综合使用上述查询功能来完成对账工作。该系统直接针对现有流程，意在缩短物流和资金流的周转周期，加快供应商和东方家园的资金以及库存的运转速度。如图 3 所示。

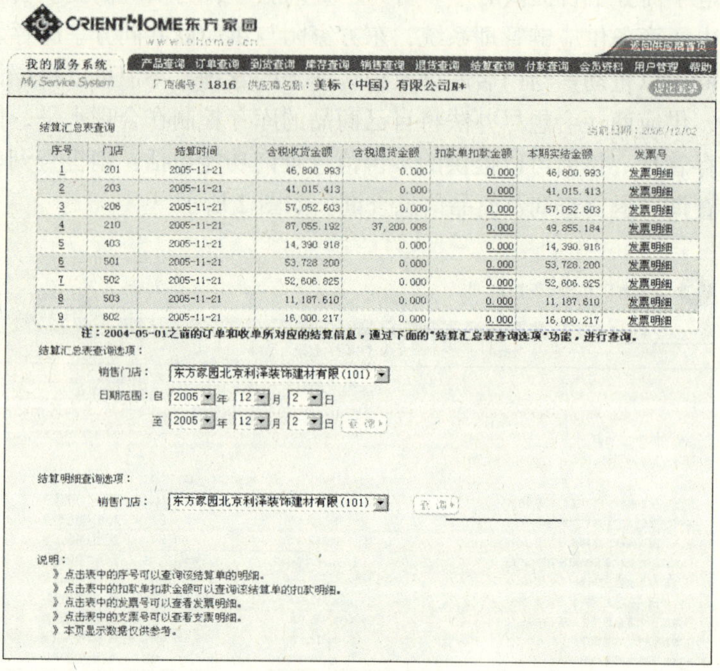

图 3　网上对账

资料来源：东方家园网站。

表 1　20××年供应链管理系统运营数据

项　　目	数　　量
发送电子订单	46 万张
使用系统供应商	570 家
供应商日访问量	1500 次/日
经/代销结算对账单发布	8 万张
发票通知	7000 条
付款通知	23 万条
2007 年收取会员服务费	443 万元

资料来源：东方家园。

（二）网上 B2C 销售业务（见图 4）

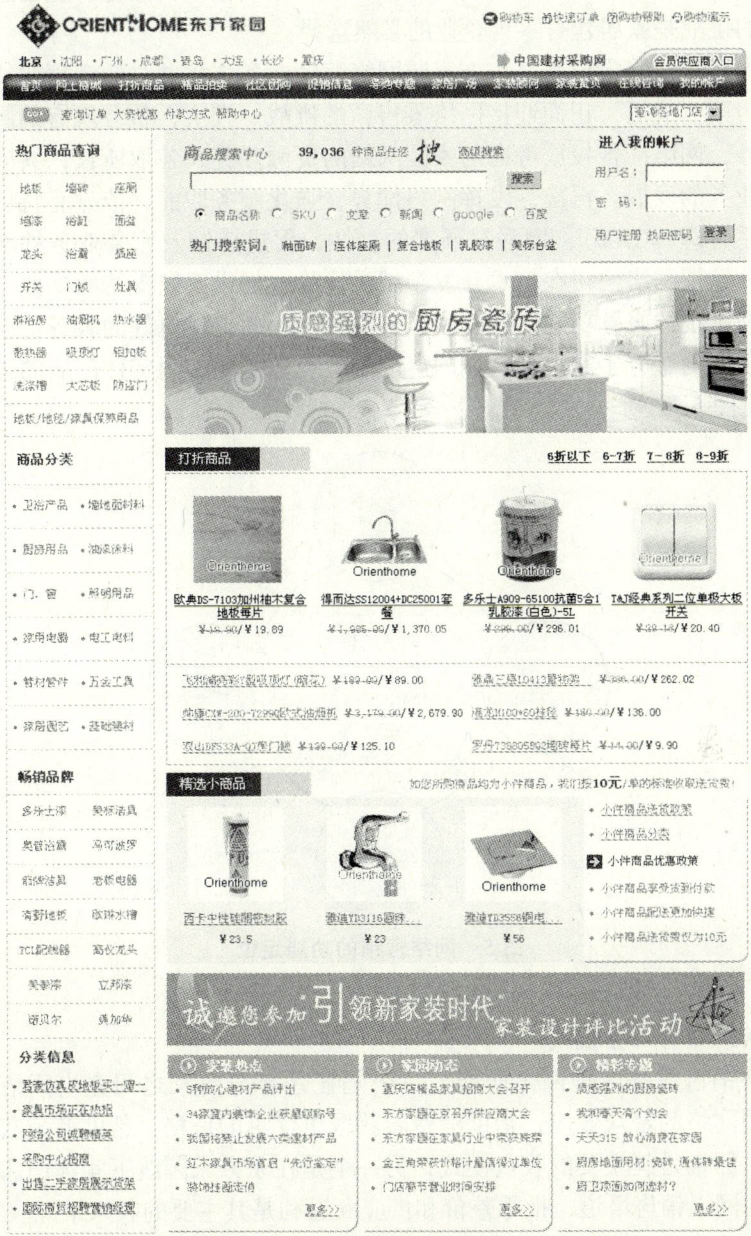

图 4 网上 B2C 销售业务

资料来源：东方家园网站。

1. 东方家园网络营销的功能定位

互联网用户群体快速增长，建材家居行业网络零售商以咄咄逼人的发展态势逐步蚕食着建材家居零售商的市场份额。开拓网上销售渠道，正面迎接网络零售商的挑战是家居建材零售企业的必然选择。

首先，从战略定位上，东方家园网络营销业务强化独立的销售职能，开辟网上销售第二战场，正面迎接网络零售商的挑战。其次，整合现有的网络营销推广业务，网络广告投放考虑与家园网站的资源互补，各取所长，共同促进实体店铺业务的发展。再次，发挥网络优势，强化服务职能，依靠有特色的网上客户关系管理（CRM），增强对顾客的黏性，促进店铺及家装业务的增长。最后，充分发挥网络公司在技术开发领域的优势，提供系统支持的功能，深化供应链管理系统的服务功能，协助家园采购为供应商提供更好的服务；同时进一步完善现有的服务于家装公司和门店的外挂业务系统，为实体门店的发展做好服务。见图 5。

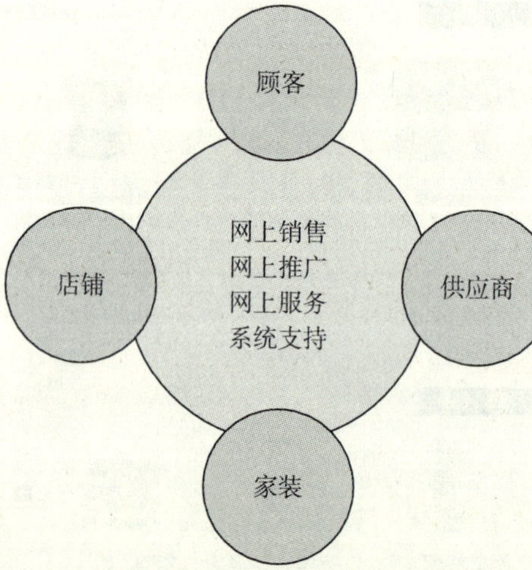

图 5　网络营销的功能定位

资料来源：东方家园。

2. 网上销售业务模式

网络销售业务体现两个职能，一个是在顾客与商家之间充当网络购物代理，利用网络的聚众效应，帮助消费者获取更优惠的价格，帮助商家获得更多的订单，佣金是其主要的收入模式；另一个是在东方家园线下实体门店之外建立独立的网上销售渠道，批零差价和供应商返利是其主要的收入来源。

开展独立的网络零售业务必须强调网络公司在整个销售价值链中的主导地位，改变对门店的依存状态，从政策上改变过去的种种限制。定价策略以市场为导向，体现竞争力；推广策略上避免和门店冲突，不在实体店铺范围内进行业务推广活动，在网络市场寻找客户，一句话：店铺的归店铺，网络的归网络。但在开展销售业务时，有意识地引导顾客在店铺消费，充分发挥多渠道营销优势，促进线上、线下业务共同发展；在商品采购供应链环节，把供应商和店铺同时当作采购资源，以利益最大化为原则，最大限度地降低供应链成本，创造更多的利润空间；在服务方面发挥东方家园实体店铺的优势，结合供应商服务体系，让顾客充分享受便捷、快速的服务。总之，网上销售业务和门店应当是一种既相对独立又互为补充、既存在竞争又相互合作的业务模式，共同促进家园业务的发展。

具体的销售模式以点、线结合的形式为主，所谓线是指常规 B2C 销售形式，点是指定期举行的大规模团购集采活动。

• 常规 B2C 销售形式

B2C 销售业务中网络公司充当网络零售商的角色，商品、价格、服务是成功的关键。

B2C 销售应尽量发挥网上及其他非店铺低成本营销模式的特色，压缩供应链成本，以价格取胜，同时发挥其品牌的关联影响力，通过与实体门店的合作，提升服务质量，以体现差异化竞争优势。销售流程见图 6。

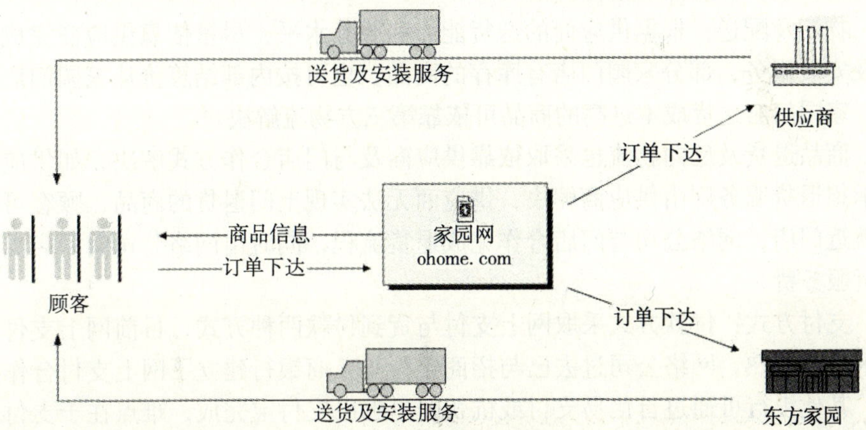

图 6 B2C 销售流程图

资料来源：东方家园。

销售平台：网上销售 + 电话客服接单 + 目录销售。根据顾客喜好，同时提供网上下单和电话坐席接单形式，所有订单将同时汇总到后台订单处理系统。定期邮寄商品目录，全方位覆盖用户群体。

商品品类：确定适合网上销售的商品品类是成功的关键，应选择标准化商品、与门店差异化商品、小件易配送商品、相对不易购买的专业性商品、价格相对便宜的商品等。选择标准化商品是为了在顾客做出购买决定时尽量降低未接触实物产生的购买风险，对于颜色、质感、质量实物感知性强的商品不宜在网上销售；由于网络展示空间的无限性，网上商品类别可选择尽可能多的长度和宽度，这与实体店面的空间管理有很大区别。网络空间的无限性，产生了“长尾理论”，单一门店覆盖范围内由于购买力不足，无法销售的商品，在网络空间范围内聚集起的购买力，反而形成了网络营销的主流商品，2/8 原则被颠覆，因此非主流，平时不易买到的商品，在网络营销中应受到重视；考虑到送货成本及国内物流配送的水平，尽量选择小件易配送商品；选择门店差异化商品是为了尽量避免和门店竞争，在品牌的差异化、品种的差异化上做文章。综上，考虑如下品种类型：卫浴商品、浴室配件，厨房用品，五金商品，标准灯具，电工电料，家居用品，户外用品，小家电，家具……

商品采购：东方家园的采购资源是家园网络营销业务依托的重要资源，也是核心竞争力之一。根据品类规划及采购战略确定商品的采购计划，引进 100~200 家供应商及 3000 种商品。由于网络营销无须实体门店，采取免除进店费和任何附加费用，即时付款等政策，获取比实体门店更低的采购价格，以获取更大的利润空间和更低的销售价格。

物流及配送：根据供应商的送货能力和服务水平，尽量依靠供应商完成送货及安装服务，部分家园门店有库存的商品，也可按内部结算价从家园门店供货，家园门店送货成本过高的商品可依靠第三方物流解决。

商品退货及反向物流也采取依靠供应商及与门店合作方式解决，如供应商可承担退货服务则由供应商解决，供应商无法实现上门退货的商品，顾客可选择就近门店，网络公司与门店合作完成退货流程，同时由网络公司向门店支付退货服务费。

支付方式：付款方式采取网上支付与货到付款两种方式，目前网上支付技术平台很成熟，网络公司过去已与招商银行及工商银行建立了网上支付合作关系，其他银行可通过首信易支付或杭州阿里巴巴支付宝完成，难点在于支付成本较高，一般为 1%~2.5%，毛利损失较高。目前国内用户比较喜欢货到付款方式，对顾客而言规避了风险，对商家而言减少了支付成本，所以初期也可广泛采取这种方式。

• 定期团购活动

团购业务中网络公司充当顾客购买代理角色。见表 2 及图 7。

团购活动的本质是“小批发”的概念，一定时间内具有相同购买意向的消

表 2　团购活动中相关角色的贡献和利益

角色	贡　献	利益
顾客	参与活动	享受更大折扣
网络公司	聚集顾客、组织活动	佣金
店铺	品牌信誉、商品展示、组织活动、售后服务	销售额
供应商	价格折扣、送货安装服务	获取更多订单

资料来源：东方家园。

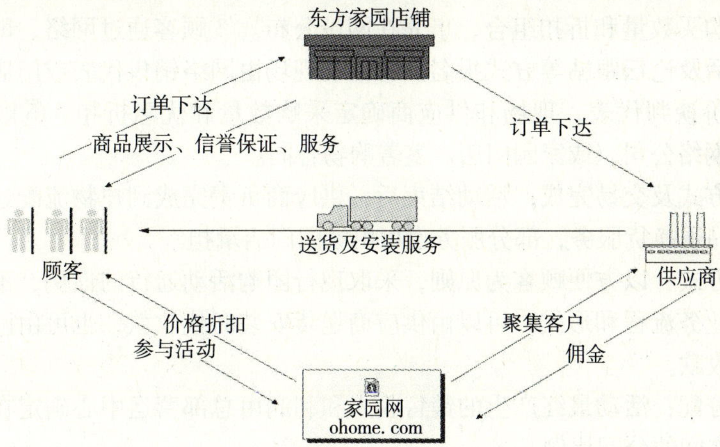

图 7　团购业务利益关系示意图

资料来源：东方家园。

费者聚集起来，共同向商家发出采购要约，以获得更低的价格。商家因为可一次完成较大的出货量，减少库存成本，加速资金周转，所以欢迎这种购买形式，也愿意以更低的价格供货。团购业务的关键之一是聚集顾客，在互联网之前很难找到一种交互式渠道和平台把具有相同购买意向的顾客聚集起来，网络时代，作为一种销售模式创新，团购很快流行起来，消费者不再是一个单一的个体，而是组织成一个有力量的群体和商家对话。

团购活动另一个成功的关键是价格折扣能否达到顾客的心理预期。东方家园过去也曾组织过各种形式的团购活动，但多是以家园面对团购客户，以牺牲毛利给顾客让利。由于市场竞争的需要，家园很多商品毛利空间并不高，与市场上的团购活动相比，优惠幅度不高，因此为了把业务做得更大，必须让供应商参与到游戏之中。

相反，对比家居易站的模式，尽管从一开始就抛弃了中间的零售环节，顾客直接面对供应商，但由于家居易站是纯网络经营，缺乏实体店面支持，在商品展示、完善的服务方面缺乏操作平台，这是它们短期难以克服的弊端。而家园如能探索出一个网络渠道 + 门店 + 供应商三方互动，发挥各自优势的平台，将成为网络团购未来的发展方向。

组织团购活动，也可不局限于家园现有经营的商品和供应商，根据顾客的需要及市场竞争的要求，合作商家的范围也可扩大到家园以外。

活动的组织方式：①每次团购活动可分为多品牌的大型综合团购活动及特定品牌的产品系列团购，时间间隔可确定为每周或每两周一次，举办的地点建议选择交通便利的东方家园门店。②实现确定参与活动的商品品牌及供应商，确定购买数量和折扣组合，事先在网站公布。③顾客通过网络、即时通信工具、电话及论坛跟帖等方式报名。④活动现场由网络销售代表或门店业务人员充当砍价谈判代表，现场和供应商确定采购数量和优惠折扣。⑤顾客缴纳订金并与网络公司（或家园门店）签署购物合同。

送货方式及交易完成：活动结束后，供应商负责完成到户物流配送、安装服务及商品退换货服务，部分服务也可由家园门店承担。

支付方式：以方便顾客为原则，采取现行团购活动通行的惯例，不拘泥于家园现有业务流程和形式，可以由供应商送货安装时代收款，也可由网络公司或门店预收款。

收入分配：活动最终产生的销售收入和利润由总部营运中心确定在网络公司和门店之间的分配比例。

团购活动推广方式：市场推广围绕两个工作重点，一是打造一个网络团购品牌，以东方家园 10 年老店的信誉 + 精品服务质量 + 网络低价格作为品牌内涵，吸引顾客；二是针对每次活动开展事件营销。根据每次团购活动的特点，提前在大型门户网站做推广，也可利用电子邮件、手机短信及搜索引擎做精准营销，把团购信息直接发给目标客户群体。同时在家园网站及专业门户网站配发软文，以典型案例的方式，介绍客户从团购活动中获得的利益，以吸引更多用户的参与。

（三）网站信息内容建设

网站信息内容建设的目的是通过专业性的信息内容吸引顾客访问，提升东方家园品牌形象，让顾客通过网站获取更专业的知识，引导顾客到家园门店购买商品，并提供在线客户服务。

目前网站信息内容结构主要分为：网上商城、促销打折、促销信息、导购专题、靓丽家居、家装顾问、建材视频、装修咨询等栏目。

网上商城：将家园十大部类商品按照消费者消费习惯，在后台重新分类，分为卫浴产品 、墙地面材料、 厨房用品、油漆涂料、门、窗、照明用品 、家用电器、电工电料、管材管件、五金工具、家居园艺、 基础建材等十三大类，每个大类下分二级商品及品牌分类，方便消费者查询和比较研究商品。目前网站数据库中共有图文并茂的商品信息 6 万余件。计划再增加商品信息 3000 件。

促销打折：每天系统自动将网站商品数据库中的打折商品按照商品分类、品牌以及折扣数等进行展示，方便消费者查询。

促销信息：门店促销信息及活动发布，目前已经发布了 60 余期的门店促销信息，共 700 余页的促销信息内容。

导购专题：以专题的形式，结合家装市场季节、时尚潮流等因素，多角度地提供专业产品信息以及资讯内容的导购信息，为消费者在选购专业产品及了解家装时提供帮助。目前网站已经制作 80 余期专题，计划将结合视频、图文信息以及论坛等形式制作整合 18 期内容。

靓丽家居：以图库、精彩 slide、每月赏析、游历美居、人与家的故事等时尚精彩内容提供消费者家居灵感，该栏目侧重家居生活，其中部分内容为网站翻译国外的原创文字。该频道目前图库内容在 5000 张以上，信息内容在 4500 条以上。

家装顾问：装修流程、装修陷阱、购买方法、施工方法、用料计算器、法律法规一应俱全，是家庭装修的全程资料库。该栏目侧重家装施工的内容，目前信息内容在 7000 条以上。

建材视频：采用视频的形式，将东方家园施工工艺规范、商品选购等内容拍摄成 DV，并进行后期编辑、配音等。使消费者更直观地感受和了解工艺以及商品知识。目前该栏目共有 23 个视频，2009 年计划再增加 30 个视频。

装修咨询：建材选购、设计施工等分论坛的设立，由产品编辑和设计施工编辑每天回复消费者提出的问题，帮助消费者答疑解惑。

丰富的网站内容吸引了大量访客，从 2003~2007 年，家园网站每年访客平均增长量都接近 100%，2007 年每天平均访客数量达到 48347 人。如图 8 所示。

(四) 服务于家园店铺的网络推广及网上客服

配合东方家园总体营销策略，家园网站可充分利用自身优势，通过网站内容建设，吸引更多的网上客户，为家园销售业务增长作贡献。

1. 网络推广

(1) 商品数据库精准营销。经过多年努力，目前家园网站商品数据库累计

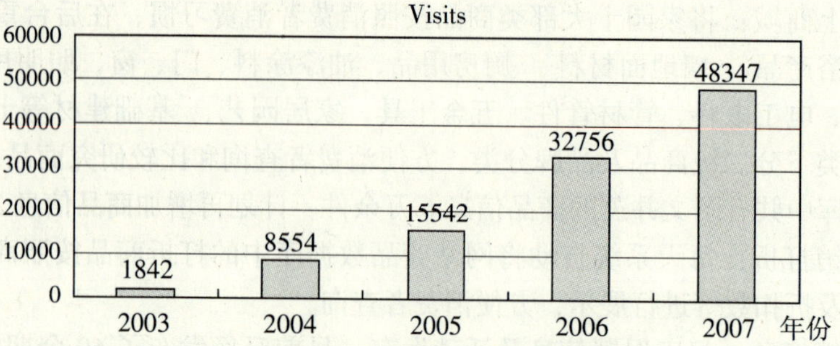

图 8　2003~2007 年网站日访客数量统计

资料来源：东方家园。

已超过 6 万件，根据库存变化情况，实际静态展示数量大约 1~2 万件/日，居国内家居建材类网站之首。有购买意向的顾客通过搜索引擎搜寻商品，可以很容易地被引导到东方家园网站，进而通过库存检索被引导到门店购物。根据统计，每天有将近 4 万个访客通过家园网站了解家园商品信息。见图 9。

过去东方家园网站利用商品数据库的资源优势曾成功地与新浪房产、搜房网、新华网进行过合作，今后还应扩大这种类型的合作。

（2）集成多媒体技术的网络电子杂志。电子杂志是集成了视频、音频、动画、文字等多种多媒体技术的网络刊物，下载方便传输灵活，与传统的纸质 DM 单等媒介相比，声情并茂的电子杂志更易赢得消费者喜爱。电子杂志作为软性媒体，既可用来宣传“新家园新生活”的美好形象，树立品牌，也可通过专业知识传播吸引消费者。网络公司自 2008 年开始已制作 4 期网络电子杂志，2009 年将会有 24 期发布。

（3）家装视频内容。针对用户对家装业务不熟悉的情况，充分利用互联网视频技术，将东方家园精品家装过程按阶段拍成视频内容，配合文字和图片制作专题，让顾客对家园的装修质量有更深的了解和信赖。一部好的视频内容胜过无数句空洞的口号。

（4）互动社区。构建互动社区，实时与网友交流，安排专家在线回答网友问题，从而增强网站的黏性，为家园吸引更多的顾客。

实现家园网站内容和大型门户网站促销的有机整合是 2009 年网络营销工作的重点，点面结合，以点带面，从内容影响力的深度和广度两方面来推广家园品牌及服务。

2. 网上客户服务

根据在东方家园购物的不同阶段，提供网上客户服务，让顾客在不同营销渠道都能享受到良好的购物体验。

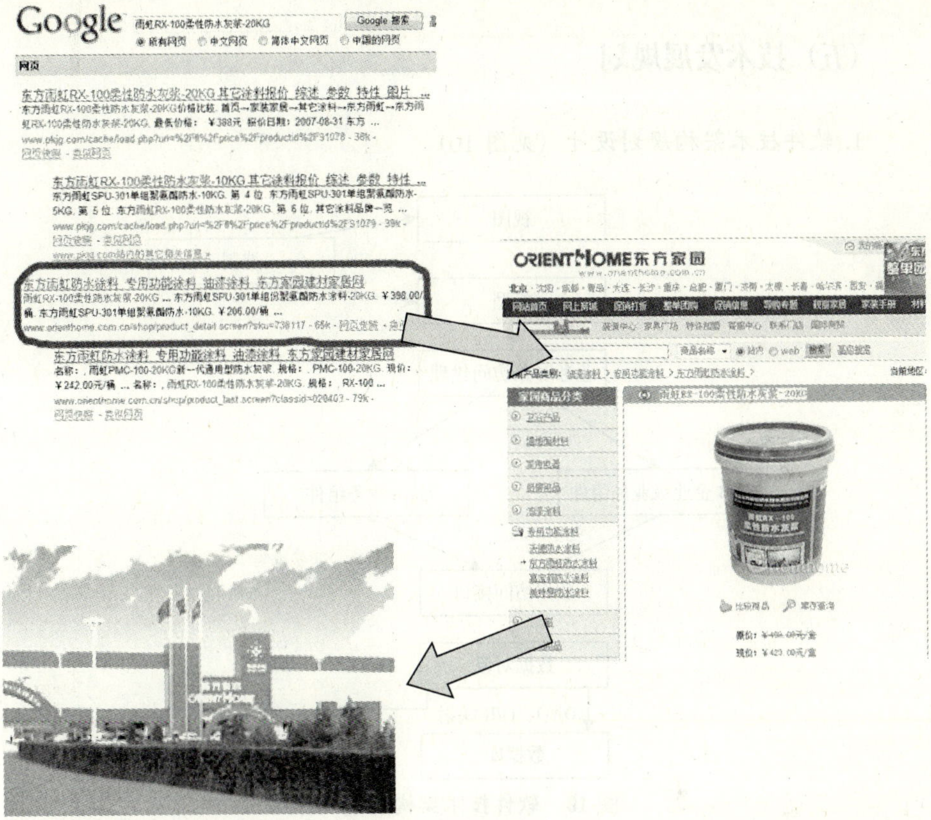

图 9 网络推广

资料来源：东方家园。

售前阶段：在顾客进行购买决策之前，通过互联网为顾客提供详细的商品介绍、商品参数的对比分析功能、家装专业知识、视频商品介绍等服务，辅助顾客作出决策。

购买阶段：提供门店库存检索查询，帮助消费者选择最近的店铺；同时提供在线导购服务。

售后阶段：提供网上送货服务查询，准确了解送货信息，必要时可提供短信提醒功能；购物卡积分查询功能，便于消费者了解积分状况；网上客户投诉功能保证在第一时间内及时解决购物纠纷。

网上个性化服务：利用互联网技术提供个性化服务，是网站的一大特色功能，结合家装服务，网站可在顾客装修的不同阶段主动为顾客提供信息服务，如根据施工所处的不同阶段，可主动提供相关商品的优惠信息，施工验收的相关信息等。

(五) 技术发展规划

1. 软件技术架构规划设计（见图 10）

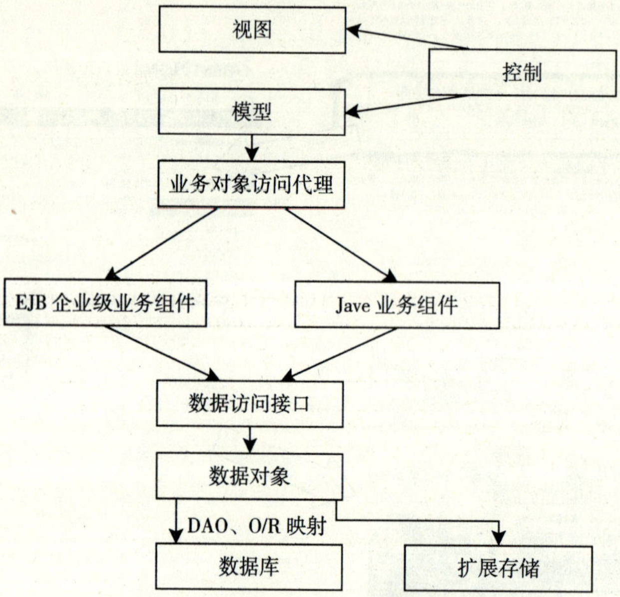

图 10　软件技术架构规划设计

资料来源：东方家园。

WEB 层采用基于视图—控制—模型（MVC）设计模式的 struts 框架，该框架主要由三部分构成：

(1) 视图：处理用户界面显示逻辑。

(2) 控制：接收用户输入请求，决定程序流向。

(3) 模型：封装请求处理逻辑，调用业务组件相关商业逻辑。

逻辑层采用前端设计模式，由业务前端访问代理与两类业务组件所构成。其中：业务组件前端访问代理：代理各类业务组件访问请求；EJB：封装业务处理逻辑，作为分布式计算解决方案使用，具有良好的扩展性；JavaBean：封装业务处理逻辑，作为常规计算使用。

数据层使用 DAO 与 O/R 映射两种数据库访问模式，对数据库进行访问与持久化操作。其中：数据访问接口：承担数据访问代理职责；数据对象：业务数据的载体，并提供相应的数据操作；数据库：提供数据持久化与数据管理功能；数据文件：提供数据持久化功能。

2. 硬件技术平台架构规划设计

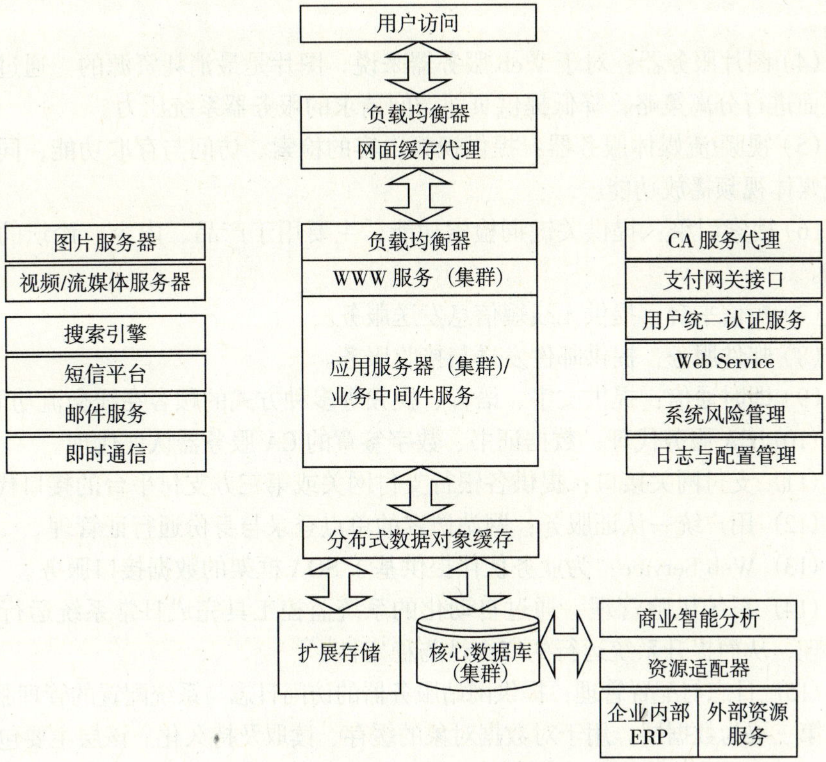

图 11　硬件技术平台架构规划设计

资料来源：东方家园。

网站硬件体系结构根据各子系统的职责与作用划分为三层，分别为缓存层、应用层、数据层。见图 11。

第一层为系统级缓存层，通过页面缓存技术提升网站的访问响应能力。该层主要包括：

（1）负载均衡器：用于解决高负荷访问和大量并发请求。

（2）网页缓存代理：通过访问代理与页面缓存技术，大幅度提升网站的访问响应能力。

第二层为应用层，主要用于接收用户请求，并根据请求类型进行业务逻辑处理或提供相关服务。该层主要包括：

（1）负载均衡器：用于解决高负荷访问和大量并发请求。

（2）WWW 服务器：接收用户请求，对请求作出应答。

(3) 应用服务器：提供脚本引擎、EJB 容器、消息队列、数据库连接池等系统级基础设施服务。调用与执行各业务组件中的商业逻辑，完成各项操作请求。

(4) 图片服务器：对于 Web 服务器来说，图片是最消耗资源的。通过图片与页面进行分离策略，降低提供页面访问请求的服务器系统压力。

(5) 视频/流媒体服务器：提供视频内容的检索、访问与存取功能，同时提供流媒体视频播放功能。

(6) 搜索引擎：提供关键词检索功能，主要用于产品、内容、论坛的模糊查询。

(7) 短信平台：提供无线短信息发送服务。

(8) 邮件服务：提供邮件发送与接收服务。

(9) 即时通信：提供文字、语音、视频等多种方式的顾客在线交流功能。

(10) CA 服务代理：数据证书、数字签章的 CA 服务器认证代理。

(11) 支付网关接口：提供各银行支付网关或第三方支付平台的接口代理。

(12) 用户统一认证服务：网站访客的单点登录与身份通行证管理。

(13) Web Service：为业务伙伴提供基于 SOA 框架的数据接口服务。

(14) 系统风险管理：通过自动化的系统监控工具完成日常系统运行风险的管理，从而提升系统运行的安全性与稳定性。

(15) 日志与配置管理：提供网站服务器的访问日志与系统配置的管理服务。

第三层为数据层，用于对数据对象的缓存、读取及持久化。该层主要包括：

(1) 数据对象缓存：对多种类型的数据对象在内存中进行缓存，提高数据访问效率，降低数据库访问压力。

(2) 数据库集群：提高数据库安全性和数据集可扩性，有效地解决数据库性能“瓶颈”问题。

(3) 扩展存储：文件服务器等。

(4) BI 商业智能分析：针对历史数据进行智能分析，预测销售与购买趋势，帮助经营者及时准确地作出决策。

(5) 资源适配器：提供外部系统接口的适配器功能。

(6) 内部 ERP 系统与 EIS 系统。

(7) 网站外部系统。

3. 网站服务器及网络系统结构规划

见图 12。

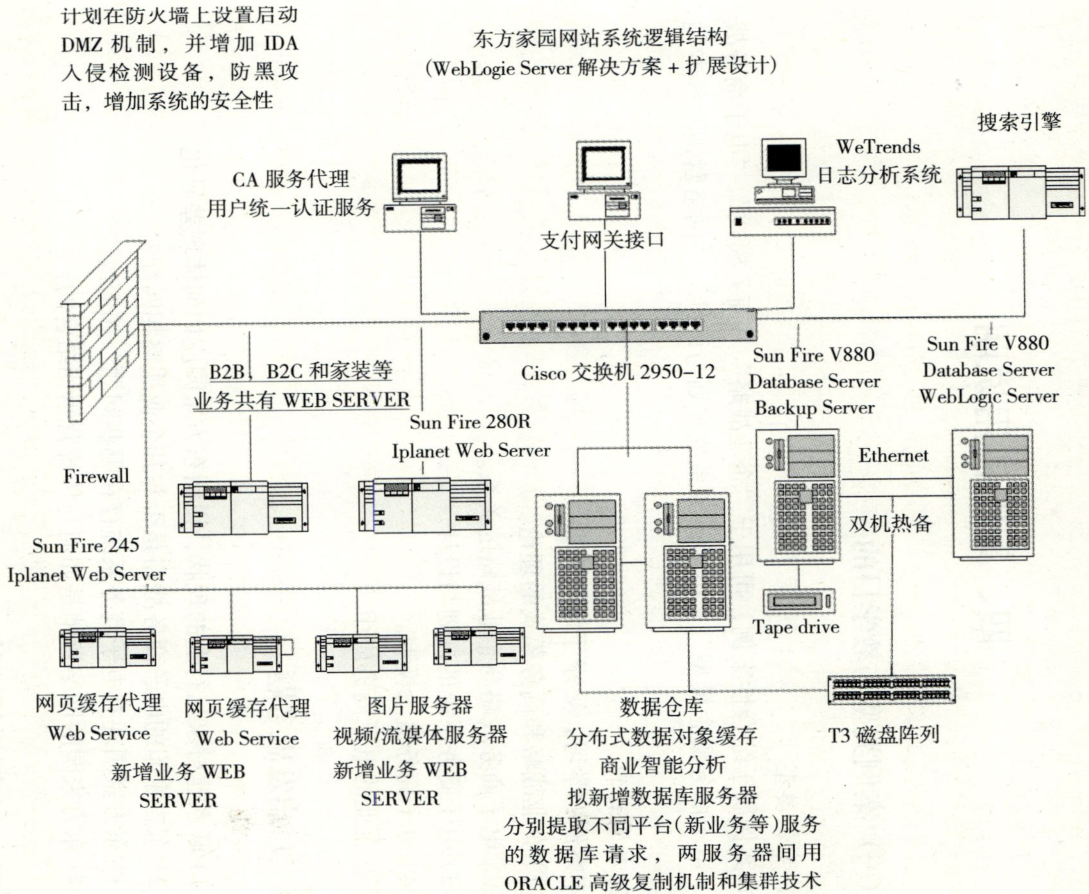

图 12　网站服务器及网络系统结构规划

资料来源：东方家园。

四、案例使用说明

（一）案例类型与教学目的

1. 案例类型

本案例属于综合性案例，可用于“企业战略”、“商务模式”、“电子商务战略”、“电子商务概念模型”、“电子商务系统规划与设计”、“网络营销”等专题讨论。

2. 教学目的

本案例的学习，要求了解和掌握：

(1) 企业战略和商务模式的理论。

(2) 电子商务战略与企业战略的关系。

(3) 电子商务系统的规划与设计。

(4) 电子商务概念模型。

(5) 企业的电子商务应用。

（二）启发思考题

(1) 联系建材家居行业的现状，说明东方家园应如何体现差异化。

(2) 东方家园的电子商务战略是否与其企业战略相匹配？

(3) 东方家园现有电子商务系统存在哪些问题？如何改进？

(4) 东方家园的网络营销是如何与传统营销相结合的？

（三）案例分析路线

东方家园所处的行业分析→东方家园的企业战略→东方家园的商务模式选择→东方家园的电子商务战略→东方家园电子商务系统的规划与设计→东方家园的电子商务应用。

（四）理论要点

（1）企业战略和商务模式理论。

（2）电子商务战略。

（3）电子商务系统规划与设计理论。

（4）电子商务概念模型。

（5）网络营销理论。

（五）参考资料

（1）路红艳：《国外家居建材市场发展的主流形式和态势分析》，《建材发展导向》，2005（6）。

（2）霍庆民：《家居建材商业模式研究》，对外经济贸易大学 EMBA 论文，2007（4）。

（3）任永光：《我国建材家居连锁超市的营销策略研究》，中国海洋大学 MBA 论文，2006（6）。

（4）虞建华：《6000 亿元的“蛋糕”重新切分？——中国家居建材市场发展态势辨析》，《中国建材》，2007（3）。

（5）章晓：《广州：电子商务成家居建材业新宠》，《中国建设报》，2008 年 12 月 31 日。

（6）李银莲：《用网络打通建材超市的供应链》，《电子商务世界》，2007（5）。

（7）《家居易站：对传统和网络的双重颠覆》，《商务周刊》，2006 年 12 月 5 日。

（8）电子商务专题：《东方家园的多渠道电子商务营销模式》，《信息与电脑》，2006（10）。

（9）http：//www.orienthome.com.cn

案例 11

SaaS 时代的全程电子商务

——金算盘软件股份有限公司的华丽转身

佘镜怀[①] 刘古权[②] 刘 婧[③] 郭英华[④] 祁 硕[⑤]

摘要：SaaS 作为新兴的软件提供模式，成为了对传统套装软件提供商的一种有力的竞争模式，同时，也为其提供了一种可供选择的业务转型模式。金算盘软件股份有限公司从传统软件供应商成功地转变为基于 SaaS 模式的全程电子商务服务提供商，为企业特别是软件提供商提供了战略决策转移的典型案例。本案例的研究有助于深入了解 SaaS 模式在我国发展的状况以及存在的利弊，通过了解金算盘公司业务发展的关键因素，判断基于 SaaS 模式的发展策略。

关键词：SaaS 模式　全程电子商务　金算盘公司

一、金算盘软件股份有限公司概况

(一) 公司背景

金算盘软件股份有限公司（以下简称金算盘）是国内知名的企业管理软件

① 佘镜怀：首都经济贸易大学工商管理学院副教授，博士后。
② 刘古权：金算盘软件股份有限公司副总裁，博士。
③ 刘 婧：首都经济贸易大学工商管理学在读硕士研究生。
④ 郭英华：首都经济贸易大学工商管理学在读硕士研究生。
⑤ 祁 硕：首都经济贸易大学工商管理学在读硕士研究生。

及电子商务服务提供商，公司创立于 1992 年 12 月，总部设于中国重庆市，在北京、上海、广州、成都、西安、沈阳、武汉等地拥有 40 多家分支机构，与近千家中外知名机构建立了战略合作关系，业务范围和服务能力可以覆盖世界各地。

金算盘“金色快线”服务品牌有口皆碑。在权威机构的全国性用户调查中，金算盘用户忠诚度多年名列第一，多次被评为“全国用户满意企业”。金算盘的愿景是成为全球领先的电子商务服务提供商，成为互联网时代最受用户尊敬的软件公司之一。

（二）金算盘发展历程

1992 年 12 月，金算盘软件有限公司成立。

1994 年 7 月，推出中国第一个 Windows 版财务软件。

1997 年 10 月，金算盘财务软件通过国家财政部评审。

1999~2005 年，ERP 软件提供商。

1999 年 6 月，发布金算盘第一个 ERP 产品——8e/ERP。

2002 年 6 月，推出国内第一个管理软件平台——金算盘 VP。

2002 年 7 月，用户忠诚度跃居国内第一。

2003 年 3 月，产品竞争力跃居国内第一。

2003 年 3 月，市场占有率跃居国内第三。

2006 年至今，全程电子商务服务提供商。

2006 年 7 月，发布国内第一家全程电子商务平台——金算盘 72ec。

2006 年 12 月，金算盘亿禧网（www. 72ec. com）被评为“2006 年最值得关注商业网站”。

2007 年 1 月，获得“2006 年度中国信息产业中小企业最具应用价值产品”称号。

2007 年 4 月，通过 CMMI 4 级的正式评估。

2007 年 12 月，承担国家“863”科技攻关项目。

2008 年 3 月，“金算盘”商标正式成为全国驰名商标。

从发展历程看，金算盘大体经历了三个阶段：第一阶段：1992~1998 年，财务软件提供商；第二阶段：1999~2005 年，ERP 软件提供商；第三阶段：2006 年至今，全程电子商务服务提供商。由此，金算盘已完成了从 ERP 套装软件提供商到基于 SaaS 模式的全程电子商务服务提供商的转型。

(三) 金算盘主要业务

金算盘主要致力于通过互联网和移动通信网向用户提供集 ERP 功能和电子商务功能于一体的全程电子商务服务，金算盘的目标是通过互联网、移动通信等先进 IT 技术，帮助成长型和成熟型中小企业优化业务流程、创新经营模式，从而提升整体运营效率和竞争能力。金算盘不仅擅长向单一企业提供服务，而且擅长向由多个单一企业构成的供应链（指由供应商、制造商、销售商和最终客户构成的价值链）提供服务，尤其擅长向处于全球供应链之中的优秀企业提供服务。

金算盘产品素以品质优异而著称。早在 1998 年和 1999 年就连续两年获得商务软件和财务软件评测全国冠军。2003 年获得平台型 ERP 产品竞争力全国第一的桂冠。2004、2005、2006、2007 年度，金算盘 ERP 软件连续四年被推荐为中小企业信息化采购首选品牌。2006 年金算盘亿禧网（www. 72ec. com）被评为“最值得关注商业网站”，金算盘全程电子商务平台被评为“中国信息产业中小企业最具应用价值产品”。目前，金算盘的产品与服务已经成功得到超过 20 万家用户青睐，被反复证明是国内理念最超前、技术最先进、设计最灵活、功能最实用、应用最具成效、性能价格比最优的企业信息化服务产品之一。

二、从传统套装软件厂商到 SaaS 软件运营商

(一) 金算盘传统业务

作为传统套装软件厂商，金算盘的软件产品主要分为针对中小型企业管理的 ERP-B，针对集团客户的 ERP-G 以及针对其他特定客户的管理软件。

1. 针对中小型企业管理的 ERP-B 软件

最有代表性的就是金算盘 6f，它是一套完整的企业财务和供应链管理解决方案，主要包括预算管理系统、财务管理系统、供应链管理系统、评价分析管理系统和集成应用系统。

金算盘 6f 在应用框架上分为三层。

第一层为计划、预算，决策者可以通过它在事前制订总体的运营规划，并

据此制订详细的经营预算、财务预算等，将其作为管理的目标和控制的规范。

第二层为执行应用层，是企业日常管理活动的数字化、信息化处理入口。使用者通过该层实现与系统的交流，录入各种业务数据到计算机系统，在执行日常业务处理和过程管理的同时，形成数字化信息。

第三层为评价分析层，企业管理者根据应用层加工出来的数据，通过使用预算控制、财务分析、经营分析、财务稽查、计划分析、项目管理和领导查询等工具分析各种经济活动的状况，并从中得到影响这种结果的各种因素，及时提出改善管理的方法，挖掘影响企业绩效的要素从而制订企业战略策略。

其应用特点是：金算盘 6f 是国内第一个采用数据仓库技术，提供数据挖掘工具的管理系统，强有力地支持了领导决策；高度集成，保证了数据的一致性、全面性，真正面向用户、面向应用，具有强大的适应性和易用性；具有强大的管理控制能力、数据交换功能；具有自适应的功能设置、简单的操作向导。

2. 针对集团客户的 ERP-G

ERP-G 主要包括预算管理、集团账务、资产管理、资金管理、人力资源管理等部分。

预算管理是既对支出进行有效控制，又使集团的资源获得最佳生产率和获利率的一种方法。金算盘提供了多种预算控制模式，如零基预算、弹性预算等；支持预算调整，支持多种预算方案的设置；控制方法灵活，能进行刚性和柔性等多点控制；提供集团预算的多种分析模型。使得集团预算管理与其他管理系统高度集成，实现对财务预算、资产预算、资金预算和经营预算的指导和汇总，促使集团企业合理配置资源，发挥资源最大效益。

集团账务是集团财务管理的核心部分，主要提供了集团及分支机构核算和账务控制的功能。金算盘支持集团财务数据的集中管理，可按集团组织架构实时查询数据、层层汇总数据，提供反映集团财务状况的实时数据。除此之外，它还支持集团的多组织架构体系，保障集团科目及其他编码体系、会计编码体系、岗位职责等的统一；支持数十种弹性字段设置和应用，在满足集团财务的日常核算基础上，提高集团财务核算的精细化程度；支持多项控制和稽核手段，实现全过程管理，有利于形成完善的集团财务控制。

资产，是企业重要的经济资源。金算盘资产管理将土地、房屋、办公用品、交通工具、设备、无形资产等实物或非实物资产都纳入到管理的范畴之中，提供了全面的业务处理功能。这些功能紧扣资产的生命周期，从资产的采购开始到资产的报废为止，把所有日常管理业务都纳入到了一个紧密的链条中，为资产生命周期的全貌绘制了一幅生动的画卷。其特色包括：跨越组织、层层管理，合理预算、资源平衡，全面管理、杜绝漏洞，流程定制、优化服务，条码管理、快捷准确，责任到人、权责分明。

如何解决资金沉淀，发挥资金最大效益；如何最有效地解决企业资金短缺、降低成本、规避资金风险等，是企业尤其是集团企业深切关注的焦点。金算盘资金管理系统通过对资金的事前预算编制、事中资金运营的管理和控制、事后的资金分析，配合实时监控的手段，保障集团资金高效率地运营，规避资金风险。其功能特色是支持多种集团资金集中管理模式，三种管理手段的有机融合，资金计划和预算，实时资金监控、降低资金风险，全面覆盖资金业务、保障集团资金运作，智能资金分析、实时决策支持。

金算盘人力资源管理系统是在“人是第一生产力、管理以人为本”的管理理念指导下，以人员管理为主线，在解决人员信息管理、招聘、劳动合同、教育培训、考勤休假、绩效考核、薪酬工资、保险福利、政策法规、自助服务等事务性管理的基础上，为企业提供战略管理、组织机构、招聘计划、培训计划、目标任务、薪酬计划、企业文化建设等规划人力资源和开发人力资本价值的解决之道。

3. 对于其他的特定客户

金算盘提供了具有针对性的管理软件，这也是金算盘软件的特色之一。例如，针对医院，提出了经营管理信息系统和战略绩效管理系统，系统以“两大循环、三流合一”的理念为基石，实现医院“财务成本一体化，收支考核一体化，战略绩效一体化，协作沟通一体化”四个一体化管理，有效帮助医院解决在财务管理、成本管理、预算管理、绩效考核、物资管理、资产管理等方面面临的种种难题，提高了医院的管理水平，降低运营成本，提升经济效益，从而增强医院的核心竞争力。此外，金算盘还针对各级政府财政管理部门和财政资金使用部门、行政事业单位提供了财政管理软件，以提高资源管理水平，合理调配资源，降低资金占用，实现资产保值。

（二）金算盘的 SaaS 业务——全程电子商务

金算盘全程电子商务平台——金算盘 72ec 是一个以供应链管理为核心，将电子商务和企业管理融合在一起的中小企业信息化平台，把电子商务、企业内部业务管理（供、销、存、财务、配送等）与供应商管理、客户管理连为了一体，是一种“SaaS 模式的敏捷电子供应链管理系统”。

金算盘 72ec 提供了一个“一站式”电子商务解决方案，一方面，将管理软件和电子商务进行了成功整合，在平台中嵌入了基于互联网的新型管理软件系统，将管理范畴从企业内部延伸到了企业外部的上游供应商和下游客户，形成了敏捷电子供应链；另一方面，它改造了以初级电子集市为标志的第一代电子商务，除了提供发布信息和资讯、搜索商机、即时通信和信用保障等服务外，还可提供更具客户价值的供应链整合与管理、商务协同、在线工作、物流管理等服务，形成了一个完整的、覆盖企业信息化全程的商务活动电子支持系统。

金算盘 72ec 打通了企业内外部业务流程环节，将上游供应商、企业、下游客户全程连接成闭环。该平台采取 SaaS 的模式向客户提供产品，通过通用的软件平台向用户提供各种专业服务。

通过金算盘 72ec，企业内部各下属机构等可进行全方位的内部信息化管理及协同；企业外部的供应商、经销商可以与企业进行在线洽谈、在线采购、在线销售、在线支付、在线结算等，并且供应商及经销商与企业的所有业务往来都可以进行全程跟踪与协同。企业本身也可以将内部管理与外部电子商务交易活动融合，帮助企业实现从“内部管理”到“外部协同”，从“电子商务”再到“移动商务”的全程信息化服务。其结构如图 1 所示。

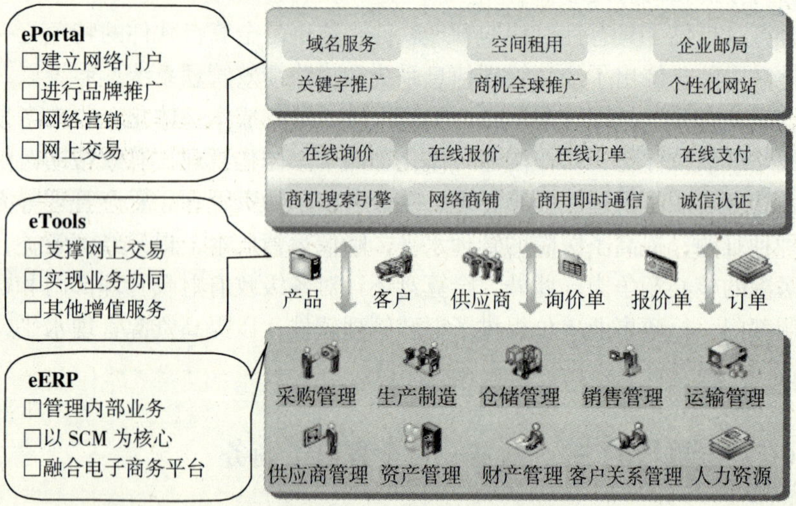

图 1　金算盘全程电子商务功能架构

资料来源：金算盘。

金算盘 72ec 主要分三层架构：ePortal、eTools 和 eERP。

ePortal（电子商务门户）既是企业开展电子商务活动的网络门户，也是企业与上下游合作伙伴进行业务协同的工作平台，包括企业网络基础服务、商机服务、网络商铺、在线交易、企业推广、商务社区、商务资讯、电子订单等。

eTools（电子商务工具）是帮助客户将传统商务流程电子化的一系列工具

软件，包含即时通信、邮件管理、网络传真、网络会议、商务协同、诚信认证、在线支付等。

eERP 则是在 ERP 的基础之上发展起来的新一代企业信息化系统，提供以供应链为核心的企业内部业务管理与供应链协同，是金算盘 72ec 最核心的组成部分。

金算盘全程电子商务可以说是基于 SaaS 模式的敏捷电子供应链的一种实践性产品，在进行供应链协同的同时，还提供了第三方电子商务交易平台服务。

同时，金算盘还根据不同的平台主体，开发出公共平台、政府主导和链主式等三种不同具体操作模式。

1. 公共平台模式

公共平台模式是指由 SaaS 软件服务提供商直接运营的（不涉及政府部门），公开面向全球企业使用的全程电子商务服务的商业平台系统。它可以帮助企业实现针对供应链的应用服务，包括电子商务、采购管理、库存管理、销售管理、CRM、SRM、财务管理及报表分析等功能，实现企业整个供应链上的业务处理和供应链协同，并通过少量开发实现企业已有管理系统或平台不易实现、未实现功能与通用平台的数据交换，完成无缝集成。

公共平台模式的全程电子商务管理平台的最大优点在于可重复使用，一个通用的服务平台可以供大量的企业使用，是一种将集约化的经营和个性化服务相结合的新型商业服务模式。从社会整体资源分配上来讲，这种模式有利于提高社会资源的利用效率，从硬件系统到软件平台运行环境的建设以及信息化人才培养等多方面都体现了集约生产的思想，从具体应用上又尽可能地满足不同类型、不同层面的用户的要求。平台运营者及 SaaS 提供商也因而可以转变软件的销售模式，从原来的软件许可权的销售转向提供专业的商业服务，将传统的软件行业转变为一种现代服务业，这对这个行业的运行模式的变革具有重大的里程碑意义。原来的通用软件开发商通过这种服务平台的运营可以获得更加稳定的收益，通过致力于这个平台的运行、维护和技术升级，把自己的精力更多地倾注到对核心技术的研发上，最大限度地提高服务的质量和专业水准，使得客户的满意度和信任程度不断得到增强，同时也使得自身的核心竞争力得到聚焦和增强。如图 2 所示。

公共平台模式的金算盘全程电子商务平台——金算盘 72ec 是一个以供应链管理为核心，将电子商务和企业管理融合在一起的中小企业信息化平台，把电子商务、企业内部业务管理（供、销、存、财务、配送等）与供应商管理、客户管理连为了一体，是一种“SaaS 模式的敏捷电子供应链管理系统”。

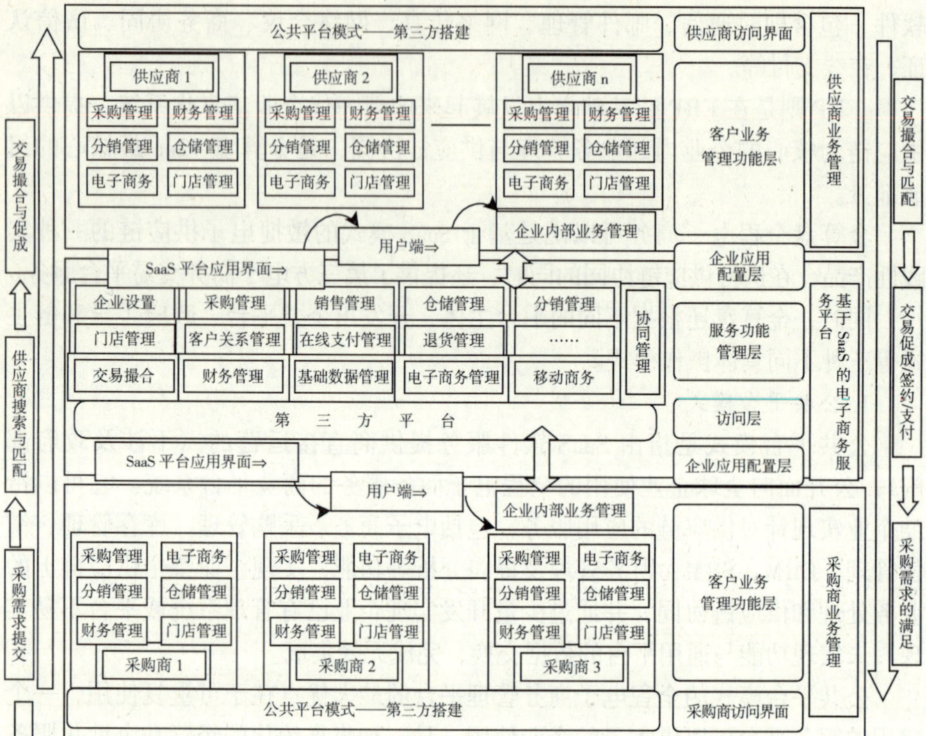

图 2 公共平台模式的全程电子商务模型

资料来源：金算盘。

2. 政府主导模式

政府主导模式全程电子商务管理平台是指由政府投资搭建，政府直接运营或者交由 SaaS 软件服务提供商运营的，融合电子政务，公开面向本地企业使用的全程电子商务服务的政府平台系统。

在政府主导的模式下，政府和 SaaS 软件服务商通过合作方式共同形成了敏捷电子供应链的第三方，通过向目标行业、企业提供敏捷电子供应链平台，在线支持企业实现整条供应链的协作，帮助企业全面实现采购、库存、生产、销售、财务、配送等信息流和资金流的信息化管理，实现 CRM、PRM 及 SRM 的在线快速管理，并通过使用移动平台、移动终端设备实现更加敏捷的移动信息输入、移动信息查询，乃至移动商务。如图 3 所示。

3. 链主式模式

链主式全程电子商务模式是指由供应链中占主导地位的核心企业搭建并运营的，主要面向供应链内部企业使用的全程电子商务服务的商业平台系统。该平台由链主企业（即供应链核心企业）主导建设和运营，由 SaaS 软件服务商

续表

模式	优点	缺点	发展趋势
链主式模式	①低成本 ②快速协同，敏捷性 ③节约资源、实现效益最大化 ④低风险、高可信度 ⑤主动参与性 ⑥成本转移	①取决于链主较强的控制能力和较高的行业地位 ②与链主其他信息系统的集成有一定的难度 ③主要侧重于本业务供应链内的合作	逐渐退出

从表1的分析结果可以看出，构建公共平台需要运营商有足够的经济实力和运营能力，公共平台模式尤其对中小企业更加适合。政府可以利用平台集成电子政务功能，促进政企信息共享和业务协同。另外，政府主导模式对发挥政府支持资金的效率、扩大受益企业范围、实现政府公平及政府职能转变等多方面具有重要意义。采用链主式模式除具有 SaaS 敏捷电子供应链的低成本、敏捷协同等共同优势外，还具有低风险、高可信度、主动参与、成本转嫁等优点。该模式要求链主企业在供应链中有较强的信用，与链主其他信息系统的集成是该模式应用的难点。

（三）金算盘的业务转型

金算盘从传统的套装软件供应商转变为一个基于 SaaS 模式的软件运营商，其主要原因主要有以下两个方面：一方面有市场的压力；另一方面也有其基于自身的战略变化决策。

1. 客户需求的变化

当前，用户信息化的理念已经发生了质的变化，目的性更加明确，想通过相关的信息化手段和工具提升自己的综合竞争力，具体在 IT 应用或信息化上出现了四种新的变化：降低 IT 投资风险；提高随需应变的能力；中小企业逐渐成为投资主体；开始认可 IT 外包。

传统的 ERP 产品如需在企业中运行，须在前期投入巨大的人力、资金和时间进行软件布局，适应企业环境和相关条件，企业也需要设置专业人员甚至部门对软件进行后期维护，一旦企业发生重大变化，软件将需要重新调整，后期投入较大。这些成为中小企业运用 ERP 软件的主要障碍。中小企业需要软件服务化来降低成本，提高管理效率，这就促进了 SaaS 的发展。

2. ERP 产品同质化严重，市场竞争激烈

一个产业如果进入同质化竞争时代，价格必然是最有效、最直接，也是最

能带来恶性竞争的手段。而在现阶段，国内 ERP 产品同质化现象已经越来越严重，软件提供商纷纷降低价格投入竞争，使利润逐渐减少，市场陷入恶性竞争之中。

根据易观国际 2006 年第三季度对中国 ERP 厂商的排名可以看到：金算盘居第八位。尽管金算盘处在一个相对领先的位置上，但是仍面临着巨大的压力。高端客户被 SAP、Oracle 把控，中高端用户则有用友、金蝶、浪潮通软、新中大、神码 DCMS 占据，QAD、Infor 在制造业细分市场深耕，而且，高端厂商也都推出了面向中小企业的产品来抢占 SMB ERP 市场。金算盘必须开辟新的市场以面对越来越严峻的竞争。如图 5 所示。

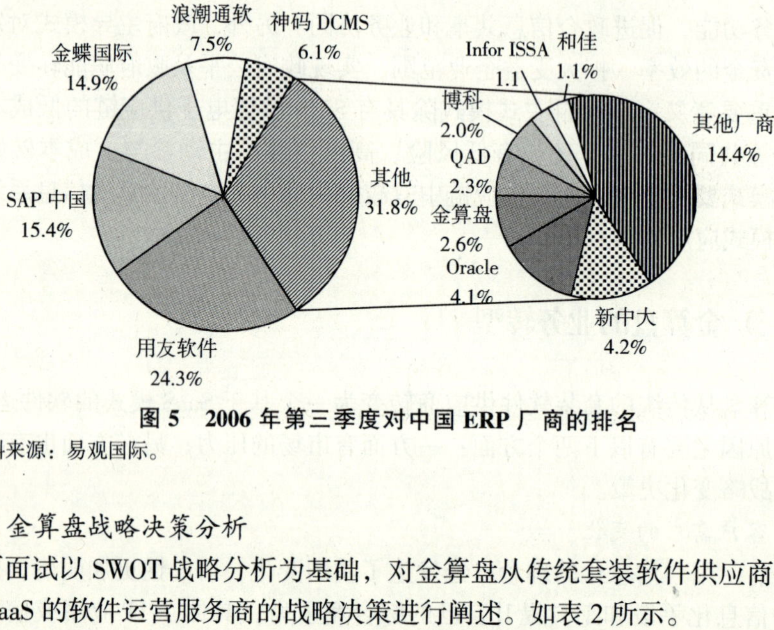

图 5　2006 年第三季度对中国 ERP 厂商的排名

资料来源：易观国际。

3. 金算盘战略决策分析

下面试以 SWOT 战略分析为基础，对金算盘从传统套装软件供应商变身为基于 SaaS 的软件运营服务商的战略决策进行阐述。如表 2 所示。

三、SaaS 模式发展状况及存在问题

（一）SaaS 模式发展

近几年，在厂商和媒体的培育下，客户对 SaaS 的认知度得到了较大的提

表 2 金算盘战略决策 SWOT 分析

优势（Strength）	1. SaaS 战略认识。金算盘是最早意识到 SaaS 对 ERP 软件商业模式价值的企业之一，对 SaaS 的认识深刻，战略计划相对成熟、完整。 2. SaaS 布局早，产品相对成熟。金算盘于 2006 年 7 月推出国内第一个全程电子商务平台，全面支持 SaaS 模式，并迅速得到用户认可。是中国第一家将 SaaS 这种概念真正转化为产品的公司。 3. 和微软、IBM 战略合作。	1. 现金流压力。虽然金算盘已经获得了 760 万美元的战略投资，但是培育新业务、新模式直至盈利，仍需巨大投入。 2. 营销意识不足。金算盘以前偏重开发产品，只靠各地分公司去卖。所以营销是金算盘相对薄弱的环节。 3. 品牌知名度低。虽然在 2003 年市场占有率位列第三，但是相对于用友、金蝶、SAP 等国内外知名 ERP 传统生产商，金算盘的实际市场份额较小，品牌知名度相对较低。	劣势（Weakness）
机会（Opportunity）	1.政府的扶植政策。国家经贸委出资 187 亿元国债资金支持国家重点企业开展信息化工作。科技部在全国大力推进制造业信息化工程。各级政府部门积极推动企业信息化进程。 2.巨大的市场需求。目前，中国 1100 万家企业中，超过 100 万家已经具备实施信息化的需求和实施的条件，估计未来 3~5 年我国的 ERP 市场规模将在百亿元以上。 3.SaaS 逐渐成熟。首先是技术成熟，包括公共资源的成本都在下降。其次是市场逐渐成熟。用户，尤其是中小企业已经慢慢意识到了 SaaS 的作用。	1.国际国内 ERP 厂商竞争。国内外主要 ERP 厂商资本雄厚、经验丰富，且软件成熟，具有强大的竞争实力。ERP 产品同质化也加剧了行业的竞争。 2.产品公认标准未确定。由于 SaaS 在我国还处于初级阶段，各服务提供商还在对产品的功能、盈利模式进行不断地探索，产品没有达到成熟的状态，不能广泛应用，公认标准无法确定。 3.我国企业信息化程度不高。相当数量企业的信息系统运营体系尚不健全，企业内部信息网络布点数据太少且布局不合理，信息处理和传输手段落后，形成大量信息孤岛等。	威胁（Threats）

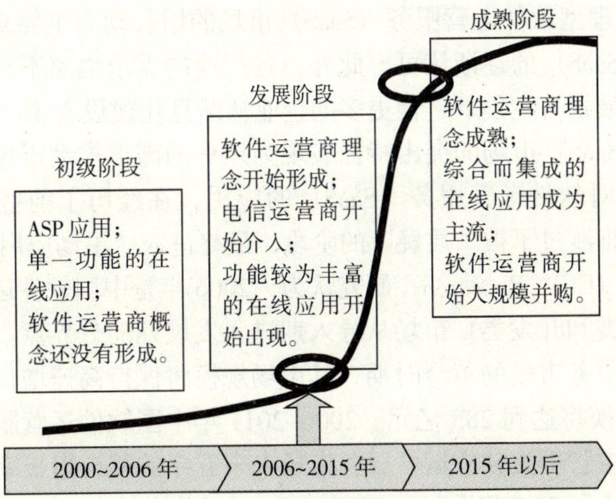

图 6 SaaS 市场发展阶段

资料来源：计世资讯。

高，虽然现在仍处于大战阶段，市场已经开始快速增长，但是市场爆发仍需要一段时间，计世资讯预测，未来的 3~5 年，将是 SaaS 市场发展的黄金时期，2015 年之后，SaaS 将进入市场成熟阶段，如图 6 所示。

2007 年服务业依然占据了国内管理型软件运营服务（SaaS）市场 22.0%的市场份额，并将继续保持较快的增长势头。调研数据显示，在服务业的细分市场中，现代服务业的中小企业如金融、物流、批发、电子商务以及中介和咨询等专业服务行业的企业应用比较广泛，它们对 CRM 和 OA 的需求相对明显。市场份额列第二和第三位的分别是制造业和流通业，它们对进销存管理的需求比较明显。如表 3 所示。

表 3　2006~2007 年中国管理型软件运营服务（SaaS）市场行业规模及增长状况

行业	2006 年（亿元）	2007 年（亿元）	2007 年所占比例	2006/2007 年增长率
服务	0.47	0.99	22.0%	110.6%
制造	0.41	0.89	19.8%	117.1%
流通	0.35	0.72	16.0%	105.7%
教育	0.31	0.61	13.6%	96.8%
政府	0.29	0.57	12.7%	96.6%
其他	0.37	0.72	15.9%	94.6%
总计	2.20	4.50	100.0%	104.5%

资料来源：CCW Research，2008 年 3 月。

2007 年管理型软件运营服务（SaaS）市场的增长动力主要来自于用户对软件运营服务（SaaS）的逐渐认可。此外，各行业的需求也离不开国家政策的大力支持，政府鼓励自主创新，让更多的企业从信息化建设着手。2007 年中国软件运营服务（SaaS）市场的突出特征表现为用户的需求推动市场。这一特征标志着中国企业对软件运营服务（SaaS）的应用，在经历了前些年的市场“虚热”之后，艰难渡过了被“质疑”的阶段，最终进入“主动应用”的发展期。

计世资讯（CCW Research）研究认为，2006 年是中国软件运营服务（包括工具类、管理类和开发类）市场从导入期进入发展期的分界点。未来十年将是中国软件运营服务市场的黄金时期，其市场规模将保持高速增长态势，预计到 2011 年市场规模将达到 283 亿元。2006~2011 年中国软件运营服务市场规模如图 7 所示。其中管理类软件运营服务市场未来五年的复合增长率为 88%，2011 年市场规模将达到 28.3 亿元。

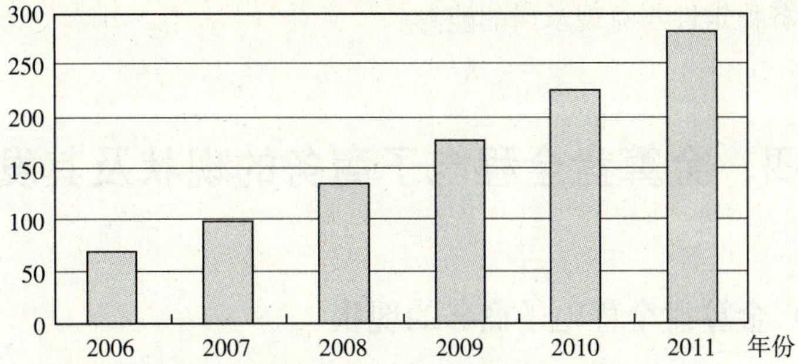

图 7 中国软件运营服务市场规模状况（单位：亿元）

资料来源：天极网。

（二）SaaS 模式的挑战

（1）传统文化的挑战。SaaS 模式是一种技术创新，是服务模式与商业模式的创新，但归根结底是一种客户行为习惯的变革。这种变革是源于西方成熟的信息化基础和文化之上的，必然与我国传统文化发生冲突。比如信任问题，在中国普遍存在“诚信危机”的国情下，中国的中小企业是很不放心把自己的财务数据、客户数据这么核心机密信息放在别人的服务器之上的。此外，中国人“独立自主”意识特别强烈，SaaS 模式是通过共享模式来降低成本，这必然发生冲突。

（2）客户认知与行为习惯的挑战。中国信息化的时间很短，国人对软件的认知定位在传统的观念上，习惯掏钱买软件或下载安装到个人电脑上。通过登录口获得服务的模式，使传统的习惯与认知受到挑战。

（3）自身存在问题的挑战。SaaS 模式自身存在的硬伤是 SaaS 发展中不可逾越的一道坎，以下风险难以避免：

①数据安全，这是企业在向 SaaS 过渡时的首要考量。尤其是对财务服务、第三方呼叫中心、银证机构等公司而言，数据安全是根本命脉。

②自定义，从总体上看，SaaS 的自定义能力尚无法与预置型应用相提并论。SaaS 的多租户特性虽然是一种低成本的模式，但这也决定了 SaaS 软件的趋同性。

③总体拥有成本，SaaS 的用户订阅模式可以让公司随着用户和功能的添加而相应调整。除此之外，软件、硬件和人力成本都需要被计入到总体拥有成本（TCO）中。

④厂商的稳定性，在选择一名长期商业伙伴之前，企业会仔细评估 SaaS

厂商的财务稳定性与兑现承诺的能力。

四、金算盘全程电子商务的现状及其发展

（一）金算盘全程电子商务的现状

金算盘于 2006 年 7 月推出国内第一个全程电子商务平台，全面支持 SaaS 模式，并迅速得到用户高度认可，于 2007 年第三、四季度连续雄踞中国 SaaS 软件市场榜首。如图 8 所示。

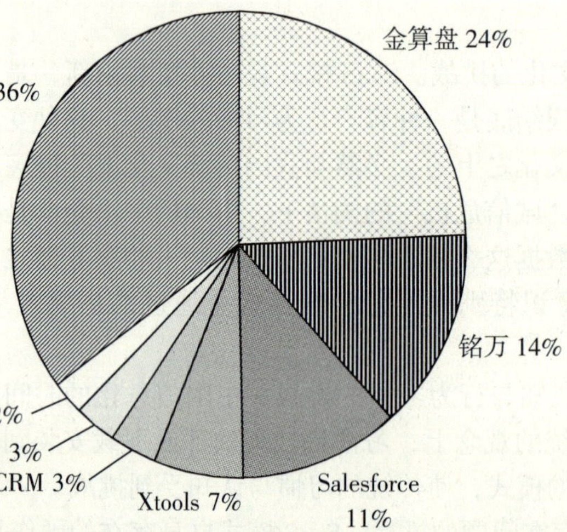

图 8　2007 年第四季度 SaaS 管理软件市场厂商收入分析

资料来源：易观国际。

2006 年，金算盘极具前瞻性地推出了基于 SaaS 的全程电子商务平台——亿禧网，用户通过亿禧网不仅能够洽谈业务，实现 B2B 电子商务，更能够使用亿禧网提供的 BIM 企业即时通信、在线 ERP 等在线应用，进行企业内和企业间协同办公，实现轻松的业务管理。目前，亿禧网已经拥有 30 万注册用户，1 万多付费用户，2007 年，在易观国际《中国 SaaS 市场实力矩阵专题报告》中金算盘就以 27.3%的收入市场份额高居榜首，一路领跑中国 SaaS 市场。在 2009 年 6 月《互联网周刊》公布的“中国 SaaS 服务潜力榜”中金算盘名列榜首。

易观国际（Analysys International）近期发布《中国 SaaS 市场年度综合报告 2009》显示，2008 年中国管理型 SaaS 市场规模达到 2.02 亿元，其中阿里软件

以37%的市场规模绝对领先，金算盘以16.3%的份额排名第二，在电子商务平台提供商强势介入的前提下，金算盘依然保持直销商的领头地位。如图9所示。

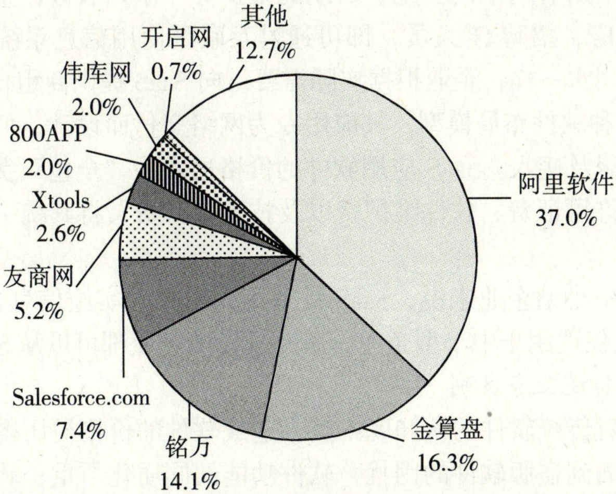

图9 2008年SaaS管理软件市场厂商收入分析

资料来源：易观国际。

（二）金算盘全程电子商务的发展

据上所述，金算盘基于SaaS模式的全程电子商务在未来发展中具有一定的市场优势，同时，由于各种类型的传统软件供应商、互联网公司和其他新进竞争者的大规模进入，SaaS市场也存在着激烈的竞争和挑战，如何应对这一局面将是金算盘以及整个SaaS行业所面临的共同问题。

五、附 录

附录1 SaaS概念及其发展

1. SaaS概念

SaaS是Software-as-a-service（软件即服务）的缩写。SaaS在业内的叫法是软件运营，或称软营，是一种基于互联网提供软件服务的应用模式，一种随着互联网技术的发展和应用软件的成熟，在21世纪开始兴起的完全创新的软件应用模式，是软件科技发展的最新趋势。

SaaS 提供商为企业搭建信息化所需要的所有网络基础设施及软件、硬件运作平台，并负责所有前期的实施、后期的维护等一系列服务，企业无须购买软硬件、建设机房、招聘 IT 人员，即可通过互联网使用信息系统。就像打开自来水龙头就能用水一样，企业根据实际需要，向 SaaS 提供商租赁软件服务。

SaaS 是一种软件布局模型，其应用专为网络交付而设计，便于用户通过互联网托管、部署及接入。SaaS 应用软件的价格通常为“全包”费用，囊括了通常的应用软件许可证费、软件维护费以及技术支持费，将其统一为每个用户的月度租用费。

对于广大中小型企业来说，SaaS 是采用先进技术实施信息化的最好途径。但 SaaS 绝不仅仅适用于中小型企业，所有规模的企业都可以从 SaaS 中获利。

2. SaaS 与传统业务区别

由于企业对传统软件的认知度不够，造成软件的价格被压得很低；软件开发商们经常遭遇到盗版软件的困扰，软件功能的同质化严重；软件对公司部署以及后期维护的技术要求较高，中小型企业难以胜任等等。在这种形势下，软件企业如果不向服务转型，是极其危险的。SaaS 实际上是传统软件的延续，是对其功能及营运模式的一种拓展。

同时，SaaS 与传统软件也有着本质的区别：

(1) 软件提供模式的差异。传统软件作为产品，分为自由软件和非自由软件两大类，自由软件是指可以得到源代码的软件，任何人都能使用、拷贝、复制、修改、传播；非自由软件则包括免费软件、共享软件、商业软件等。对于这两种软件，用户都需要一份软件的拷贝。

SaaS 则是销售服务，用户可以拥有更多“零成本”消费体验的机会，原本需要部署一两年甚至更久。

(2) 计费模式差别。传统软件基本上都是采取一次性的软件授权销售模式；而 SaaS 供应商通常是按照客户所租用的软件模块和时间来进行收费的，因此用户可以根据需求订购软件服务，节约了成本，不用再为不需要的功能付费，但是对于已经在传统软件模式下运行多年的用户，软件成本巨大。

(3) 软件部署与升级差异。传统软件在运行之前，需要配备硬件、维护人员甚至是专门的 IT 部门，升级服务一般都需要缴纳一定的费用；而 SaaS 服务商则将应用软件部署在统一的服务器上，免除了客户在服务器硬件、网络安全设备、后期维护、升级方面的支出，客户只需要用个人电脑或者移动设备连接互联网就可以获得所需要软件和服务。但是 SaaS 对互联网具有强烈的依赖性，如果用户的网络准备得不充分，将会带来很多问题。

(4) 数据库平台的差异。传统软件的数据库往往需要额外购买许可证，客户管理数据库的资源，并将数据资源存储在本地，SaaS 则是使用基于网络的大型数据库，客户不需要知道数据资源存储的位置，所以不需要为数据库的性能、容量、许可证、管理人员负担成本。

SaaS 服务模式与传统许可模式软件有很大的不同，它是未来管理软件的发展趋势。相比较传统服务方式而言 SaaS 具有很多独特的特征：SaaS 不仅减少了或取消了传统的软件授权费用，而且厂商将应用软件部署在统一的服务器上，免除了最终用户的服务器硬件、网络安全设备和软件升级维护的支出，客户不需要除了个人电脑和互联网连接之外的其他 IT 投资就可以通过互联网获得所需要的软件和服务。此外，大量的新技术，如 Web Service，提供了更简单、更灵活、更实用的 SaaS。

另外，SaaS 供应商通常是按照客户所租用的软件模块来进行收费的，因此用户可以根据需求按需订购软件应用服务，而且 SaaS 的供应商会负责系统的部署、升级和维护。而传统管理软件通常是买家需要一次性支付一笔可观的费用才能正式启动。

附录 2　全程电子商务

1. 全程电子商务概念

全程电子商务是网络经济时代的一种先进经营模式。在这种经营模式下，中小企业充分利用互联网、移动通信等信息化手段，对企业内部和外部的所有经营活动实现数字化运营，将企业自身的业务流程以及企业与上下游伙伴之间的业务流程充分协同，与上下游伙伴一起为客户提供具有更高附加价值的产品与服务，共同提高经营业绩，减少运营成本，获得差异化竞争优势。

由于传统经营模式是以实现单个企业利润为目标，企业在经营过程中主要是针对自身的业务流程进行优化和改造，以降低运营成本，加快响应速度，提高客户满意度，以获得竞争优势。但是这样的经营模式下，往往会出现企业为了自身生存和发展的目的，而挤压上下游伙伴的利润空间，难以持续发展。同时，传统经营模式因为受到技术手段的限制，企业之间难以实现信息对称，更无法实现高效率的协同运作。即便企业自身运营效率提高到了极致，但是在面对客户时仍然存在着大量的效率“瓶颈”，无法做到快速响应客户需求。全程电子商务是根据当前经济环境和市场竞争特征而提出的，是在传统经营模式上发展而来的新型经营模式。它以供应链整体为经营对象，把企业与供应链伙伴共同盈利作为经营目标，并充分利用现代先进的信息手段，全面协同企业内部和外部业务流程，从整体上提升企业和供应伙伴的运营效率，提高对客户需求的响应速度和服务质量。

全程电子商务作为一种新型的经营模式，是对传统经营模式的创新、发展和延伸。它把互联网、移动通信等信息化手段，充分融入到了企业经营管理的各项业务流程中去，实现对企业、客户、供应商、分销商的全方位管理，以及对企业经营活动的全过程管理。在全程电子商务经营模式下，企业的经营管理活动可以划分为基本业务活动和内部运营管理两大部分。

基本业务活动是围绕实现企业经营目标展开的各项业务活动，包括市场营销、销售、采购、仓储、物流、渠道、售后服务等内容。内部运营管理则是支撑基本业务活动的辅助性管理活动，包括财务、计划、预算、资金、资产、人力资源、生产、后勤等管理内容。

2. 全程电子商务特征

（1）以供应链整体作为经营和管理对象，把企业与供应链伙伴共同盈利作为经营目标。和传统经营模式不同，它把企业、客户、供应商、分销商等供应链上各个角色都纳入到经营和管理的范畴中来。

（2）在统一的系统内，实现企业内部及外部所有经营活动的数字化运营。

（3）充分与供应链伙伴行业协同，提升整体业务流程效率，从而提高供应链整体的竞争能力。

（4）积极利用电子商务、移动商务等先进方法，降低运营成本。

3. 全程电子商务具体应用（见图10~图12）

六、案例使用说明

（一）案例类型与教学目的

1. 案例类型

本案例属于综合性案例，可用于“企业战略决策”、“经营变革与技术创新”、“电子商务模式”等专题讨论。

2. 教学目的

本案例的学习，要求了解和掌握：

（1）传统套装软件厂商及 SaaS 的发展。

（2）传统套装软件厂商与 SaaS 的联系与区别，从传统套装软件厂商过渡到

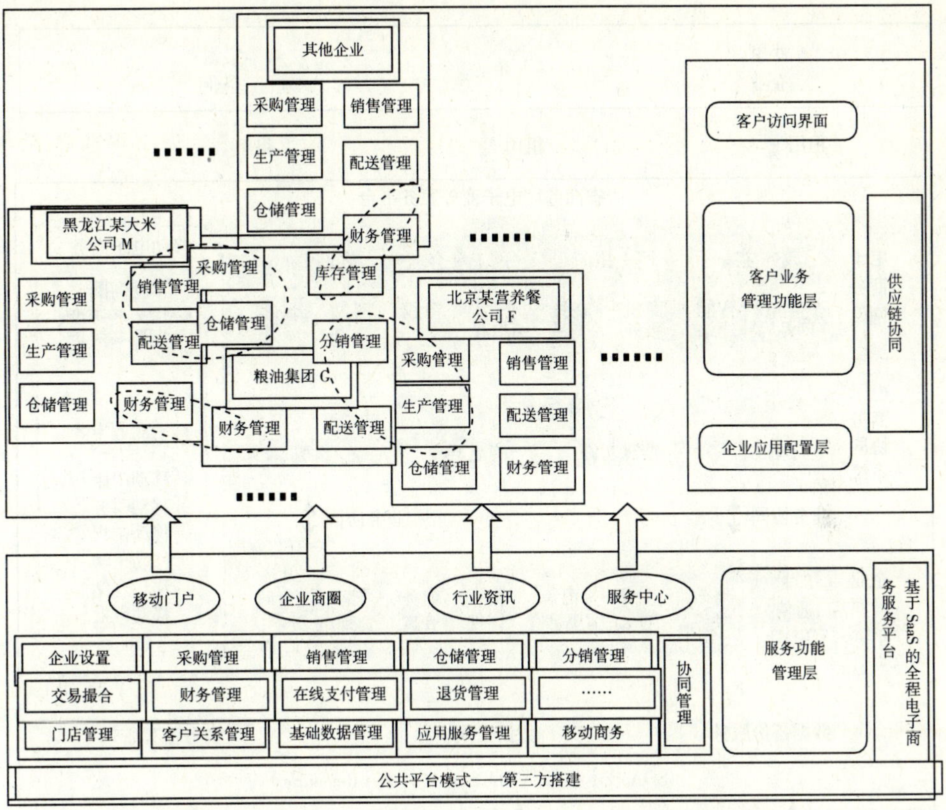

图 10　某粮油供应链形成的基于 SaaS 模式的敏捷电子供应

资料来源：金算盘。

SaaS 过程中存在的问题及其解决方案。

（3）企业经营过程中的战略管理、营运市场细分和技术创新等。

（4）企业创新盈利商业模式。

（二）启发思考题

（1）阻碍 SaaS 应用的主要因素有哪些？如何克服？

（2）金算盘基于 SaaS 的应用模式有哪些？这些模式的特点及其可能存在的问题是什么？

（3）如何结合金算盘全程电子商务平台的技术特点从营运的角度来推广该模式？

（4）企业创新盈利商业模式的路径是什么？

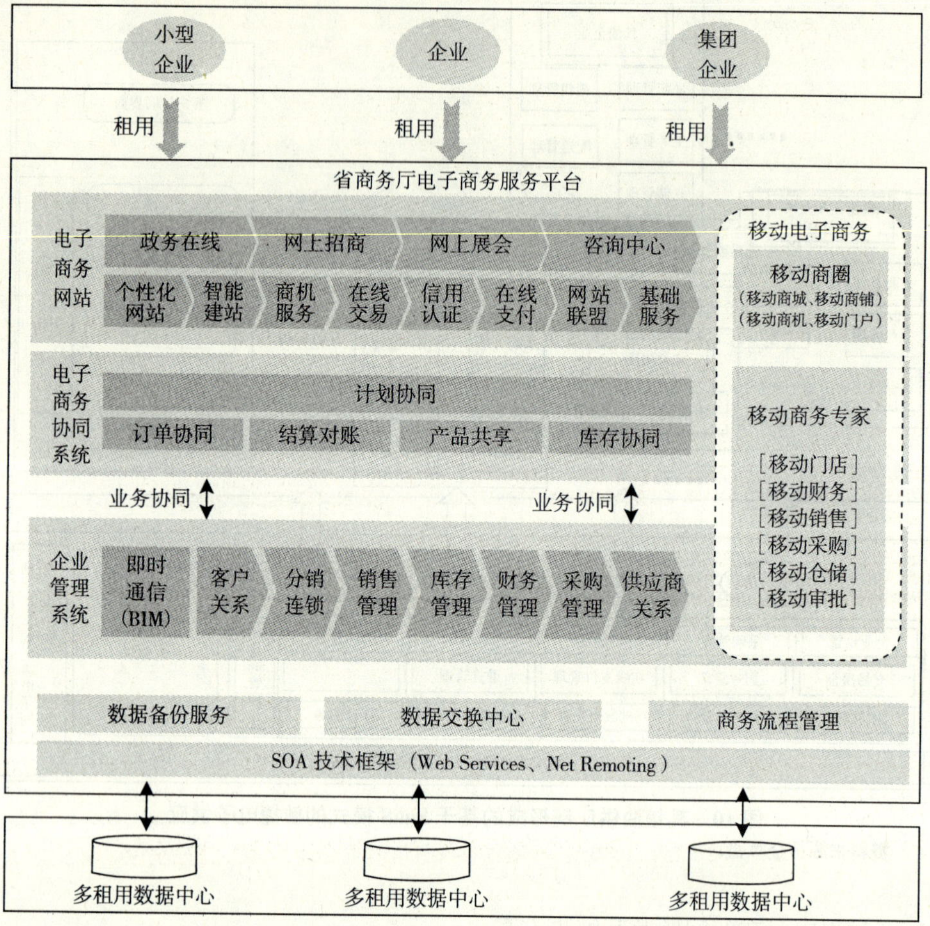

图 11　某省商务厅电子商务服务平台的总体架构

资料来源：金算盘。

（三）案例分析路线

传统套装软件厂商的营运模式→特点和问题→SaaS 营运模式→问题及风险→解决方案。

（四）理论要点

（1）商业模式的概念、理论、创新及其实践。

（2）SaaS 模式、优势及其发展存在的问题。

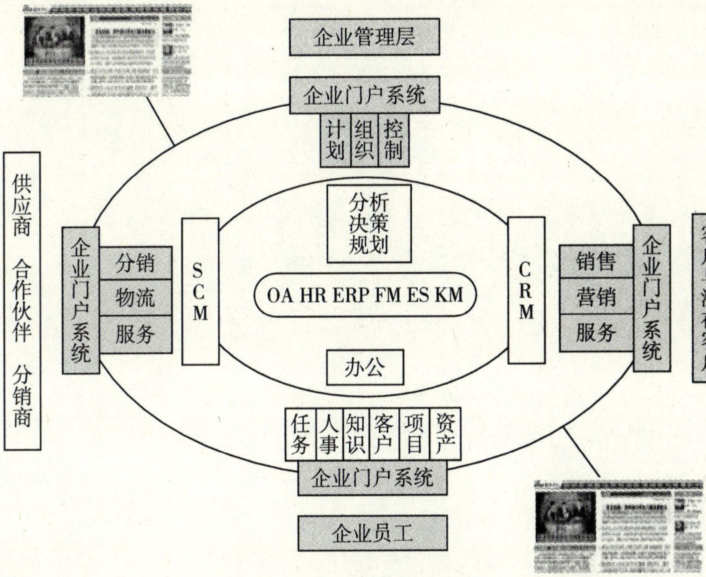

图 12 某集团的集成模型

资料来源：金算盘。

(3) 全程电子商务的技术和盈利模式的特点。

(五) 参考资料

(1) 艾瑞咨询公司：《中国中小企业 SaaS 管理软件行业发展报告简版(2007-2008)》。

(2) 计世资讯：《2008 年中国软件运营服务 (SaaS) 市场发展状况白皮书》。

(3) 耿冰、于修理：《SaaS 与传统软件的比较研究》，《沈阳师范大学学报》(自然科学版)，2009 (1)。

(4) 马健：《ERP 市场模式之争》。

(5) 何艳、肖丽：《软件 SaaS 模式下安全风险策略探讨》，《电脑知识与技术》，2008 (5)。

(6) 刘古权：《基于 SaaS 模式的敏捷电子供应链管理研究》，哈尔滨工业大学博士论文，2009 (7)。

(7) http：//www.eabax.com

(8) http：//www.72ec.com

(9) http：//www.enfodesk.com

(10) http：//www.analysys.com.cn

案例 12

北京 XD 医院门诊就医流程优化与信息化

朱海燕[①]

摘要： 医疗问题是目前国内热点问题之一。医疗问题关系到国计民生，与老百姓的日常生活息息相关。近年来，尤其是 2009 年以来，医院就诊问题一直为社会所诟病，除了高昂的就诊费用之外，患者看病难、就诊程序烦琐也是很大一个原因。医院作为提供医疗服务的基本载体，其主要目的是为患者提供优质的医疗技术服务。然而，在医患关系日益紧张，国营、民营医院不断发展壮大的环境下，医院就诊流程设计不仅直接关系到患者在医院就诊的繁简程度，而且还会直接影响患者接受的诊断质量。因此，本案例从信息技术角度出发，选取北京XD 医院就医服务流程中的门诊流程进行分析与改进，并对医院信息化管理进行了探讨。

关键词： 门诊流程　流程优化　信息化　北京 XD 医院

一、北京 XD 医院概况

北京 XD 医院创办于 1921 年，医院始终拥有一支以优秀的临床医学家、医学教育家和医学科学家为骨干的实力雄厚的专业队伍，医院专科齐全、技术力量雄厚，医、教、研、管全面发展，以多学科的综合优势著称于国内。

① 朱海燕：首都经济贸易大学工商管理学院讲师，博士。

医院现有业务用房建筑面积 19 万平方米，开放住院床位 1836 张。在建工程有建筑面积为 30 万平方米的干部保健基地工程和门急诊大楼及手术科室楼改扩建工程。医院设管理职能部门 25 个，临床科室 39 个，医技科室 13 个。医院拥有教育部重点学科 9 个（共涉及 12 个科室），北京市重点学科 2 个。有国内领先的临床药理中心、中心实验室和实验动物中心等大型科研平台。现有在职职工 3982 名，其中正、副教授及相应职称人员 528 名，有中国科学院院士 1 名、工程院院士 3 名。医院在中华医学会各分会、中国医院协会等学术团体担任名誉及正、副主任委员职务的有 38 人；北京医学会各专业委员会担任名誉及正、副主任委员职务的有 36 人，担任国家级医学杂志名誉总编及正、副主编职务的有 81 人。

目前，笔者调查发现，XD 医院人均挂号至就诊时间平均为 177.2 分钟，诊室诊断时间为 15.89 分钟，预约至检查时间平均为 106.4 分钟，取药等待时间平均为 4.15 分钟。以上数据直观地说明了医院门诊流程优化的紧迫性，需要从患者的角度考虑安排就诊过程，简化门诊流程的各个环节，减少患者在门诊的停留时间，达到科学管理，以提高门诊整体服务水平。

二、XD 医院门诊流程改造的背景

（一）改造前流程状态

一般来说，普通门诊大致可以区分为“挂号—诊断—检查—处方—取药—治疗”这几个过程，但在实际过程中，医院门诊流程并不是清晰地呈现出以上六个环节，而是出现了“五多一短”的现象，即医院病人集中多，治疗环节多，人群杂、病种多，应急变化多，医生变换多，诊疗时间短。

（二）现有流程的问题

现有门诊流程是“自然沿袭”的后果，患者需要在就诊的每一个环节排队等候，多数时间耗费在与看病无关的事情上，而且当患者较多时，这种情况更为严重，这也是直接导致门诊拥挤、医院整体效率低下的重要原因。由于病人到医院就诊时间是一个随机事件（取决于病人生病的客观事实）且取决于病人的主观意向，病人就诊时间往往比较集中，门诊高峰现象是门诊工作最显著的

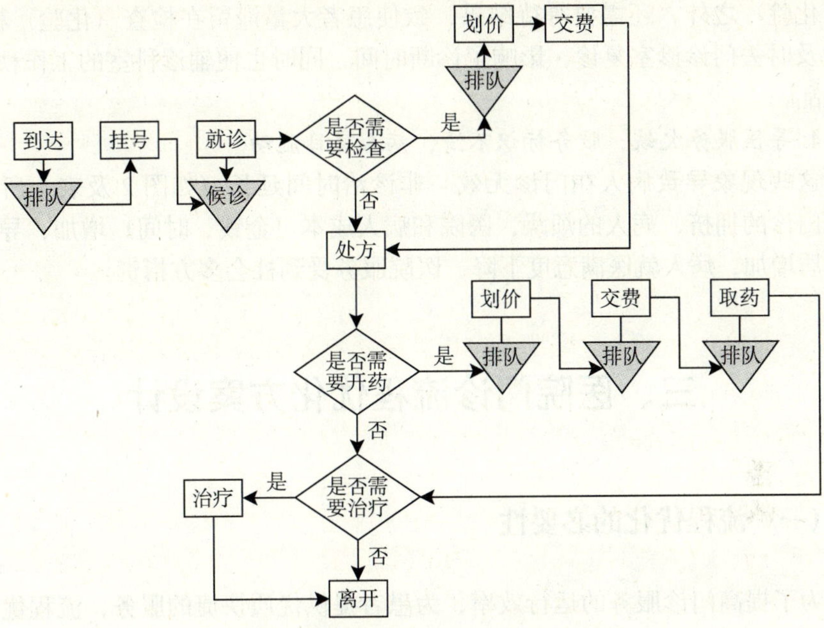

图 1 改造前 XD 医院门诊流程分析

特点之一。另一重要特点是患者有效就诊时间很少（大约只占患者在医院时间的 10%），而如果将病人有效就诊时间提高到 30%，病人在医院的停留时间将会减少 2/3；若提高到 50%，则减少了将近 4/5 的停留时间。由图 1 不难发现，现有流程存在以下几个方面的问题：

1. 自然过程长

完成一次看病过程，大致要排 6 次队（挂号、候诊、检查划价、付费、药品划价、取药），付三次费（挂号费、药费、辅助检查费）。

2. 门诊“三长一短”

挂号时间长、候诊时间长、检查取药时间长以及诊察时间短。

挂号是就诊的第一个环节，需要登记患者的基本信息，耗时较长。但高峰期一般在 9 点之前，挂号处较为繁忙；就诊是最为重要的一个环节，应分配较多时间，以便于医生了解病情，作出决策。然而，由于医生书写病历、开检查（化验）申请单等要占一定时间，致使医患交流时间受限；取药过程是门诊就诊的最后一个环节，但也是一次患者排队过程。

3. 检查过程过于烦琐

部分检查需要现场预约，如 CT、B 超等；部分检查具有特殊要求，如空腹、肠道清理等；检查场所分散。检查（化验）该过程除需要患者排队等待检查（化验）之外，还需要等待结果，致使患者大量滞留在检查（化验）科室，不能及时去门诊诊室复诊，影响了诊断时间，同时也使辅诊科室的工作秩序显得混乱。

4. 导医服务欠缺，服务标识不清，病人盲目流动

这些现象导致病人在门诊无效、非诊治时间延长（如图 2 及表 1 所示），造成门诊的拥挤，病人的烦躁，医院和病人成本（金钱、时间）增加，导致医患矛盾增加，病人就医满意度下降，医院服务受到社会多方指责。

三、医院门诊流程优化方案设计

（一）流程优化的必要性

为了提高门诊服务的运行效率，为患者提供优质快捷的服务，流程优化以分析现有的门诊流程为切入点，以减少门诊流程的中间环节为突破口，提高病人的满意度。具体而言，门诊流程优化要把握三条原则：①以病人为中心，优化面向病人的就医流程；②以价值为导向，提高医院经济运行效率；③以人为本，强调服务团队的整合。

（二）分析

1. 首先明确流程中增值和非增值的环节

（1）增值环节：就诊、检查、治疗。

（2）非增值环节：挂号、候诊、交费、取药。

2. 把握病人的“排队问题”

（1）每周的高峰期在星期一。

（2）每天的高峰期在上午。

（3）上午的高峰期在 9 时至 11 时。

3. 确定影响流程的“瓶颈”

（1）非增值环节耗费时间过长。

（2）空间布局不够合理和人性化。

（3）标识不够清晰。

门诊患者就诊流程中，非就诊消耗时间长，存在问题多，制订相应的策略

工序内容	工序系列			
	操作	移动	等待	检验
挂号排队			▽	
挂号	○			
走到科室		→		
诊断排队			▽	
诊断	○			
去划价处		→		
划价排队			▽	
划价	○			
去收费处		→		
交费排队			▽	
交费	○			
去检查室		→		
检查室排队			▽	
检查				□
走到科室		→		
诊断排队			▽	
诊断	○			
去划价处		→		
划价排队			▽	
划价	○			
去收费处		→		
交费排队			▽	
交费	○			
走到药房		→		
取药排队			▽	
取药	○			
离开	○			

图 2 改造前门诊流程工序

表 1 流程优化前门诊就诊流程程序统计

活动	次数
操作	9
移动	8
检验	1
等待	9
总计	27

以优化门诊流程，缩短患者就诊等待时间是非常必要的。针对“瓶颈”，实行门诊就医流程优化迫在眉睫。

（三）设计方法

（1）清除：清除对医院服务增值无效的环节和步骤。

（2）简化：在尽可能清除了非必要性的任务之后，对于剩下的工作进行简化。

（3）整合：经过简化的任务应该进行整合，使其流畅、连贯，以满足患者需求。

（4）自动化：也可称为数字化，出于人力资源的短缺和为了使运营更有效率。

（四）设计原则

1. 应用信息技术，改革门诊诊疗流程

信息技术的应用是适应原始门诊流程还是打破原始门诊流程、优化为真正以病人为中心体现优质服务的新门诊流程？原始的门诊流程没有从患者角度安排就诊过程，而是让患者自己去适应门诊流程的各个环节，给患者带来不便。通过信息技术打破原始流程，才能从根本上解决原始门诊流程的弊病，才能使患者真正成为受益者。

2. 以病人为中心，优化门诊服务流程

充分考虑患者的心理感受与主观评价。获得患者的满意是门诊流程改造成功与否的标准。患者就诊满意程度直接关系到医院的形象与声誉，反映门诊工作的质量和服务水平。门诊流程优化后，患者对门诊各岗位工作人员的满意度明显上升。根据医院医疗服务满意度调查结果，改革后门诊医疗服务满意度平均上升 4.3%，预检挂号与收费满意度平均上升 10.4%，接诊医生、门诊药房和门诊医技满意度平均上升 2%~4%。

3. 减少患者等待时间，提高门诊服务水平

层次多、重叠多、人员多的组织机构设置是门诊服务的关键影响因素，造成门诊速度缓慢。由高年资护士承担预检、注册、挂号、分诊四位一体的工作，收取挂号费用，提高了预检分诊的准确性，有利于快速准确就诊。医生工作站的实施杜绝了人情因素，医院挂号费用与原始流程比较基本持平。

4. 提高患者满意度，医院取得较好收益

门诊流程优化后，门诊各个岗位工作效率明显提高，取得了较好的社会效益。改革后门诊收费处减员，并节省了大量的临床申请单与发票印刷费用，取得了一定的经济效益。

四、XD 医院门诊流程优化方案的实施体系

（一）挂号系统的优化

1. 增加咨询和导诊的服务台

增加了两个环节“导诊”和“预检”，但这两个环节并非增加了患者的停留时间。从实际情况看，导诊前不存在排队环节，而预检前的排队要么与就诊前的排队属同一个队伍，要么由于其对这个队伍的疏导作用增加的时间将不会存在。把确定是否需要检查的环节调整至预检环节，理论上讲这个环节的医护人员完全有能力判断是否需要进行辅助检查，在不能判断的情况下完全可以向医生进行咨询。这两个环节的增加，其作用是抵消了就诊前的排队（将人流疏散至数个辅助检查部门），减少了因挂错号造成的资源浪费。

2. 网上或电话预约

在通信及网络比较发达的地区与国家，还可以采取网络或电话预约看病，可以大大节省看病时间。以上变化带来的结果是，减轻了医院候诊空间人群聚集的压力，可以缓解改变医院公共空间混乱繁杂的环境，节省医院中的等候空间（黄锡缪，2003）。

具体实施方面，首先，对公众和病人进行教育，让他们接受 7 天内首诊或复诊预约观念。在办理预约手续交费后，当场向他们发放“实名预约票”，病人凭“实名预约票”就医，按预约时段就医。建议把两个小时作为一个预约时段，例如上午 8:00~10:00 可为一个时段。

其次，来京看病的外地人占多数，可以采取上网预约挂号方式或开通免费长途电话预约服务。本地病人也可以使用上网预约挂号系统或电话预约；现在网络和通信技术很发达，可考虑用手机短信进行预约。

最后，预约的时间最好安排在下午。之所以会形成上午看病的人流高峰是因为大多数好医生只在上午出诊。如果能进行班次调换，部分好医生下午出诊，这样可在一定程度上缓解门诊上午的人流高峰。它的本质是流程优化的问

题，即如何找到和解决“瓶颈”的问题。参考案例：餐厅 18:00~21:00 是晚饭高峰期，为了调节人流，可以设立打折制度，即 18:00 以前结账的八折，21:00 以后点菜的七折，那么顾客就会随着价格杠杆自动调节分流。医院可仿此做法来缓解上午门诊人流高峰。建议下午就诊的预约挂号费减半，这可吸引部分因为挂号费便宜而选择下午就诊的病人。

3. 触摸屏式自助挂号

挂号、病人自助挂号，手按触摸屏即可自己挂号，减少排队等候。收费环节目前不论是三级医院还是二级医院，在上午就诊高峰时，就诊人员排长队的现象还是比较普遍。引入门诊自助挂号系统，可以实现自助挂号，以此分流就诊高峰时的就诊人员。在人流低谷时，自助挂号机可以起到医院宣传和查询的作用。所以适当增加门诊自助挂号系统可以减少医院人力成本的支出，缩短就诊高峰时段就诊人员门诊挂号排队时间。

（二）收费系统的优化：医院一卡通的运用

首先，医院一卡通以磁条卡、条码卡等识别卡为基础，通过使用识别设备将就诊人员信息读入医院信息系统，主要是病人挂号预付费用或医保账户锁定，反映在实际操作中，门诊就诊卡可以避免人工输入就诊人员编码时的错误。其次，在门诊就诊卡中引入现金储值的方式，病人在接受各种辅助检查时直接刷卡而无须付费，最终的结果是挂号、划价、收费三合一，病人随到随挂号，医师开处方（支持医生工作站无纸化处方）时可随时查询到各药品的用途及库存等情况，对病人的处方，在划价收费处录入后系统会自动划价并提示收费，减少了病人的排队次数，变三次收费为最后一次收费，以减少收费环节和排队等候。此外，在应用一卡通系统时划价等环节就一并取消了，大大地减少了病人的排队次数，缩短了等待时间。

在具体实施上，可以与本地银行联合，除在医院设充值与取现的服务外，还应在合作银行设立专门的充值服务，方便病人对一卡通的管理。具体实施如图 3 所示。

（三）检查系统的优化

1. 候诊优化：候诊拿号系统

拿号排队系统最早被应用于银行业，根据排队心理学，等候时间不可知比可知等候较长时间更难以忍受。近些年来排队系统逐渐在医院得到广泛地应

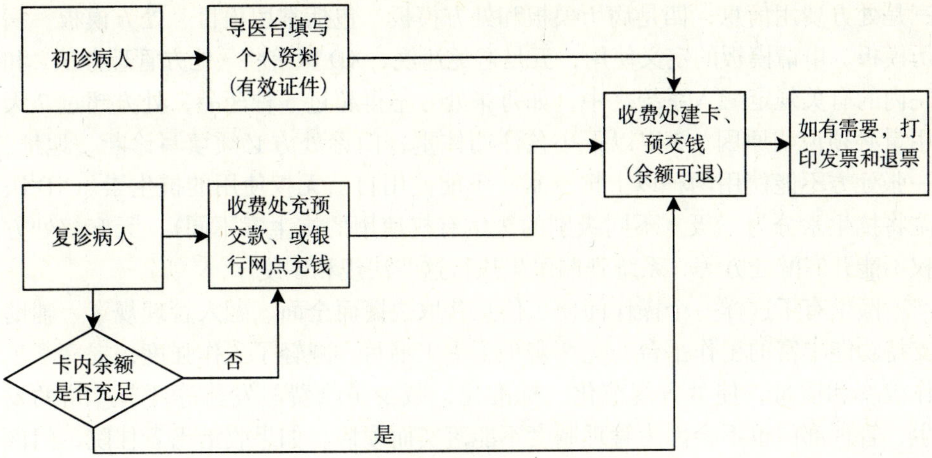

图3 一卡通系统在医院门诊的应用

用，如门诊专科的候诊区，医技检查候诊区，取药等待区等。其主要的功能是，通过屏幕显示就诊人员的排队信息，让就诊者能及时了解自己所处的候诊位置以及等待的大致时间，如果显示屏采用的是等离子或液晶显示器，还可以在显示候诊信息以外，在空余的版面显示娱乐或医疗信息，减少就诊人员的焦虑度。门诊排队候诊系统的应用有效地改善了候诊区的秩序，提高了患者就诊的满意度。

2. 建立医嘱传输系统

目前患者在诊治过程中所产生的信息收集基本上都是以纸张和胶片为载体，如处方笺、检验单、CT 单等；患者担负着各种单据的传递任务，携带和保存大量的单据，给医生及医院收集患者资料带来一定的困难。以患者为中心的第三代医院信息管理系统 OCS（Order Communication System）即医嘱传输系统就是紧紧围绕就诊过程中产生的医疗文书进行规范化管理。

3. 门诊医生站系统

门诊医生站系统是医院临床信息系统的重要组成部分，改变了早期医院信息系统中，由医师手工开处方或医技检查单，患者二次排队后，由收费员录入处方及医技费用的模式，医生在这个平台上完成日常工作和方便快捷地得到相关信息：查询自己的候诊患者，点击叫号，开处方，写检查申请，调阅患者以前的处方，调阅住院、门诊、体检病历，调阅检查、检验报告及影像，法定传染病、发热及呼吸道疾病报告卡填报等。平台可自动为医生提供以下几方面辅助支持：一是提供权威的在线药品咨询，包括配伍禁忌、不良反应、作用、用途、剂量、禁忌症、注意事项等，保证合理用药；二是提供医疗保险信息等；

三是处方费用信息；四是病历模板和处方模板，包括常用项目、处方模板、病历模板、申请模板的定义使用；五是避免违规，XD 医院将《处方管理办法》和院内的有关规定融入系统之中，如每张处方不得超过 5 种药品，处方超过 7 天用量必须说明原因，3 岁以下小孩注明体重，门诊处方必须填写诊断、地址，一张处方不能使用两种以上抗生素，不能使用自己无权使用的抗生素（XD 医院将抗生素分为三级，不同级别的医生有权使用的抗生素不同），无麻醉处方权不能开麻醉处方等，系统强制医生执行这些法规和制度。

医生有了这样一个操作简便、信息获取快捷而全面、融入管理规章、辅助支持功能丰富的工作平台，完全避免了手工书写，减轻了工作强度，提高了工作效率和质量，使处方规范化、标准化，减少了收费、发药等环节差错的发生，管理部门也不会因为管理制度不能落实而烦恼。如果收治患者住院，门诊医生还可立即启动住院医生工作站进行写病历、开医嘱等。

（四）药房系统优化

药品自动包装系统。药品自动包装系统通过与医院信息系统的软件接口，从医院信息系统中获取待发药品的信息，对于已使用门诊医生站的医院信息系统，药品自动包装系统还可以获得处方中药品按频次服用的信息，因此在药品自动包装系统确认发药时，不但可以一次性包装处方中的药品，而且可以按照每次服用剂量包装药品，指导患者按剂量服用。药品自动包装系统的应用在提高药品发放准确性的同时，也增强了药品的保存时间。因此药品自动包装系统有效地提高了对就医人员的服务满意度。

（五）检查系统的优化：自助式报告打印机

报告集中打印发放系统随着医院放射、检验、检查等设备的不断增多，医技科室无法既接待患者又负责报告发放，因此在便于患者往来的区域里设置报告集中打印发放系统，告知病人报告完成的大致时间，方便病人用一卡通刷卡直接打印报告，同时把报告直接传送至门诊医生工作站，让医生能立即得到检查（化验）结果，甚至病人做完检查或采集完标本即可返回门诊诊室，无须等待结果。

五、就医流程改造的支撑要素

(一) 便捷性

1. 标识系统统一、通俗、清晰

患者一步入医院，在第一视野应看得到门诊的平面方位图和各种医疗流程图，方便不熟悉医院方位的患者缩短寻找目的地时间。方位图宜简不宜繁，力求一目了然。大厅设置色彩鲜明的就诊导向线，满足不同文化层次的患者就医问诊需要，启用中英文两种标识，少用晦涩难懂的专业术语表述。要完善医院的标识系统，做到醒目、易辨、合理、规范、电子化。

2. 诊室设置科学合理

患者就医的过程一般为就诊—检查—反馈结果—开具处方—付款—取药—住院或安排检查。辅助检查科室布局应相对集中，集中取结果，或以最短距离相连，形成一个功能完备的医疗单元，从而减少病人的往返时间；扩展等候空间，根据科目建立多个各个诊区开放式的候诊室，既减轻了病人的压抑心理，又非常便于管理。还可以采用多种措施，给病人和家人以更周到的人文关怀，为病人创造一个方便的活动、休息空间。在大厅设立总服务台，并将职能部门医疗审批权限尽量前移到服务台，方便患者。

3. 整合服务流程，方便不同人群

以减少就诊流程的中间环节为突破口，控制患者在就诊过程中的随机性和盲目性。挂号工作最好由高年资护士承担，实施预检、注册、挂号、分诊一体化服务，医技检查实行计算机排队系统，实施均匀有序的检查，付款、取药实行语音呼叫与屏显相结合，杜绝一窝蜂现象。同时开辟针对特殊人群的绿色通道。对 60 岁以上的老人、残疾人、离休干部、外宾以及相当一级的专业技术人才，医院应设立专门窗口优先予以接诊、检查，可实施一站式服务。

(二) 高效性

1. 实行电脑化管理，达到环节和过程的实时管理和控制

以门诊医生工作站开设为契机，辐射到挂号、付款、开具处方、药房流程的改革。诊疗信息无纸传输，使诊疗医师能第一时间阅读到检查检验结果，在

线读片，从而快速开具电子处方，避免医患双方交换纸质信息等待时间长的弊端，也便于医院保存患者的医学信息资料。

2. 建立门诊转会诊系统

许多患者，由于对本身疾病并不了解，往往只是凭着出现的局部症状求诊，常常有挂错专科的情况。而专科医生碰到临床症状不典型或夹杂其他复杂疾病的病患，也有可能误、漏诊，这对患者来说是不公平的。因此，医院必须建立一套行之有效的门诊转会诊制度，发挥医院技术力量的整体优势，由一批高资历医师担任主诊医师，使一些疾病不需要住院就能得到确诊和治疗，减轻病人求诊过程中的心理和经济上所承受的双重负担。同时开设特需服务和特色门诊，满足不同层次人群的就医需要。

3. 提高医院工作人员素质

提高医院工作人员素质有利于提高医疗流程运行速度。减少在医疗流程中因工作人员失误引发的事故及时间浪费。在人员的组织方面，转变工作思想观念和思维方式，充分认识流程再造或优化的意义。此外，还要提高预检分诊人员的专业化水平（服务人员专业化），减少病人的无效往返。需要明确的是，维护起始的良好服务氛围比氛围破坏后极力挽回所花费的代价更低。

4. 医院信息工作小组

为了推进医院信息化建设，XD 医院将于近期成立医院信息工作小组，通过个人报名、科室推荐的方式，目前正在全医院范围内公开招募小组成员。该信息工作小组的组建将涵盖全部临床、医技科室和职能处室，以便医院未来的信息系统能够更好地满足科室、部门的需求。

XD 医院信息工作小组的主要任务包括：协助提炼、设计、预测医院及科室的信息化建设需求；协助整理医院现有工作流程，提出流程优化方案；协助合作伙伴（HIS 厂商）完成客户化改造、系统上线及上线后反馈；协助完成医院基本数据字典的建立和完善；实施院长和信息委员会部署的其他任务。

（三）舒适性

1. 优化服务环境

现代的医院建筑应充分考虑服务环境在诊疗服务中的权重，如包含尽可能多内容的大型电子显示屏，触摸式电脑费用查询系统，宽敞明亮的诊室，周全完善的残疾人辅助设施，秀色宜人的花草、盆景布置，恰到好处的健康教育宣传，一对一的就诊程序，充分尊重患者隐私的检查室，训练有素的医务人员和工勤人员等，同时院方在提供候诊空间和休息场所时应注重人文关怀，凸显患者和环境的互动性，如张贴专家的照片，并详细介绍其研究领域和成就，设立休闲吧一类区域，患者拥有被隔断的独立区间，便于患者放松心情，消除对医疗服务的恐惧感和神秘感。

2. 实施人性化服务

人性化服务范畴很广，这里主要指医务人员人性化的服务语言、服务行为与服务制度。在每一楼层设立标志鲜明的导医人员，能积极主动做好迎来送往工作。加强医务人员观念教育，落实首问负责制，提高首因效应，把10英尺距离、日清日结、病人服务无小事等理念融入到每一位医务人员的具体工作中。对所有患者都一视同仁，细语相慰，悉心服务，使患者得到愉快治疗。

3. 提高医疗服务满意度

对医疗服务评价很大程度上取决于被服务对象的心理感受和主观评价。目前多数医院的门诊满意度普遍低于住院满意度，这是因为门诊病人在医院逗留时间短，医务人员任一环节服务的不到位都能导致病人对整个医疗过程持否定态度。因此提高门诊病人的满意度的工作不容忽视，医务人员队伍建设是关键。尤其是十大窗口，要从方便患者出发，实施开放式服务，落实承诺服务制，把服务行为、时效、语言以制度形式规定下来，便于群众监督；选拔业务素质高、沟通能力强的人员到前台工作。一些医院推出了感动服务，用“感动率”来替代传统的满意率作为评估医疗服务的标准，使人性化服务更前进了一步。

六、实施流程优化过程中的困难与问题

北京XD医院信息化建设成功地经历了从管理信息系统（HMIS）向临床信息系统（CIS）的转变，而医生工作站系统的实施是实现这一转变的关键一环。医生工作站以病人信息为中心，围绕病人的诊断治疗活动，实现病人信息的采集、处理、存储、传输和服务。它以加快信息传送和减轻病历书写为目的，围绕临床医生每天的日常工作，切实提高医生的医疗服务质量和临床工作效率，支持医生的临床研究。医生工作站与医院管理信息系统中已有的护士工作站又有何不同呢？医生工作站与护士工作站是两个独立的系统。医生凭个人密码只能在医生工作站处理医生录入的医嘱，护士也只能凭个人密码在护士工作站处理护士录入的医嘱。它们在医嘱的生成，医嘱的起效时间、停止、录入、撤销等实际操作中都有不同。性质的不同，决定了它们在整个系统中的功能和实施

难度的不同。

医生工作中的难度首先是来自技术方面的。选择技术过硬的产品提供商是系统顺利实施的重要保证。经过多方考察，XD 医院最终选择了卫生部医院管理研究所与美国 WYSE 公司的合资公司——众邦慧智公司作为软件供应商。众邦慧智为北京 XD 医院设计的医生工作站系统采取 Client/Server 型系统结构，前端在 PC 微软中文简体 Win95/Win98 的环境下运行，PowerBuilder 语言开发；后台采用基于微软的 WinNT 下的 SqlServer6.5 数据库管理。技术的难关过了，产品做好了，但非技术因素形成的难关才是真正的难关。

真正的挑战来自实施，而且这一“战”就持续了两年半。经过对系统的修改、测试，应用系统得到了优化。经过对网络升级，服务器完成了升级和扩容。北京 XD 医院终于迎来了病房医生工作站的上线。按照院长的要求，选择了在医嘱最为复杂的内科开始第一批的上线工作。

医生工作站系统在内科病房上线时，系统的实施工作也遇到了来自医生的最大阻力。第一，内科医生从学生时代开始的训练，到后来的实际工作，一直习惯于手写医嘱，然后交给护士去执行。上了系统之后，就要彻底改变这种习惯。在他们最初并不熟悉这个系统时，需要花费大量的时间在医嘱的录入上。因此，部分医生就产生了很强的抵触情绪。第二，在系统运行之前，医生开了医嘱后，XD 医院有个“三查七对”的传统，这不仅减少了医嘱的错误率，同时医嘱的很大责任在护士身上。上了医生工作站后，医嘱的发生源在医生那儿，医生就成了全权责任的承担者。有的医生就不愿承担这种责任，也对系统的应用有了抵触。第三，在系统运行之前，医生写医嘱时，只需要明确医疗属性，即医嘱中明确使用什么药，如何使用等，而它的财务属性则由药方和护士负责。但刚上系统时，医生不仅要明确医疗属性，还要掌握医嘱的财务属性，在录入医嘱时也要录入和记账有关的问题。这也引起了部分医生的反对，他们认为他们不应该关心这些问题。

医生的埋怨声越来越大，他们质疑这个系统运行的必要性。如果医生不用这个系统，这个系统就是个死系统，这也意味着两年多的努力将付诸东流。在这时，正是医院的领导在关键的时候明确了态度，大家才明确了这条路必须坚定不移地走下去，剩下的问题就是坐下来好好协商解决这些问题了。在解决问题时，XD 医院坚持一条基本的原则，就是同医生、护士以及相关部门一起来协商，确定一个各方都能接受的平衡点，通过协商、沟通，使软件能适应各方面的需要。有了领导明确的态度，有了良好的沟通协调机制，有一支迎难而上的建设队伍，还有什么问题是不能谈的，不能解决的呢？

通过协商，大家达成了共识。医嘱是一定应该由医生录入的，之所以医生觉得现在录入医嘱速度不快，其原因在于他们并未熟练掌握，信息中心又组织了几次专门给内科医生的培训。在培训中，还进一步地告诉医生医生工作站的必要性，它以后还将提供更多智能化的服务。同时，还会优化系统，让医生们能看到眼前的方便，而在将来，随着医生工作站功能的完善，让医生感受到会有更多的方便。同时决定在系统实施后，坚持医院一贯的医嘱查对制度，医嘱单打印出来后护士应看一遍；长期医嘱护士签字一栏填入打印此医嘱护士的名字。但是医生录入的医嘱仍然应该由医生负责，这是医生不可推卸的责任。医院规定，由药剂科负责建立一部数据库形式的XD电子药典，并负责日常检查、增补药典的内容并负责其正确性等工作，信息中心负责将此药典应用于病房医生工作站。医生也不用去掌握这些财务属性了，而是在写电子医嘱的时候，一输入药名，就立即能显示药品的价格、是否为公费等信息，给医生的工作带来了方便。正是这一套良好的协商沟通机制，解决了问题，内科医生的抱怨声也没有了。医生工作站在二批、三批上线及以后的上线过程中就变得极为顺利，现在全院的各病房已经全面使用了这套医生工作站系统。

七、实施流程优化与管理的效果

经过上述五个方面的流程优化，最终实现了医院门诊流程的优化工作（见图4、图5及表2）。

XD医院系统建设过程是经历了很多曲折和考验的，但也积累了许多宝贵的经验，可总结为以下五点：

1. 良好的领导体制是关键

医院流程优化及信息化实施不仅是个技术问题，还牵扯到很多深层次的问题，包括权力的再分配，如果仅靠信息主管来推广应用会很困难。XD医院就建立了专门的领导小组，由医院的两个副院长担当，同时所有部门的领导又是临时工作小组的成员。

2. 小步快跑，由点及面

XD医院的规模大，病区多。结合医院的具体情况，医院首先在神经外科选择一个病房做试点，再将试点扩展，成功运行后，再在全院铺开。在试点的过程中，一方面，检验字典数据初始化的质量、文件服务器的可靠性；另一方面，及时记录出现的问题，在会议上进行集中探讨，积累经验。试点工作的充分到位，直接提高了后续推广的质量。

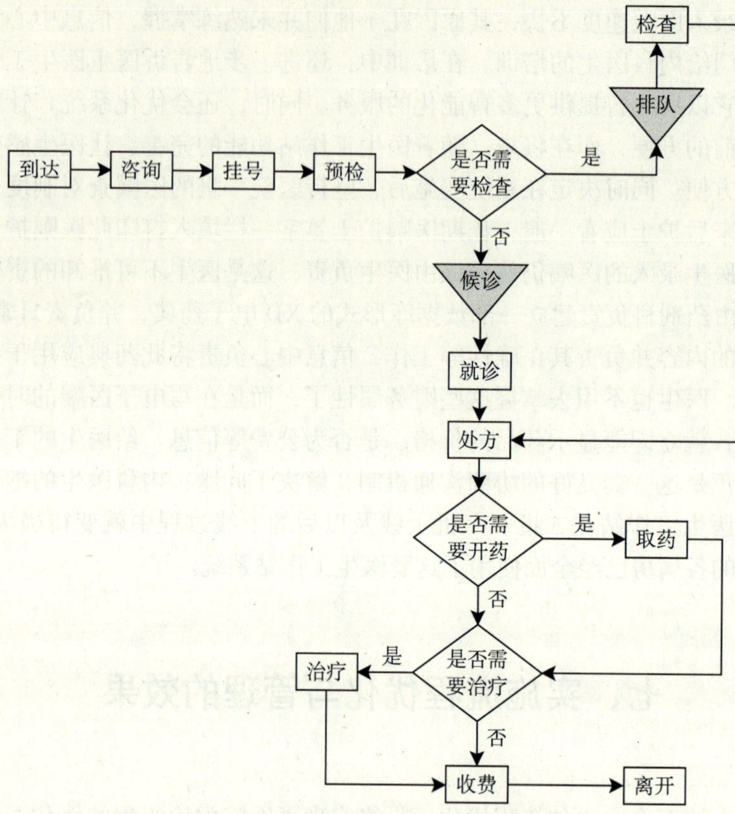

图 4　流程优化后的医院门诊流程图

工序内容	工序系列			
	操作	移动	等待	检验
咨询	○			
走到挂号处		→		
挂号	○			
分诊	○			
走到检查室		→		
等待检查			▽	
检查				□
走到诊室		→		
候诊			▽	
诊断	○			
走到药房		→		
取药	○			
找零	○			
离开	○			

图 5　流程优化后的医院门诊流程分析

表 2 流程优化前、后门诊就诊流程程序统计

活动	优化前工序量	优化后工序量
操作	9	7
移动	8	4
检查	1	1
等待	9	2
总计	27	14

3. 规范管理，成功保证

医生工作站系统是病人诊断治疗过程记录的源头，对保证医疗文书的完整性尤为重要。一方面，北京 XD 医院通过技术手段，规范医嘱的内容和病历的格式，尽量保证医疗文书的标准化；另一方面，由医务部和信息中心共同制订严格的管理规范，详细规定计算机管理模式下各种业务如何处理，各种权限如何分配等。

4. 培训到位，持证上岗

培训质量的好坏直接关系到医生工作站的应用质量。北京 XD 医院安排了专门的培训教室给主治医师以下（包括主治医师）进行培训。培训过程中结合管理规范，明确告诉医生如何操作。上机实习过程中，有重点地引导医生练习容易出错的操作。培训完后，医师统一参加考试，考试合格后颁发证书。有合格证的医生，才能使用医生工作站系统。

5. 出现问题，及时反馈

在每个部门要安排专门的责任医生负责收集应用过程中的各种意见和问题，及时反馈到信息中心。同时，信息中心每次开会探讨的时候也邀请相关的医生参与进来，注重医生的意见，调节各方的利益关系，最终达到一个各方都能接受的平衡点。这种民主的氛围，使实施过程虽困难重重，但得到了医生的理解和支持，最终得以成功实施。

八、案例使用说明

（一）案例类型与教学目的

（1）本案例是一个全面阐明医院流程改造与信息化项目实施的案例。无论对于国内大中型医院，还是对于中国的IT行业都有一定的参考价值。案例选择的对象也具有典型性和特殊性。

（2）本案例主要适用于《运营管理》、《电子商务》和《管理信息系统》等课程，也适用于工商管理类别的课程教学和管理培训。

（3）通过案例，学生可以了解一个大型医院流程优化的全过程，了解医院业务流程分析、实施过程管理、评价管理等环节的关键成功因素，特别在医院业务流程优化、流程图绘制等方面有更为直观的感受，也可以此为基础，泛化到大多数医疗行业企业信息化项目管理。

存在的主要问题有以下三个方面：患者排队次数较多，等待时间较长；工作效率较低；各时间段内工作负荷分布不均衡。

（二）可供教师在课堂上选用的启发思考题

（1）流程存在的问题是什么？

（2）什么样的外部环境和内部条件促使XD医院实施门诊流程优化与信息化改造？

（3）如何理解医院流程优化形成的逻辑思路？沿着已有流程分析、流程优化指导思想、流程优化具体措施、流程优化具体困难与流程优化效果这样的一条清晰思路，详细介绍医院流程优化的理论体系。

（4）分析信息化与流程优化之间的关系。

（5）结合实例说明流程管理的意义及重要性，并将它与科层制管理进行比较。

（三）教学分析路线

回顾流程管理产生的背景→从流程管理理论体系形成的逻辑思路出发，介绍流程管理的理论体系→独具特色的医院已有流程分析及问题→流程优化的意义→流程优化的指导思想及原则→流程优化的具体措施→流程优化及信息化过程中的挑战→流程优化及信息化的效果。

（四）背景资料

近年来，尤其是2009年以来，医院就诊问题一直为社会所诟病，原有的三级医院功能划分在医疗体制改革的过程中被打乱，三级医院人满为患，社区医院、小医院的生存却难以为继。与此同时，老百姓普遍反映看病难、看病贵，就诊程序复杂，而大型医院的医生尤其是专家满负荷工作却仍然难以处理完过多的门诊。医疗问题关系到国计民生，与老百姓的日常生活息息相关，因此，改善目前医院就诊过程中存在的问题具有十分重要的意义，而且，就目前国内面临的实际问题而言，医疗问题的改革已刻不容缓。

这一切，都可以从改善医院就诊流程入手。医院流程设计不仅直接关系到患者在医院就诊的繁简程度，而且还会直接影响诊断质量。2005 年 5 月 17 日在北京举行的“中美医院流程再造专题研讨会”上，美国医院管理学院院士克里斯弗·纽曼就介绍说，医院流程设计和运作造成的失误使美国每年有大约 11 万患者死亡。而且，随着社会的发展、生活条件的改善，人们对健康的要求标准越来越高，相应地，人们对医疗健康保障的标准也逐渐增高且需求量增大。这对医院产生发展机遇的同时，对目前的医院水平而言更是考验。长期以来，医院已经形成了“三长一短”的就诊模式，即挂号、收费、取药时间长，实际就诊时间短，部分医院甚至是“五长一短”，也就是挂号、划价、交费、就诊、取药队伍都长，整个就诊流程“难、繁、慢、乱、差”。患者到医院就诊不能及时接受检查、及时手术，有时候危急病人都会被耽误，延长患者在医院就诊时间的现象司空见惯。而对医院而言，运营效率低下，部分资源紧张的同时，部分资源闲置，造成实际的浪费和多处“瓶颈”的存在。

本次选题研究的另外一个重要因素在于，国内有很多的关于对流程再造（Business Process Reengineering，BPR）的应用研究，有的企业和机构一谈到流程再造都非常感兴趣，投入了大量的人力和财力，但是一旦完成了某一个阶段的工作或者是局部的工作，就没有很好地坚持。原因很简单，流程再造的关键在于对组织机构、质量流程、服务流程的再造，是对核心流程的界定和优化，只有在对核心流程进行优化的前提下，才可能在对整个流程改进的基础上使企业“增值”，而不是对企业进行简单的“减员增效”或者“一刀切”，剩下的“优秀”员工如果还是按照以前的流程模式进行工作，而不对工作的方式进行必要的改进或者是彻底地推翻重塑，那么就根本没有起到对流程进行再造的作用。

（五）关键点

（1）流程管理。

（2）服务业流程。

（3）管理信息系统。

(六) 参考资料

(1) 李包罗:《畅谈我国新一代医院信息系统》,《中国医院信息》, 2001 (1~2): 15、18。

(2) 徐德林:《HIS 发展必须改变现行的设计与建设模式》,《中国计算机报》, 2002 (8): B4。

(3) 伊瑜:《医院信息系统建设应注意的问题》,《医疗设备信息》, 2003 (4)。

(4) Oxford University Press, 1978, The Oxford English Dictionary Ⅷ: 1408. Oxford: The Clarendon Press.

(5) 何谦、廖清书、刘建萍:《门诊患者就诊流程现状调查分析与思考》,《实用医院临床杂志》, 2005 (1): 92~93。

(6) 冯薇:《流程再造:改善医疗服务质量和效率的科学方法——中美医院流程再造专题研讨会综述》,《中国医院》, 2005 (8): 75~77。

(7) 韩炜:《医院业务流程再造研究——天津市第一中心医院业务流程再造实证分析》, 天津财经学院, 2004。

(8) 黄锡缪:《医院流程的变化与发展》,《现代医院》, 2003 (1): 53~54。

旅游管理篇

案例13

通州皇木厂村通过旅游开发打造“运河古村、创意新园”

孙月婷[①] 蔡 红[②]

摘要：旅游开发是提升旅游目的地吸引力、改善旅游目的地形象的系统工程。北京市通州区皇木厂村从自身旅游资源条件出发，结合目标客户的需求，对其旅游开发工作进行了整体策划和安排，力争将该村打造为“运河古村、创意新园”。本案例的研究有助于加深对旅游开发工作的全面理解，通过了解皇木厂村旅游开发的定位、旅游产品体系设计、重点项目建设和市场开拓，熟悉旅游开发工作的主要内容和应遵循的基本原则。

关键词：旅游开发 运河文化 旅游产品设计

为贯彻北京市旅游局倡导的“一村一品”建设理念，通州皇木厂村以科学发展观为指导，充分整合、利用、开发优越的运河文化资源和自然生态资源，打造“运河古村、创意新园”，以推进该村及通州区乡村旅游的可持续发展。

---

① 孙月婷：首都经济贸易大学工商管理学院副教授。
② 蔡 红：首都经济贸易大学工商管理学院教授，博士。

一、背景介绍

(一)“北京最美乡村”皇木厂村

2007年春天，北京通州区张家湾镇皇木厂村在中共北京市委农工委、北京市农委、北京市旅游局联合主办的“北京最美的乡村”评选活动中，荣获了“北京最美乡村”称号，成为151万余人次网上投票、23万余人次的报纸票选而评选出的10个京郊最美的村庄之一。

皇木厂村位于北京通州区中部，隶属张家湾镇。东依北运河，西临玉带河，南伴凉水河、通惠河。距天安门广场25公里、首都机场22公里、CBD中央商务区15公里。紧依北京六环路和京津公路，距京哈、京沈、京津塘高速公路不足5公里。

皇木厂村村域占地2080亩，村内农户326户，806人。皇木厂村于1997年开始进行旧村改造，陆续建造了668栋白墙红顶的花园式别墅，用以安置村民。

为营造一个温馨、和谐的宜居环境，皇木厂村在新村建设中创意性地采用了江南水乡与现代元素相结合的建筑风格，修筑了江南水乡格调的亭台楼阁，花岗岩镶嵌的道路，汉白玉构筑的小桥。村内林木葱茏、花香袭人，竹门精巧，竹亭翼然，竹廊幽长，步行街白玉桥流水潺潺，漕运古码头碧波荡漾，呈现出一派恬静宜人的江南水乡风光。皇木厂村的新村建设不仅福泽村民，还因其优美的环境而吸引了6500余外地人慕名到此居住。

皇木厂村不仅环境优美，还有着深厚的历史文化底蕴。皇木厂村东接北运河，系漕运古镇张家湾货运码头，明代因转储修建紫禁城太和殿的御用木料而得名“皇木厂”，民间有“先有皇木厂，后有北京城”的说法。皇木厂村内遗留着诸多的历史遗迹，如从大运河古道挖掘出来的建设皇城、皇陵的红丝竹叶纹嘉石，官盐码头称盐用的石权（其中一枚重达1000斤，为迄今为止出土的世界最大的石权），“惜字局”石碑等。村内有运河古道遗址150米，村西有一棵600余年历史的明代所植国槐，历史价值和观赏价值极高，是通州区重要景观之一，被北京市文物局列为市级保护文物。

（二）皇木厂村旅游业发展与建设的现状及存在的问题

1. 现状

得天独厚的区位优势、资源优势和市场优势，为皇木厂村发展旅游业提供了巨大的机会。皇木厂村领导对发展旅游非常重视，从资金和政策方面给予了大量支持。

1999 年，皇木厂村投资 200 万元，建设了民俗旅游接待站，完善了卡拉 OK 厅、棋牌室、电控室、图书阅览室、会议室及客房接待室，将多种功能综合于一身。

2002 年，皇木厂村成立了“北京市世外桃源民俗旅游度假村”，50 户民俗旅游接待户挂牌经营，其中市级民俗接待户 8 家，具有一定的容纳能力和接待能力。近年来，皇木厂村已先后接待了来自日本、美国、韩国、马来西亚、俄罗斯等 50 多个国家和地区的入境游客及国内游客 26000 余人。

2003 年 6 月，村里投资 3800 万元建成了 18000 平方米的商业街。商业街建设紧密结合观光旅游，开展多元化的经营活动。

2004 年 5 月，村里投资 160 万元，依照《旅游厕所质量等级的划分和评定》中关于三星级旅游厕所的设计和要求，建造了两座旅游厕所，将发展旅游、净化环境从小处落实到位。随后，皇木厂村又投资 140 万元，建设了一座 3600 平方米的露天游泳池。这个建设项目不仅增加了经济效益、社会效益，还填补了新农村基础设施方面的一块空白，从而进一步完善了民俗旅游服务体系的服务功能，提高了服务能力和服务水平。

2004 年 7 月，皇木厂村耗资 150 万元，实施了村内道路的美化工程，将村内 12500 平方米的道路铺成花岗路面，提高了中心街道路的标准，被区委评为文明示范街。

为了维护稳定良好的治安秩序，保护集体财产和村民人身安全，促进民俗旅游业的进一步发展，皇木厂村投资了 120 万元用于加强社会治安防范体系。他们在全村主要路口和重点部位安装了 80 套闭路电视监控装置，建立了监控室，配备值班室工作人员和先进的通信工具，实行 24 小时值班监控制度，有效地维护了社会治安秩序的稳定。

皇木厂村的干部还颇具发展眼光，村中留有大面积的旅游规划用地，拥有旅游资源整合与提升的较大空间，目前处于发展旅游的大好时期。

2. 存在问题

从总体上讲，皇木厂村旅游业目前仍处于发展起步阶段，与发展成熟的旅游景区相比，还存在一些问题和不足，这些制约了该村旅游业的进一步发展。存在问题主要表现在以下几方面：

（1）在资源开发利用上，局限于传统观念和方式，偏重于一般意义上的观光旅游、民俗旅游，缺乏创新和更广阔的视角。对运河文化、漕运文化、民俗文化、餐饮文化等资源深度开发利用整合力度还远远不够。

通州作为京杭大运河的北起点，曾是中国漕运的聚散地和最大的码头区、无数商旅云集的商业都会。从一定意义上说，通州是京杭大运河文化融汇的归结点和聚散地。作为大运河源头古镇张家湾运河码头的一部分，皇木厂村内遗留着诸多的历史遗迹和文物，还有与运河文化相关的运河号子、龙灯、小车会、民间手工艺、特色餐饮文化等，都还没有得到深入研究、开发挖掘、包装、整合、利用。

（2）在产品开发上，现有旅游产品数量不足。产品类型基本上属于观光型，缺乏参与性强的娱乐活动和具有文化创意的旅游产品，游客停留时间短，旅游综合效益不高。

（3）在服务质量上，水平参差不齐。食宿及当地文化娱乐方面的质量明显偏低，菜肴品种单调、雷同，特色不明显，本地生产、加工的原生态食物所占比例偏低。旅游纪念品开发滞后，还没有形成具有本地特色、突出运河文化内涵的旅游纪念品。50家民俗接待户的接待风格大体趋同，未形成各家特色。

（4）整体环境的乡村性较弱。皇木厂村离北京城中心距离近，受城镇化影响较大，乡土气息逐渐弱化。村庄的别墅群、商业街，以及步行街河道两侧的护栏和石桥具有较强的城市景观风格，在一定程度上削弱了乡村风貌的原真性。

（5）市场推广不足，未能形成一个统一、鲜明的旅游形象，网站建设需进一步加强。

（6）旅游基础设施，如旅游接待中心、停车场、旅游标识牌、道路、照明等需要进一步完善提升。

二、皇木厂村旅游开发的指导思想

根据对皇木厂村旅游资源以及客源市场的调查分析，旅游产品开发在指导思想上应明确以下几点：

（一）体现旅游资源的特色

皇木厂村的旅游资源主要有五大类，即体现运河文化（包括漕运文化）的遗址遗迹景观（如漕运古码头）、水域风光（运河古道水域）、以668栋花园式乡村别墅群为代表的建筑与设施、以600年古槐为典型的生物景观、主要表现漕运文化和红楼文化的人文活动。在这些旅游资源中，最具特色、品级、知名度最高的就是与运河文化相关的遗迹、遗址和运河古道水域。因此，皇木厂村应该以运河文化资源作为其旅游产品开发定位的基本出发点，对运河文化进行深入挖掘，使该村的旅游产品凸显其运河文化底蕴。也只有如此，才能打造皇木厂村旅游的亮点，彰显其与北京其他区县旅游产品相比的差异和特色。

（二）注重主要客户的需求

皇木厂村与北京城区距离近，交通便利，属于城郊型的游览休闲地，其产品开发应注重考虑城市居民的郊游特点。

（三）配合通州区的旅游开发工作

皇木厂村所隶属的通州区近期的旅游工作重点之一也是开发运河文化产品。通州历史上是佐辅京师的东大门，其发展与运河文化息息相关。历史上曾有“运河舟楫之盛曾抵长城之雄”和“一京二卫三通州”的美誉。近年来，通州区对运河文化的发掘和重现进行了很大的投入，将弘扬运河文化，开发运河文化旅游作为一项重点工程，把运河开发与传统文化、文物的保护利用，与运河两岸的乡村旅游、民俗旅游、文化创意旅游有机结合，使运河旅游开发建设取得明显成效，以运河文化为核心、运河文化旅游为龙头的通州旅游知名度、吸引力明显增强。

遵循以上指导思想，皇木厂村以文化创意旅游为基本定位，以运河文化为主线，以漕运文化为主题，兼济红楼文化，打造南北交融、古今交汇，符合皇木厂村旅游资源禀赋和具有比较优势的创意新天地。

在旅游产品开发中，要把握重点，充分挖掘、整合运河深厚的历史文化资源，突出其“运河文化”特色，打造高水平的“运河旅游”，使之真正成为该村甚至通州旅游的一个亮点，并融入到通州大旅游之中。

三、皇木厂村旅游产品设计

根据村庄的旅游开发定位，皇木厂村设计的旅游产品包括观光游览、民俗体验旅游、文化创意旅游、农事体验旅游、休闲度假旅游、公务接待、节事旅游和养生养老旅游等几个类型。在这几类产品中，观光游览产品和公务接待已被开发，今后应进一步丰富内容，挖掘深度，提升品质；民俗体验旅游和节事旅游则是皇木厂村的空白，应该引起重视。力争通过丰富多彩的旅游产品，将皇木厂村打造成为一个“可观光、可休闲、可参与”的地方，以吸引游客，提升该村的旅游竞争力。

（一）观光游览

由600多栋拔地而起的别墅小楼、汉白玉构筑的小桥流水、江南水乡风格的亭台楼阁以及鲜花绿地所构成的皇家新村让人流连忘返。村内600多年的古槐、明代的千斤石杈、水陆运送的巨石等诸多古迹，更赋予了皇木厂新村浓厚的文化色彩，也为其发展观光旅游提供了丰富的资源。

皇木厂村可以推出“运河风情游”和“新村风光游”等观光产品。

1. 运河风情游

在现有运河文化景点的基础上结合各旅游景观景点的开发建设，着力推出“运河风情游”旅游线路，利用运河文化文物参观展示、运河风光游览和各类传统节庆、习俗，举办文化庙会、游园活动等，使游人深入了解运河文化。

2. 新村风光游

利用村内具有本地风土人情特色的建筑、景观配置，并配合文物古迹、古今文化等民俗资源，形成新村风光游。

皇木厂村有两条宽阔的柏油路连接国道，下了国道即走近了红墙黄瓦的城门楼，顺着高大的门洞往里走，映入眼帘的便是“北京最美乡村”的铜制荣誉标志，再往前行即是该村第一道独具特色的竹制门楼（全村有6个不同样式的竹门楼）。

过了竹门楼，即见黄瓦红墙的戏门楼，穿过戏门楼，迎面矗立着四柱的石牌坊，四柱中间是用运河故道的竹叶巨石雕刻的石碑，碑面镌刻着原全国人大常委会副委员长王光英题写的“皇家新村”四个大字。

石碑东北角矗立着一座 5 层砖塔，登临塔顶可俯瞰全村景致：村中央浮光耀银般的湖面，有 1000 多平方米，湖东西两侧建起了 300 米长的竹制长廊。绿草如茵的湖畔端立着一块石碑，碑上刻着“舳舻千里”。意思是说：此湖是古代大运河原故道的一段遗址，观者可遥想当年运河之上商船首尾相接，绵延千里的繁荣景象。

再往南走，村子东西门楼之间，铺设了一条花岗岩的石板步行街，街中间四季流淌的人工河横贯东西，河里金鱼戏游，河面莲花掩映。汉白玉的护栏镶嵌在河岸两侧，18 个拱形石桥横跨南北，村民称之为“金鱼桥”。桥北侧伸展过来一棵 600 多年的参天古槐，树旁立有“古槐自述”碑，碑文记述了历史的沧桑及今朝的巨变。

通过对该村风情的游览，可使游人充分了解皇木厂村南北交融、古今交汇的现代新农村风貌，深度体验其和谐安宁的人居环境。

（二）民俗体验旅游

目前皇木厂村共有 50 多个民俗旅游接待户，现有 8 家北京市级民俗旅游接待户，用来接待国内外游客。游客们吃住都在民俗户家中，不仅可以体验新农村农民生活的巨大变化，还可以品尝地道的京东农家饭，感受皇木厂村独特的民俗风情。

为满足游客的不同需求，皇木厂村把主要的民俗接待户培育为具有鲜明特色的“一户一品”，将其打造成北京知名的深度体验式旅游产品，面向乐于了解各种民俗活动，体验农家生活的家庭市场和休闲度假游市场。

1.“敬老户”

皇木厂村的尊老敬老远近闻名，所以可以借此美誉，吸引老年游客，让老年游客在接待户感受一下这种氛围，同时也可以和民俗接待户的老人聊天交流。

2.“收藏户”

善于收藏的民俗户可以向游客展示自己的收藏品，同时和喜欢收藏的游客交流收藏经验。

3.“种植户”

在院落内和田地里种植各种有特色的观赏植物，如石榴树、凤仙花、鸡冠花等，让游客感受小桥流水人家的静谧。或是在民俗接待户小院里搭建爬藤类瓜菜架子，种植豆角、丝瓜、黄瓜等，让游客感受农家小院的淳朴气息。

4.“茶文化户”

有些民俗接待户的主人喜欢饮茶，懂茶艺，那些喜欢品茶、对茶文化感兴趣的游客，可以到民俗户家中体验茶艺、享受品茶的乐趣。

5.“剪纸工艺户”

剪纸是北方较为流行的民俗活动，在将一些特色乡村剪纸作品展示给客人的同时，还可以教客人剪纸。剪纸学起来不算难，能提高游客的参与性，容易吸引游客，包括学生。

6.“风筝扎制户”

据红学家考证，曹雪芹家族祖居张家湾镇，并在此置有房产，后曹雪芹也葬在张家湾祖坟。传说曹雪芹酷爱风筝，是扎制风筝的高手，还留下了“曹氏风筝”的制作方法。因此，可以培训风筝扎制户了解红楼文化中有关风筝的历史和“曹氏风筝”的制作工艺，让游客边欣赏风筝的制作过程，边倾听关于“曹氏风筝”的传说，回味红楼梦中放风筝的情节。

7.“故事大王户”

熟悉村史、漕运文化、本村民俗风情等，可以给感兴趣的游客讲述。

8.“美食农家户”

皇木厂村有自己的特色农家饭，如高粟肉、玉米面做的包团子、嘎嘎汤、玉米糙加豆粥、打糊饼、炸烙合、栗子窝头等。尤其是现在城里人都推崇吃农家饭、吃粗粮，旅客可以到民俗户家里吃地道的农家饭。

（三）农事体验旅游

以采摘水果、种植、欣赏农家田园风光、垂钓、游湖泛舟等形成游乐农业。

1. 田园采摘

在皇木厂村北，临近东门处有合计 30 余亩的葡萄园和水蜜桃园，采摘园可摘到“无核白鸡心”、“亚都密”、“黄意大利”等品种的葡萄，都是绿色无公害水果。采摘园紧临京津路、八通轻轨，村子周边还有北京葡萄大观园等 10 多个采摘园，人们可以摘到桃、杏、梨等各种水果。旅游者在领略优美田园风光的同时，还可以享受亲手采摘的乐趣。

2. 种植体验

利用皇木厂村农作物种类丰富的特点，以种植、收获、修剪树枝、采集瓜果、栽花种草及农产品加工等为主要内容，形成种植体验型旅游。

3. 泛舟垂钓

如意湖区游客可以乘坐小舟，在船上或者在岸边均可垂钓，放松身心。

（四）公务接待旅游

作为改革开放和新农村建设的典范，皇木厂村取得了不俗的成果，政治接待是近几年来皇木厂村旅游发展的主要形式。2002 年，时任中组部副部长杨建生来村考察农村的党支部建设；2003 年，时任卫生部部长朱庆生到皇木厂村视察抗击“非典”工作；2005 年全国妇联副主席率全球女企业家代表来皇木厂村视察；2006 年建设部副部长黄卫到皇木厂村调研节能改造工作。此外，还有许多兄弟省市和京郊民俗村的领导前来参观学习。这些政治接待任务大大提高了皇木厂村的知名度和美誉度，为皇木厂村带来了积极的社会效益。同时，在以后的政治接待中，可以通过利用政治接待优势，争取各方政策支持和优惠、注意项目的洽谈及引入资金，将优势转换为经济收益。

（五）文化创意旅游

通州的文化产业与其他城区相比，还存在一定差距。皇木厂村应秉承“文化立村”的发展战略，充分利用运河文化这一独特的人文资源，积极培育“通州·皇木厂”的文化创意旅游。例如可以建设红著文化区。皇木厂村所在的张家湾镇是曹雪芹墓碑出土的地方。据专家考证，曹家典地、水井、染坊遗址犹存。同时，红著中花枝巷等地的描写原型，取自此地。皇木厂村可以挖掘红著的巨大社会影响力，建设“红著文化城”，开展红学旅游，打响历史文化品牌。

（六）休闲度假旅游

以红楼梦中园的潇湘会馆为基础，面向高中端旅游者展开休闲度假类旅游产品的建设，为游人提供一个可游、可娱、可憩的场所。

（七）养生养老旅游

以皇木厂村尊老敬老养老的风俗为背景，结合秋爽斋和老年活动中心的建设，设计符合银发阶层喜闻乐见的旅游产品，吸引老年游客。

（八）节事旅游

认真挖掘运河文化、红楼文化，策划一些有浓郁地方色彩的活动，开展节事旅游。

开展红楼文化创意竞赛、漕运文化创意竞赛。

举办饮食节，展示皇木厂村和漕运文化的饮食特点。可在不同的时间举办漕运美食节、红楼美食节和运河人家小吃节。

组织文化集市，可吸引艺术家做文化展览等。

每年重阳节，可举办“尊老敬老”活动，在这个过程中，可着力体现皇木厂村的饮食特色，如能恢复“竹马戏”，可在此时展示。

四、重点项目建设

为保证上述旅游产品开发的顺利实现，皇木厂村准备进行一系列的重点项目建设。

（一）舳舻千里园（漕运生态园）

1. 发展定位

依托现有的舳舻千里石碑、红丝竹叶纹嘉巨石以及人工湖水面，将舳舻千里园打造成漕运文化的精品历史园区，再现京杭大运河北段壮丽景象。

2. 建设思路

复原漕运码头、进行地雕设计、建造生态湿地园；利用一轴一环将整个园区串联；注重漕运历史氛围的营造。

3. 建设要点

将舳舻千里古碑区作为漕运文化表现的轴线，设置漕运码头、漕运地雕和纹嘉烟云主题广场。

依托文化轴线和湖两边竹廊，在北边设置游步道，形成旅游环线。

地面铺装以当地片岩、透水砖等材质为主，湿地水面的驳岸采取软防水处理。

夜景灯光以幽静、古雅的氛围为基调，以地灯、草坪灯、壁灯来表现。

(二) 红楼梦中园 (皇家垂钓园)

1. 发展定位

以如意湖为中心，在周边建设旅游配套设施。在设计中融入红楼文化，打造盛世红楼创意文化园。园区突出生态、养生、休闲、创意的特点，吸引老年游客、都市白领等拥有一定消费能力并渴望身心放松的游客群体。

2. 建设思路

以中国古典园林造园艺术为指导，突出古典韵味、创意文化；以曹雪芹私家园林来布局和打造，注重营造亲切、典雅的生活气息；用水面和丰富的植被营造宜居生态环境；与皇木厂村整体建筑风格相协调。

六大建设重点：红楼文化主题广场、秋爽斋老年活动中心、潇湘会馆、怡红快绿滨水休闲街、景观停车场、如意湖区。

3. 秋爽斋老年活动中心 (含老年公寓) 建设要点

(1) 发展定位：打造适合老年人需要的人性化居住环境，在解决村内老年人养老问题的同时，宣传本村尊老敬老的优良传统及其独特的养老制度，使其成为皇木厂村的旅游吸引物之一。

(2) 建设思路：老年公寓外部环境的营造要以适宜居住为原则，可做出一个建筑群落，如四合院和南方园林特色兼具的多种形式等，体现皇木厂村在历史上南北交融的特色。公寓内部结构及设施要以方便老年人使用为原则。

(3) 建设要点：服务设施要齐备、方便。在公寓里应基本上能满足老年人的全部日常生活需要。除了老年人居住的房间外，还应有专门为老年人提供服务的餐厅、卫生所、洗衣房等。考虑老年人的需要，还应在公寓里修建一些无障碍通道及设施。

建设老年人的活动中心。活动中心既可以供村内老年人休闲娱乐，也可以作为游客观光的一个落脚点，具备一定的接待功能。

针对村里老年人生活的特点，可重点打造一两个户外的小活动场所，如在老年公寓和旅游中心连接处等。这主要是想体现农村生活的原生态，也符合村里老年人的活动特性，能够在一定程度上满足游客与村民交流的期望。

提供贴心的服务。目前该村已实现100%就业，所以在平常工作时间，老年人的儿女不能来看望和照顾，这就需要老年公寓提供一些必要的服务。如帮老人代买生活用品，老年人出现急症帮助叫救护车和临时看护等。

4. 潇湘会馆

(1) 发展定位：皇木厂村发展旅游的基地，融“吃、住、行、游、购、娱”

为一体。

(2) 建设思路：为留住游客，而不仅仅是让他们在短时间内在村里观光，打造特色餐饮、娱乐项目等。

(3) 建设要点：

吃：餐饮要以皇木厂村和漕运文化的饮食为特色，辅之以老北京饮食。在建筑风格上，尤其要突出漕运的特色，可考虑在餐室安排民俗和历史展览。

住：旅馆也要以漕运文化为基调，这可在建筑内外装饰和家具上有所体现；设立会议室，吸引商务旅游者。

行：以步行为主，辅之以电瓶车做全村旅游的交通工具。

游：与垂钓园、老年公寓和村内游览相结合，打造村内旅游线路。

购：如设计并销售红楼特色茶具，如红楼梦中海棠花式雕漆填金“云龙献寿”的小茶盘、仿成窑五彩小盖钟、九曲十环120节蟠虬整雕竹根大盏、官窑脱胎填白盖碗、绿玉斗以及红楼迷你模型茶具等。销售来自南通的蓝印花布、扎染制品、皋火腿、白蒲茶干等特色产品。

娱：村史的模拟体验、茶艺展览、棋牌室、健身房（含游泳池等）、KTV、竹马戏等。

(三) 石权宝塔的利用

1. 发展定位

将石权宝塔打造成漕运文化表现区、历史文物展示区和观景区。利用文物和图片资料等，将漕运文化充分表现，满足游客求知好奇心理，符合修学旅游的需要。

2. 建设思路

按照塔的层次进行分层设计；作为皇木厂漕运历史的一个展示区；作为新村全貌以及夜景的一个观景点。

3. 建设要点

一层主要展示石权，将每个石权的特点、历史故事等详细展示。

二、三层用于展览出土的坩埚和印花瓷片等，同样将其出土时间、规模、来源、当时的用处等资料予以详细展示。

四、五层用于展示一些与皇木、漕运相关的历史图片，如漕运景象、仓储景象、当时生活场景等图画。

（四）村史展览厅建设

1. 发展定位

展示皇木厂村由古至今的发展历程，展现皇木厂村新村建设取得的成效。可以作为修学旅游产品的一个重要内容，同时也成为皇木厂村的一个宣传窗口。

2. 建设思路

将皇木厂村的新旧面貌明显对比呈现出来；介绍村庄在新村建设中取得的成就；宣传村庄的人文氛围。

3. 建设要点

建议选取长乐宫二层作为展厅向游客讲述村庄发展历史。尽量找一些皇木厂的旧照片，并在相同位置拍下新照片，形成新旧的明显对照。

对村庄在新城建设中取得的成果予以介绍，将村庄的企业力量、新村别墅、节能工程、敬老风俗、村民福利等以文字、图片方式进行详细介绍，突出新农村的发展面貌。在敬老风俗中将宴请老人吃饭、看文艺演出、去国内外旅游等内容以文字、照片方式详细展示。

（五）夜景的打造

1. 发展定位

将夜景打造作为重点项目之一，使其成为皇木厂村重要的观赏点，提升其旅游吸引力，以留住前来游览的游客。

2. 建设思路

目前皇木厂在夜景方面设计较少，整个村子除了主干道路用太阳能街灯照明外，其他道路街灯很少，整个村子晚上比较暗。为了保证晚上赏景的可行性，需要优化照明系统，打造美丽的夜景。

3. 建设要点

主要打造点是仿前门、商业街、步行街、舳舻千里以及红楼梦中园。

前门处的灯光设计，主要采用轮廓灯的形式，用不同的色彩和变幻的点、线、面，勾画出美丽的“仿前门”。商业街的店铺以及街灯应该绚丽多彩，具有商业气氛。

将舳舻千里的夜景营造出古运河的景观效果。

红楼梦中园夜景灯光注意滨水休闲街以及沿湖路面灯光打造。

在以居住为主的景观路口，夜景灯光要宁静温馨，灯光装饰以低亮度和暖色调为主，避免给居民生活造成光污染。

考虑到夏天会有蚊虫，应配备灭蚊器等防护设施。

（六）稻香村采摘园建设

1. 发展定位

采摘园位于垂钓园的东侧，两者具有互补性，可以优势联合，人们在垂钓园享受了水上项目后，可以来采摘园体验田园生活。

2. 建设思路

增加种植品种，限制采摘数量，在园内设置有特色的农庄休憩室。

3. 建设要点

种植水蜜桃、葡萄、樱桃等优质水果品种。

在种植园中规划出游览带，设置特色的农庄休憩室或天然材质的亭椅隐匿其中，营造幽美、恬静的氛围，供游客在此地静享自然，避开城市的喧扰。可以提供茶品、点心等。

4. 活动策划

水果采摘节（水蜜桃采摘节、葡萄采摘节、樱桃采摘节等）。

水果沙拉 DIY，让游客亲自体验自采、自做、自己品尝的快乐，还可以进行美味沙拉制作比赛。

果树认养活动。

（七）提升餐饮质量

1. 发展定位

以漕运文化和红楼文化为主，打造具有特色的餐饮，将漕运文化和红楼文化融入其中，强调特色、美味、养生、文化，作为增加收益、留住游客、争取回头客的重要着力点。

2. 建设思路

“食”作为旅游活动六大构成要素之一，素来受到中外游客的关注。随着旅游业的进一步发展，饮食在旅游行业中的地位越来越凸显，打造特色餐饮也显得尤为重要。皇木厂村要想在“食”上取胜，就应该有自己的特色餐饮。

3. 建设要点

丰富菜品样式。

红楼盛宴：专门经营《红楼梦》中出现的菜品。如鸡皮酸笋汤、糟鹅掌、糟鹌鹑、茄鲞、酒酿清蒸鸭子、鸡髓笋、火腿炖肘子、油盐炒豆芽儿、藕粉桂花糖糕、松瓤鹅油卷、螃蟹小饺儿、糖蒸酥酪、梅花香饼儿、豆腐皮的包子等，在餐厅的装修风格以及服务特色上也要与《红楼梦》中的古典风格相呼应，包间以《红楼梦》中词命名，在菜谱上要把每道菜在《红楼梦》中的出处以及食用的益处加以注释。将红楼文化和餐饮结合起来，不仅能吸引垂涎美食的游客，对红楼文化感兴趣的人也会慕名而至。

运河船菜：大运河北起北京，南到浙江杭州，途经北京、天津、河北、山东、江苏、浙江四省二市，沟通海河、黄河、淮河、长江、钱塘江五大水系。而皇木厂又有运河的码头，与漕运文化有着很深的联系。可以将运河途经省市的特色菜品作为主打菜，实现南北菜系的交融。可以通过对外招商来实现，形成餐饮的多元化经营，吸引不同口味的游客。

芹圃菜肴：近现代有多位作家在其作品中反映过曹雪芹的生平和传说，如高阳的《红楼梦断》系列、二月河的《乾隆皇帝》系列等。其中不乏以《红楼梦》为蓝本，以淮扬菜系、北京宫廷菜系为基础设计的菜品，如二月河设计的曹氏“无材汤”等，比较符合北京人的口味，可以精选开发以丰富皇木厂村的特色餐饮体系，增加皇木厂村的旅游收益。

特色小吃：主要经营皇木厂、通州区及北京的特色小吃，如皇木厂的特色菜高栗肉、炸烙合等。通州大顺斋的点心、糖火烧，以及老北京的卤煮火烧、爆肚豆汁、面茶、杂碎汤、门钉肉饼等，形成小吃一条街，其经营形式可主要通过对外招商来实现。

五、旅游市场开拓

（一）客源市场分析

1. 主要细分市场

皇木厂村的客源市场以周边及北京市区市场为主，兼顾天津等中远程市场。同时考虑驻京外籍人士等细分市场。

（1）自驾车市场。据国家统计局发布的《2008 年国民经济和社会发展统计公报》，至 2008 年末，我国私人轿车保有量达到 4173 万辆，比上年增长 18.1%。同年，北京市私人汽车保有量 248.3 万辆，同比增长 17.1%；其中轿车 174.4 万辆，同比增长 19.2%，自驾车旅游成为都市人群的重要生活内容，蕴藏着巨大商机。自驾车旅游者一年四季均可出游，其出游总量受旅游淡旺季影响较小，是皇木厂村未来需重点开拓的一大市场。

（2）京津休闲市场。北京市发达的经济水平和庞大的人口基数为发展旅游产业提供了良好的经济基础和消费潜力。2008 年，北京人均 GDP 突破 9075 美元，天津市为 7987 美元。京津两市经济发展水平已经居“中上等”发达国家和地区之列，进入了休闲旅游发展序列。据北京市城乡经济信息中心调查资料显示，北京市民到郊区进行休闲旅游的情况较为普遍，有 67.3%的被访者每年到郊区休闲旅游，其中有 16.9%的家庭每年到郊区旅游 3~5 次。旅游已逐渐成为人们调节生活节奏、提高生活质量的一种时尚，以及现代都市人希望回归自然的一种心态。

目前京津旅游市场对休闲度假型旅游的需求量很大，无论是黄金周度假、双休日、小长假度假抑或带薪休假、暑期度假等，都处于快速发展的时期，这也是一个最有潜力的市场。基于皇木厂村独特的区位特点，京津地区的休闲市场是皇木厂村不可缺少的重要细分市场。

2. 目标市场定位（见表 1）

表 1 皇木厂村目标市场定位

目标市场	范 围	特 点
核心旅游市场	北京市民、通州本地商务旅游（含公务接待）和市民消费	市场份额较大、相对稳定，营销成本也较低，成长空间较大； 出游时间多为节假日，人均消费不高； 通州本地市场主要为工作日的公务接待市场。
潜力旅游市场	天津、河北等地市民	增长空间大； 市场活跃，后发优势明显，是应该注重开拓的旅游市场。
机会旅游市场	常驻北京的外籍人士、在京津及周边地区等地做短暂停留的外籍人士	需求个性化、多样化； 人均消费较高。

（二）营销策略

皇木厂村的观光旅游和公务接待旅游虽然已开展多年，却极不成熟，不但需要改进原有产品并开发新产品，而且亟须改进营销策略，这样才能进一步拓展市场需求。

1. 品牌营销

在通州“滨水新城、漕运古镇”总体品牌形象的框架下，大力塑造皇木厂“运河古村、创意新园”的品牌形象。每年根据不同资源特色推出一个营销主题，并针对不同的营销主题策划相应的配套活动和节事项目，如“漕运美食节”、“文化创意集市”，体现其推陈出新、创意创新特色，逐渐提升皇木厂村的旅游品牌形象。

2. 网络营销

充分发挥网络促销优势，维护建立好皇木厂村的旅游信息网，大力宣传皇木厂村的重点旅游产品和节庆活动。在网上举办“红楼寻梦”等征文活动和博客大赛；征集旅游者在皇木厂村旅游经历所发生的故事，进行接力式、交互式写作，形成系列，以便吸引更多旅游者的关注和参与。

3. 体验营销

旅游的本质就是体验，因此，皇木厂村可开发丰富多彩的体验营销活动，如驻京外国使馆人士体验皇木厂农家、太玉园赶大集、曹氏风筝扎制 DIY，运河龙灯制作 DIY 等，注重参与、体验，丰富皇木厂村乡村旅游内容，提高旅游经济效益。

4. 社区营销

北京城八区居民是皇木厂村开展旅游营销的重点目标市场，应积极响应市、区旅游局组织的“乡村旅游进社区、城乡和谐手拉手”的社区营销活动，将皇木厂村的旅游产品和服务送到街道社区。通过在社区发放旅游宣传手册、旅游优惠券以及进行小规模旅游宣讲，使消费者体验到皇木厂村细致、独特的旅游服务。

5. 影视营销

影视旅游产品属于创意旅游产品，对于注重品质和内涵的旅游者具有很强的吸引力。可利用皇木厂村优美的“皇家新村”自然风光和历史遗存作为影视拍摄的外景地，将本地富有感召力的景点、民俗、建筑等元素设计进入影视作品中，邀请名家编写脍炙人口的影视故事，吸引旅游者的目光，增强皇木厂村的情感魅力。

6. 关系营销

向消费者提供出游的各项资讯，对于常驻北京的外籍人士市场，可以定期邀请驻京各国媒体的记者、留学生和科研机构、大专院校的外籍专家、对外交流协会的工作人员等进入皇木厂村，运用其独特的旅游体验视角，评点皇木厂村，宣传皇木厂村。与宣武区北京大观园和红楼文化博物馆建立密切联系，共同开展主题宣传活动，并开展形式多样的联合营销。

（三）宣传口号

“文化古村，创意新园——北运河畔皇木厂”

“先有皇木厂，后有北京城”

“北运河畔的创意村镇”

“皇木古村，运河人家，漕运遗风，红楼梦幻”

“舳舻千里皇木厂，栋梁之材聚会地”

“南北通，古今融，漕运古村皇木厂”

（四）LOGO 设计（见图 1）

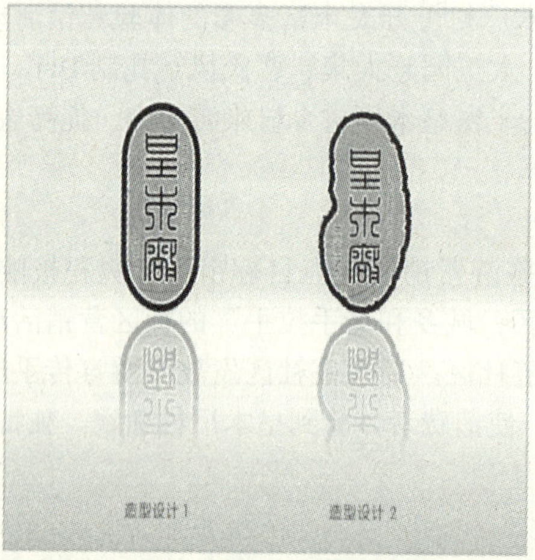

设计说明：

此 LOGO 的设计，采用了中国传统印章的不规则造型，体现了皇木厂深蕴的文化历史背景，同时在印章中大胆地打破传统，叠加了树木年轮的图案纹样，这样“木”也将漕运文化融入其中，也能体现“皇木厂”。篆字左右的两侧，设计了皇木厂的英文全拼，和北京的英文全拼，使得 LOGO 更具有国际化的识别性，更利于品牌的对外输出。

图 1　皇木厂村 LOGO 设计图样

资料来源：蔡红等：《通州区皇木厂村‘一村一品’》课题，2009 年。

（五）网站建设

皇木厂村已有网站，但 2006 年 10 月以后未曾更新。需要在原有网站的基础上，开展以下工作：

1. 网站框架搭建

包括 LOGO、简介、住宿服务、餐饮服务、娱乐休闲、节日宣传、会议服务、乘车路线等。

2. 内容设计与布局

内容要求言简意赅，达意即可。多做一些现场活动的照片，渲染出旅游氛围。

3. 页面美工与宣传

厚重、丰富、富有感召力。

（六）域名设计

（1）www.bjhmch.org.cn。尚未注册，含义为：bj 代表北京市，hmch 代表皇木厂村，org 代表该网站具有政府性质，cn 代表中国。

（2）www.hmch.com。已被注册。

（3）www.bjhmc.com。皇木厂村已有的网站，可以沿用，但需要做出修改。

六、保障措施

（一）设施建设

进一步完善基础设施和旅游专门设施，营造良好的产业发展环境。

1. 道路维护和交通建设

目前皇木厂村整个道路系统比较完好，但是有些路面出现破损、坑洼的地方，应及时修补。同时道路旁的阴沟明改暗工程需尽快实施，建成后达到路面平整美观，排水系统良好的目标。还可与交通部门合作，开辟旅游专线，为北京市民来皇木厂旅游提供方便。

2. 旅游接待中心建设

建立接待中心能够方便游客前来咨询、投诉、处理突发事件，以及有效地分散游客和接待游客，提高游客的满意度，有利于皇木厂村的民俗旅游发展。

充分利用长乐宫现有空间，将一层改建为游客接待中心，主要提供民俗户接待、景区介绍、信息共享、住宿餐饮预定等服务。游客接待中心应具备问询功能、代理服务功能和投诉接待功能。

问询功能：接待中心应具备村庄导游图、宣传册等，可以考虑配备村庄导游或电子讲解材料。还应该为旅游者免费提供有关通州区主要旅游资源、景区、旅游产品、交通线路信息、旅馆、饭店及餐饮场所的介绍等。

代理服务功能：代理民俗旅游接待户住宿、餐饮等相关业务、代售通州区其他旅游景区门票、旅游纪念品代销等。

投诉接待功能：接待旅游者对本村各类旅游及相关机构或事件的投诉。

红楼梦中园中还需在潇湘会馆下建立小型游客接待中心，方便团队游客查找问询、解决疑难等。

3. 食宿设施建设

在食宿设施建设上，皇木厂村严格制订接待设施的卫生标准和安全措施要求，并定期对各民俗接待户和其他接待点进行卫生和安全检查，特别要重视厨房、餐具、卧室、浴室、厕所、水池及公共娱乐场所的卫生，以提高村庄的整体环境，

4. 污水处理和垃圾回收站美化工程

皇木厂村的中水系统应按时按质投入使用，进行污水的有效处理，保证村庄的水源清洁，水质良好。为垂钓园提供合格清澈的水质，保证鱼类、水中植物的生存环境。污水处理厂的外观应与村庄建筑外观保持一致，高度尽量控制在普通楼层的高度。并在周围植以高大乔木与花草，保持整体美观。另外还需建立美化垃圾回收站，将垃圾进行及时处理。

5. 各类标识及路牌建设

为了保证游客安全畅游皇木厂民俗村的景观风光、充分了解并体验休闲养生氛围，建设景区标识牌十分必要。

按照国家旅游局颁布的标准化旅游标识符号建设相应的标识系统，一般由图形符号、安全色、几何形状或文字构成，所有标牌应当符合国标 GB2894—1996 标准。包括引导指示标志、公共信息标志图形符号、禁止标志、警告标志等。

标识牌的选材建议选用木质材料，在标识中注意加入特殊人群标识，如残疾人、母婴等。字体和图案等都可以进行独特设计，如能和漕运主题相关更好，争取达到美观和创新的效果。

6. 旅游厕所

目前皇木厂村已有两个旅游厕所，应安排专人负责，保持卫生整洁，确保排污和垃圾处理达标。在红楼梦中园（皇家垂钓园）需增设一到两个旅游厕所，按照游客游线长度和集中度进行选址，设计方面不追求很豪华但需精心设计，设施能尽量考虑游客的需要。外观上可以利用墙体颜色、植被等营造良好的设计风格。

7. 垃圾箱

在皇木厂村道路、主要廊道和各景点处设置可回收和不可回收标志的垃圾

箱，间距控制在150~200米，垃圾箱颜色与造型应与周边环境相协调。

8. 停车场

在垂钓园区准备建设的停车场在选址上要考虑到可进入性和便利程度，方便游客车辆停放和行车。方案一：考虑到园区古朴景观的打造，建议建立封闭式停车场，外墙高度足够阻挡车辆，外观设计与整体风格保持一致。外墙上可以进行创意设计。方案二：建立生态停车场，用树木进行遮挡，车位之间种植树木相隔，绿化覆盖率达到50%，树隙停车、树荫遮阳，达到“车在丛中行”的效果，同时修建的时候增加方便游客停车的设施。

9. 玉带河

目前玉带河的水质较差，而且改善较困难。但是可以作为中远期项目，应尽量争取机会治理。改善后的玉带河应与如意湖水面形成连带，作为水面游线路，形成环村流水景观，并可设计旅游项目，丰富游览内容。

（二）人才保障体系建设

在人才保障体系中，要加强对旅游从业人员乃至全部服务行业从业人员的外语、礼仪培训和社会公德、职业道德教育，进一步提高全区旅游接待、文明服务、规范服务的总体水平。

培训的主要内容应集中于以下两个方面：

1. 观念培训

（1）融入贴心性服务理念，向游客提供周到、热情的服务。乡村居民在长期的生产生活中形成了散漫、自由、不受约束的习惯，与旅游接待服务的要求存在较大的反差，因此，必须进行素质培训，并通过定期举办旅游技能培训和教育，提高村庄旅游整体的接待服务水平，并在掌握服务技能中强化服务意识。一切做到以游客为中心——想游客之所想，让游客觉得舒心、安逸，并时刻体验着淳朴、好客的农家热情。

（2）融入知识性服务理念。在进行素质培训的同时，还要加强对旅游业务知识的培训，包括对皇木厂村的传统文化进行进一步深入性的学习培训，以便可以为游客详细讲解村子的历史，满足游客的好奇和求知欲。到郊区的旅游者大部分人的文化水平比较高，求知欲强，所到之处都想问个明白。如果接待人员对游客的提问只知其一不知其二，使旅游者乘兴而来败兴而归，会影响游客对到该村旅游的整体评价。

（3）融入绿色健康性服务理念。村子向游客提供的整体景观环境应该是绿色的、充分亲近大自然的，同时向游客提供绿色、健康的餐饮服务。还要加强对游客的环保教育，可在村子的宣传册、导游图、垃圾箱上进行环保提示，让游客自觉地保护环境。

（4）融入安全可靠性服务理念。村子应当为游客提供安全的休闲度假环境，以及必要的医疗保障措施，使得一切都防患于未然，令游客玩得放心，休息得舒心。

2. 服务接待技能培训

（1）接待人员仪容仪表培训。合理的着装是对客人尊敬和礼貌的体现，时刻以微笑面对游客是热情的体现。

（2）接待人员礼仪培训。要对接待人员进行礼貌的服务语言培训和良好的服务态度养成教育，并根据各民俗接待户的特点，进行有针对性的服务培训，以落实"一户一品"。

（3）接待人员危机处理能力培训。在医疗、救护常识、偶发事件应急常识方面进行培训。

七、案例使用说明

（一）案例类型与教学目的

1. 案例类型

本案例属于旅游开发案例，在课堂教学的基础上，通过案例教学、研讨，可进一步提升学生理论联系实际、综合分析问题的能力。

2. 教学目的

本案例的教学目的包括：

（1）增加学生的行业知识，加深对旅游目的地旅游开发工作的了解。

（2）帮助学生深入理解旅游开发的含义。

（3）使学生掌握旅游开发的基本内容。

（4）强化旅游开发是一个系统工程的概念。

（5）理解旅游开发与当地社会经济和谐发展的思路和途径。

（二）启发思考题

（1）你赞同皇木厂村旅游开发的定位吗？为什么？

（2）请评价皇木厂村设计的旅游产品类型。根据其资源禀赋及现有条件，你认为还可以开发哪些类型的旅游产品？

（3）请对皇木厂村的客源市场进行分析。

（4）旅游开发是否应考虑与当地村民致富结合，请你提供一条可行的实现途径（或建议）。

（5）你是否认为旅游开发不仅可能威胁自然生态，也可能威胁文化生态，为什么？

（6）你认为皇木厂村应如何保护运河遗址及文物？

（三）案例分析路线

旅游开发的含义→旅游开发的目的→皇木厂村简介→皇木厂村旅游发展现状及问题→皇木厂村旅游开发的指导思想及定位→皇木厂村旅游产品设计→皇木厂村重点项目的建设→皇木厂村旅游市场的开拓→皇木厂村的旅游开发保障措施。

（四）理论要点

（1）旅游开发的原则。

（2）旅游开发的内容。

（3）旅游开发与保护的关系。

（4）旅游开发对旅游目的地的影响。

（五）参考资料

（1）蔡红等：《通州区皇木厂村“一村一品”》课题，2009 年。

（2）《通州区皇木厂村》，http：//www.bjtzh.gov.cn，2007 年 8 月 27 日。

（3）宋逊风：《小桥流水映农家——访“北京最美乡村”皇木厂村》，《农民日报》，2008 年 7 月 4 日。

（4）王兵、罗振、郝四平：《对北京郊区乡村旅游发展现状的调查研究》，《旅游学刊》，2006（10）。

（5）刘爱服：《试论京郊乡村旅游发展中的问题与对策》，《旅游学刊》，2005（1）。

案例14

密云县101农耕休闲产业带的旅游策划

付 晏[①] 蔡 红[②]

摘要：“101农耕休闲产业带”是密云县委、县政府进一步贯彻首都生态涵养发展区战略，体现生态、环保、科普、崇尚自然的理念，并以“推动沿线休闲农业快速发展”为目的，沿潮河和101国道打造北京及周边地区农业旅游发展示范区，使之成为北京地区唯一一条以庄园文化、葡萄酒文化、有机种植和特色农产品加工为链条的精品休闲产业带，打造北京—密云—承德线路重要的休闲旅游及观光旅游产品。通过对本案例的研究可以对旅游产品开发的设计程序和内容策划有充分的认识；对农耕休闲旅游和农业观光旅游的特点与内容有明确的认知；对旅游产品的创新设计与开发有充分的理解。

关键词：旅游策划 农耕休闲 旅游产品创新设计

① 付 晏：首都经济贸易大学工商管理学院旅游管理系讲师。
② 蔡 红：首都经济贸易大学工商管理学院旅游管理系教授，博士。

一、策划总论

（一）策划背景

随着密云县生态涵养区战略的实施和京承高速的修建通车，101 国道的交通运输功能将在一定程度弱化，而农耕休闲旅游功能在未来将有所提升。为了进一步将策划区的生态环境优势、资源优势、区位优势、产业优势转变为品牌优势、市场优势、经济优势，推动沿线特色产业全面、协调、可持续发展，更好地实现其经济、社会、生态三大效益，特对密云县 101 沿线区域做农耕休闲产业带的旅游策划。

（二）策划范围

101 农耕休闲产业带系密云东线一条重要的产业带。南起穆家峪镇，北至古北口长城，长 50 余公里。分为核心区、拓展区和辐射区，见图 1。

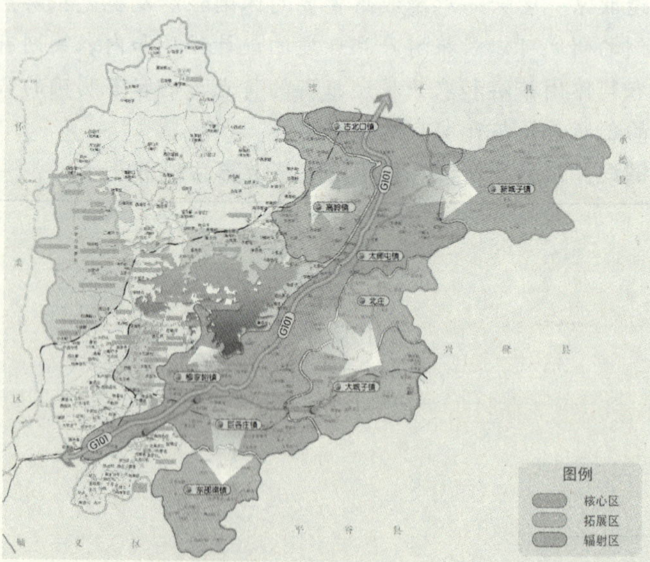

图 1　密云 101 农耕休闲产业带分布图

核心区：以穆家峪镇为起点，以古北口镇为终点，101 国道沿线两侧纵深 2~3 公里范围内，策划涉及总面积 200 余平方公里，所涵盖的乡镇主要有穆家峪镇、巨各庄镇、太师屯镇、古北口镇。

拓展区：101 国道沿线纵深 3~15 公里范围内。除核心区域外，主要包括北庄镇片区、新城子镇片区。

辐射区：包括东昭渠镇、大城子镇、高岭镇三个片区，依据当地旅游产业的发展水平和乡镇发展旅游的积极性，在辐射区域上可以不完全以空间距离为评判标准。

本创意策划以核心区为规划重点，兼顾拓展区和辐射区。

（三）策划期限

本策划期限为 2009~2015 年。

（四）策划依据

策划依据主要包括与旅游可持续发展相关的法律条例、规范标准及与 101 农耕休闲产业带相关的规划和文件，主要包括《北京市人民政府关于全面推进北京市旅游产业发展的意见》、《北京市密云县旅游业发展总体规划》、《密云县旅游局 2008 年工作总结及 2009 年工作计划》等。

（五）策划目标

坚持科学规划、精心设计、高标准建设原则，力争在“十二五”期间把 101 国道沿线区域打造成以生态水源和农耕文化为基础，以庄园文化休闲、生态渔业休闲、古长城观光休闲、水鲜餐饮休闲、林果采摘休闲和民俗体验休闲为特色，集休闲农业、度假休闲业、特色餐饮业、娱乐休闲业、会议培训服务业、文化创意产业和都市绿色工业等七大休闲产业于一体，疏密有致、集聚适度、链条完整、业态多样，满足高中端休闲消费需求的国内一流的农耕休闲产业带。

二、文化解读与 SWOT 分析

（一）对 101 国道的解读

101 国道是京东北通衢命脉，贯通密云南北，穿越渔阳[①] 腹地。根据 1988 年交通部《公路路线命名编号和编码规则》，北京—密云—承德—沈阳国道被命名为 101 国道，即国道中的 No.1，地位至尊。同时，101 国道沿线承载千年农耕文化，道路两侧山川秀丽，田园俊朗，实为度假休闲的理想所在。于 2009 年 9 月 28 日全线贯通的京承高速公路按照交通部的排序，属国道 101 线（代号：GD101）组成部分。京承高速建成通车后，原 101 国道的交通功能在未来将减弱，其休闲旅游功能将得以提升。

（二）对于农耕文化与庄园休闲的解读

1. 农耕文化

“文化乃休闲之基”，农耕文化是农耕休闲的基础，更是农耕休闲产品的核心内容。底蕴深厚、源远流长的乡村民俗文化和农耕文化资源是提升 101 国道农耕休闲产业带文化品位的宝藏。101 国道农耕休闲产业带发展规划是对密云县农耕文化宝藏的发掘利用。

2. 庄园休闲

现代庄园是以市场经济相对发达为条件、在不改变目前我国农村经济体系的前提下，以土地使用权的有偿转让为基础，以资本为纽带，以委托代理经营为机制，以生产商品和组织商品交换为目的，按标准化合约方式组织起来的生产经营组织。101 国道农耕休闲产业带，不仅展示密云现代农业和新农村生活，还可以使游客体验葡萄酒文化、香草文化和渔文化等庄园文化，从而达到休闲目的。

---

① 密云古称渔阳。燕昭王二十九年（公元前 283 年），燕收复密云地区，郡址设在密云县统军庄村南半公里的南城子，因在渔水（白河的古称）之阳，所以名为渔阳，并于此建渔阳郡，这是密云地区最早的行政建置。秦始皇二十二年（公元前 225 年）渔阳郡归秦，秦于郡内置渔阳县，县址也设在统军庄的南城子，这是密云地区建县的开始。

(三) 101 农耕休闲产业带发展 SWOT 分析(见表 1)

表 1 SWOT 分析表

优 势	劣 势
1. 生态环境良好 2. 休闲资源品质优越 3. 产业基础好，产业休闲化趋势明显 4. 认识到位，政策环境良好 5. 紧临首都北京，市场条件突出	1. 产业化程度低，产业链尚未形成 2. 产品开发不足，产品体系有待丰富 3. 市场营销力量单薄，整体品牌知名度不高 4. 资源环境特殊，休闲产业发展受限
机 遇	**威 胁**
1. 休闲时代到来创造的机遇 2. 打造生态涵养区带来的契机 3. 京承高速修建通车创造的良机 4. 国内旅游需求升级形成的商机 5. 新假日制度提供充裕的闲暇	1. 周边区域资源和市场的同构性竞争对其发展形成挑战 2. 区域间缺乏有效协作 3. 生态环境的威胁 4. 旅游“飞地”风险

三、旅游资源类型与评价

(一) 旅游资源类型

按照国家《旅游资源分类、调查与评价》(GB/T 18972—2003) 的技术标准，对密云 101 国道沿线四个核心镇域以及两个拓展镇域和三个辐射镇域的现有旅游资源进行盘点归类，可以看出密云县 101 国道沿线旅游资源种类较为丰富，共有七大类和 21 个亚类，自然旅游资源和人文旅游资源都非常丰富(见表 2)。

(二) 旅游资源评价

1. 旅游资源优势分析

(1) 旅游资源形式多样。101 国道沿线旅游资源类型较多，涉及地文、水域、天象和人文等七大类旅游资源及 21 个亚类。101 国道沿线区域内山体形象丰富，有峡谷、山峰、丛林；矿石资源丰富，其中墨玉矿非常稀有，为

表 2　101 国道沿线旅游资源分类表

主类	亚类	基本类型	具体内容
A 地文景观	AA 综合自然旅游地	AAA 山丘型旅游地	卧虎山、蟠龙山、万寿山、青龙山、黄花岭山、浅山、四棱山、鸡冠山、百丈崖、四竿顶、车道峪、五指山、猴山、四竿顶、窟窿山
		AAB 谷地型旅游地	棒槌山西麓谷地、鸟鸣谷、仙居谷、云岫谷
	AB 沉积与构造	ABF 矿点矿脉与矿石积聚地	放马峪铁矿、北京墨玉矿、铬矿、亚细亚金矿
	AC 地质地貌过程形迹	ACL 岩石洞与岩穴	西沟黄金洞群
		ACC 峰丛	锥形塔山群、雾灵山
		ACN 岸滩	潮河冲积平地
B 水域风光	BA 河段	BAA 观光游憩河段	潮河、白河、汤河、清水河、小海河、大黄岩河、小黄岩河、白马关河、安达木河、错河
	BB 天然湖泊与池沼	BBA 观光游憩湖区	西沟自然风景保护区
		BBB 沼泽与湿地	密云金鼎湖
		BBC 潭池	白龙潭、九龙十八潭
	BC 瀑布	BCA 悬瀑	南龙潭瀑布（映山红瀑布）
	BD 泉	BDA 冷泉	圣水泉
C 生物景观	CA 树木	CAA 林地	水石浒林场、龙潭沟林场、西沟林场
		CAC 独树	火炬树、五角枫、山梨、枫树、荆条、杨树、1200 年“千年高龄”古银杏、410 多年一级国槐
	CC 花卉地	CCA 草场花卉地	汤河村紫海香堤香草艺术庄园、百亩百合园
	CD 野生动物栖息地	CDB 陆地动物栖息地	狍子、松鼠、野鸡、山雀、火燕鸟、山鸡、瓜子鸡、烧鸡、獾、绿头鸭
		CDC 鸟类栖息地	天鹅、白鹭、猫头鹰、布谷鸟、白带子鸟、黑老婆鸟、啄木鸟、长尾巴帘、喜鹊
E 古迹景观	EA 史前人类活动场所	EAA 人类活动遗址	西汉厗奚县县址、古北口老城、小口与遥桥峪城堡
		EAC 文物散落地	新石器时代的石斧、石刀、石板锄、石铲、石环、石磨棒和陶纺轮、陶器、陶器碎片等 灰坑、锅台、汉代绳纹砖、陶制器物碎片 旧石器时代早期的砍砸器、刮削器和切割器、古代墓群、铜盆、陶制冥器
	EB 社会经济文化活动遗址遗迹	EBB 军事遗址与古战场	军楼、穆桂英点将台、承兴密三县联合政府旧址
		EBC 废弃寺庙	老爷庙遗址
		EBF 废城与聚落遗迹	老宫房、潮河古关、北口和古御道、万寿行宫
		EBG 长城遗迹	明古长城烽火台遗址、八大楼子、破城子
		EBB 军事遗址与古战场	焦庄户地道战遗址、明代古城堡

续表

主类	亚类	基本类型	具体内容
F 建筑与设施	FA 综合人文旅游地	FAA 教学科研实验场所	古北口村民俗旅游展览馆
		FAC 宗教与祭祀活动场所	吕祖庙、清真古寺、瘟神庙、财神庙、杨令公庙、药王庙、中令公庙、二郎庙、龙潭庙
		FAD 园林游憩区域	高岭镇观光采摘园、古北口镇陆地蔬菜园、蔡家洼村千亩樱桃园、千亩李子园、黑宝石李子示范基地、东白岩村蔬菜标准化基地、百年栗园有机农业观光园、千亩红香酥梨观光采摘园
		FAB 康体游乐休闲度假地	云顶假日庄园、菩提谷山庄、森隆民俗度假村、菩提谷、翠谷民俗度假村、山水杏民俗旅游度假村、九松山乡村俱乐部、首云矿山公园、张裕爱斐堡、优龙国际生态旅游文化村、安达木山庄、北京奥雷国际野外运动俱乐部、高岭武警训练基地
	FC 景观建筑与附属型建筑	FCE 长城段落	卧虎山长城、司马台长城、蟠龙山长城、金山岭长城
		FCH 碑碣（林）	长城抗战纪念碑、古北口保卫战纪念碑
	FE 归葬地	FEA 陵区陵园	北庄 48 烈士墓、古北口战役阵亡将士墓
		FEB 墓（群）	杨七郎坟、肉丘坟
	FF 交通建筑	FFB 车站	京通铁路古北口站
	FG 水工建筑	FGA 水库观光游憩区段	司马台水库、田庄水库、放马峪水库、栗榛寨水库、白河涧水库、钗冶岭水库、黄岩口水库、小塘坝“水库”、石门水库
		FGB 水井	三眼井
G 旅游商品	GA 地方旅游商品	GAA 菜品饮食	垮炖鱼、炸河虾、咸鸭蛋、柴鸡炖蘑菇、腊肉酥鲫鱼、凉拌苦菜、、凉拌山蕨菜、菜卷儿、山药团、酸菜馅饺子、蒸黄、山药傀儡、杏树叶蒸窝头、糯米八宝饭、撒糕、小锅烙子、丝糕、豆腐
		GAB 农林畜产品与制品	铁巴达杏、香白杏、串红杏、澳李、蜜丝李、柴蛋鸡、人心菜、曲菜、马齿苋、鱼腥草、柳芽等野菜；红小豆、红薯、桃、杏、梨、酸枣、樱桃、葡萄、柴鸡蛋、苹果、有机蜂蜜、板栗、糯玉米、红薯、丁香、山核桃、胡枝子、酸枣、豆腐、板栗、仁用杏、红香酥梨；高粱等杂粮类产品
		GAC 水产品与制品	水库鱼、鲟鱼、虹鳟鱼、中华鲟、武昌鱼、草鱼、鲶鱼、花鲢、马口鱼
		GAD 中草药材及制品	丹参、黄芪、板蓝根等 200 多种药材
		GAE 传统手工产品与工艺品	剪纸、风筝

续表

主类	亚类	基本类型	具体内容
H 人文活动	HA 人事记录	HAB 事件	抗日战争时期和解放战争时期的指挥中心 1944 年抗日战争时期 48 名烈士
	HB 民间习俗	HBA 地方风俗与民间礼仪	隆福老会、“露八分”的独特语言
		HBB 民间演艺	腰鼓
		HBC 民间节庆	北庄村和顺轩花会
	HC 现代节庆	HCA 文化节	植树节、风筝节
		HCB 旅游节	踏青采摘节、水库鱼美食节、映山红观赏节
		HCC 商贸农事节	密云农耕文化节
		HCD 体育节	全民运动会

北京独有。同时 101 国道沿线水资源也非常丰富，河流众多，主要属潮、白河水系，潮、白河经过若干支流汇入密云水库，成为北京的饮水源。101 国道沿线的区域还有众多的瀑布、山泉。101 国道沿线两侧还广泛分布大量植被及各种野生动物，森林覆盖率达 57%，可称是净水、净气、净土的绿色公园。101 国道沿线可谓山多、石奇、水美、气净。

另外，沿线区域内人文景观也十分可观，万里长城密云段长度占全市总长度的 1/3，古北口关隘在明清朝时期的重要性不亚于八达岭居庸关，司马台长城被誉为“中国长城之最”，长城文化内涵十分丰富，抗日战争著名的古北口保卫战，京东北抗日根据地，天津战役密云攻坚战，为红色旅游增添了丰富内容；新农村建设和农业结构调整，促进了沿线各村镇农村现代休闲旅游业的开发。总之，101 国道沿线旅游资源从自然到人文、从历史到现代均十分丰富并各具特色，其总量及质量等级在全市区县中也名列前茅，为 101 农耕休闲产业带的开发与发展提供了丰富的物质基础。

（2）区位和交通优势明显。101 国道、京承高速、环湖公路贯穿区域内绝大多数景区，已基本形成了以 101 国道为主干道、以京承高速为辅助、以环湖公路为衔接，主线、辅线与放射线相结合的旅游交通网络格局。再加上密云位于京津都市圈内，又是京承旅游热线的交通节点，区位优势十分明显。

（3）旅游设施初具规模。以密云县城为中心的旅游设施建设已初具规模，从五星级宾馆至农家小院，具备了接待不同层次旅游者的条件，从山水大观至现代旅游场所可满足不同游客的旅游情趣，这些均为吸引、聚集都市人流打下了良好的设施基础。

（4）农耕资源丰富，环境优势明显。在以水源水质保护的生态环境建设中，

101 国道沿线农产品质量优越，名优产品知名度高且历史悠久，具有采摘、垂钓、品赏等较高旅游开发价值。新农村优美的自然环境、多民族组合，为发展农村度假、民俗旅游创造了优越的条件。同时密云县生态环境良好，是北京最佳宜居环境。围绕“山水、林田、河流”等得天独厚的生态环境，“休闲之都”的建设，必将拉动休闲农业进一步发展。

2. 旅游开发劣势分析

（1）水资源保护制约。以水资源保护为中心的生态环境建设像一把双刃剑，既给旅游提供了优美的自然环境，也制约着密云旅游业发展。因此，密云旅游业发展的方向必须是“干净”的旅游，小型化、高起点，增加了密云旅游业发展的难度。同时对于紧临密云水库的 101 国道沿线旅游资源的开发也增加了难度。

（2）现有旅游资源开发同质化严重，特色不突出。101 国道沿线的自然风景区存在着景观雷同现象，各景区之间特色不突出，缺乏整体竞争力。与周边区县休闲旅游产品具有同构性，客源市场具有同一性。尤其是与怀柔、平谷的旅游产品存在着雷同现象，特色不突出。人文景观保存度和招徕度较差，大部分都已变为废墟、遗址，且规模较小，难以形成规模性景区（点）。而遍地开花的民俗旅游产品同质化现象也较严重。因此现有 101 国道沿线景区的开发仍处于初级阶段，景区内游路设计不尽合理，步行道较粗糙，指示牌较少且管理不规范。

（3）农村旅游企业规模小，档次低，竞争能力较弱，难以形成规模经济。投资能力不足和管理落后正成为休闲农业发展的重要限制因素。

（4）乡村休闲旅游业专门人才十分匮乏，经营理念水平低，服务水平、质量和专业知识不高，直接影响农村休闲旅游业的发展。专门人才的培养和引进十分紧要。

（三）旅游资源定位分析

基于以上对 101 国道沿线旅游资源的盘点与评价，对该区域资源开发有以下定位分析：

（1）区域内旅游资源类型多样，环境优美，适合开展观光、休闲、度假、美食、农事体验、户外体育休闲等多种类型的旅游活动。

（2）该区域核心区位于 101 国道沿线，呈条带状，由西南向东北延伸，距离较长，再加上区域内旅游资源类型多，分布又相对比较分散，因此在该区域内，难以形成统一的旅游资源开发特色。建议将该条带的旅游资源分段进行组合，这样便于寻找和突出不同区段内的旅游资源特色，便于不同区段内旅游资源的深度开发。

(3) 对区域内优质旅游资源，如葡萄酒文化、渔文化以及残长城文化等，作为该区域的文化亮点，应给予深度挖掘、开发，使之成为重要的旅游资源吸引物，并将其建设成为区域内独具特色的文化旅游产品。

(4) 该区域农耕资源丰富，建议在该区域内大规模地种植果品，如葡萄等，在区域内形成丰富的农林资源和景观环境，便于开发和形成独具特色的旅游度假空间。

四、市场分析与定位

(一) 市场现状与特征

通过对市场相关统计数据的收集，并结合本项目组对 101 农耕休闲产业带的旅游者和北京市民的近 630 份问卷调研（调查问卷见附录 1 和附录 2)，归纳出 101 农耕休闲产业带市场基本现状特征如下：①市场发育不足，客流量增长趋缓；②游客以北京市民为主，入境和北京市外市场为辅；③国内游客以重游客为主，入境游客则以第一次为主；④观光游览、休闲度假、探亲访友、宗教朝觐是主要目的；⑤口碑、网络、旅游手册是重要信息渠道；⑥亲朋结伴、自驾车、单位组织是主要旅游方式；⑦景点吸引力、体验程度、距离远近、便捷程度是影响出游的主要因素；⑧停留时间较短，消费结构不合理；⑨游客区内分布较为集中，游客兴趣集中在长城、休闲农庄、自然山水等旅游资源；⑩游客偏好游长城、品尝美食、生态民俗等旅游项目，并倾向于在当地农家和星级饭店住宿；⑪游客以中青年、高素质、中高消费水平为主；⑫游客总体评价较高，但交通、购物和产品有待提高。

(二) 目标市场定位

通过对密云县 101 农耕休闲产业带旅游资源的调查与评价，以及对密云县和北京市市民分别作出的两项市场调查的结论分析得出密云县 101 农耕休闲产业带旅游市场定位如表 3 所示。

表 3 101 农耕休闲带旅游市场定位

目标市场			范 围	特 点
地域		核心客源市场	北京市，重点是北京城八区	市场份额较大、相对稳定，营销成本较低，成长空间较大；出游时间多为节假日，具有较高消费能力
		潜力客源市场	以京津冀都市圈内的天津、石家庄、保定等城市为重点以及常住外国人	增长空间大；市场活跃，后发优势明显，是应该注重开拓的旅游市场
		机会客源市场	其他各经济发达省市重游客及海外游客	市场基数大，重游客源市场具有较高消费能力
旅游休闲目的		商务	高中端旅游者	消费能力较强，对时尚和前沿消费感兴趣，注重品质和品位
		社交	高端旅游者（商界、文艺界成功人士）	消费能力强，注重品质和品位，有固定的社交圈子，社交处所稳定。圈子内的口口相传效力很大
		休闲	都市白领	生活节奏快、压力大，短途旅行活跃
		养生	中老年	注重养生、保健，更喜欢自然、生态、清静的环境
		修学	中小学生	观光、体验，对于科普知识、文史知识兴趣浓厚，夏令营
出游方式	出游陪伴	血缘人际关系网	家庭、亲友	休闲、放松，亲子游、增强家庭凝聚力
		业缘人际关系网	同事、合作伙伴、社团或社区组织	商务社交、休闲
		趣缘人际关系网	俱乐部、协会等团体市场（如车友会、军事爱好者群体、天文爱好者群体等）	以共同的爱好和兴趣为黏合剂，目标明确，对于乡村旅游的衍生产品的主题性、特殊性要求较高
		地缘人际关系网	社区消费市场（民俗村与大型社区结对子）	数量较大，便于建立长远合作，易获得政府的倡导和支持。以中低消费和农产品购物为主
	交通方式	自驾	有车族、拼车族	出行灵活，遇到好的风景随时停车；行程安排自由，车友俱乐部成员的消费偏好趋同
		包车	旅行社、单位等的观光、商务、休闲	时间、线路固定
		公交	中低收入者和学生	观光、修学、体验

五、战略构想和空间布局

(一) 战略总体构想

通过对101农耕休闲产业带的资源分析和市场分析，项目组提出“1、2、3、4、5”的战略总体构想。

“1”是1个旅游发展理念，即进一步贯彻首都生态涵养发展区战略，体现生态、环保、科普、崇尚自然的理念；“2”是指立足101新老国道、京承高速两条道所形成的市场流（商流、物流、信息流）和产业带；“3”是指以农耕为主线、以休闲为内容、以产业为核心构建项目体系；“4”是通过策划设计，形成“庄园、葡萄酒、渔村、长城”为灵魂的产业集聚区；“5”是通过营销，在市场上形成101农耕休闲产业带整体品牌下的“山、水、园、城、镇”五大特色为主的旅游市场子品牌。

(二) 空间布局

未来101农耕休闲产业带的空间布局结构总体可概括为“一轴、四区、多节点”，参见图2。

“一轴”为101国道沿线农耕休闲产业发展轴。

“四区”是指四个农耕休闲产品混合集聚板块，分别为：农耕庄园文化聚集区、葡萄酒庄园聚集区、生态渔村聚集区、长城—古北口文化旅游区。

“多节点”是指101农耕休闲产业带沿线应重点建设的景观节点，包括农耕庄园景观节点、潮河葡萄酒庄园景观节点、潮河/清水河生态渔庄景观节点、汤河休闲产业景观节点、体育休闲运动场地景观节点等。

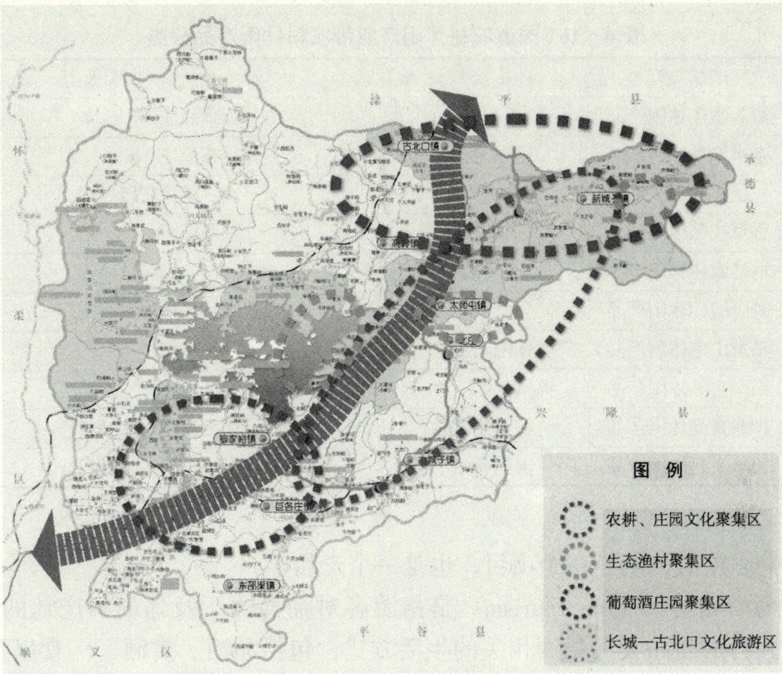

图2　101农耕休闲产业带的空间布局结构图

六、农耕休闲产品策划

（一）农耕休闲产品分类

依据101国道沿线的农业资源、自然资源和人文资源的禀赋和分布情况，现有的和未来可以打造的101国道沿线农耕休闲的主力产品有十大系列（见表4）。

（二）农耕休闲产品的内容与营造

1. 酒店酒庄休闲产品系列

依托酒庄发展葡萄酒庄园观光之旅、葡萄酒科技旅游、葡萄酒体验旅游、葡萄酒节庆旅游、葡萄酒文化旅游、葡萄酒品评旅游、葡萄酒商务旅游和葡萄酒美食美体旅游等。

表 4　101 国道农耕休闲产业带农耕休闲产品分类

产品类型	一般业态	庄园业态
酒店酒庄休闲产品		葡萄酒庄园
亲水渔乐休闲产品	生态渔村	生态渔庄
农耕体验休闲产品	采摘篱园	农耕体验庄园
香草庄园休闲产品		香草庄园
村落农庄休闲产品	山水人家、养生山吧	
郊野运动休闲产品	公共场地	专有场地
私家山宅休闲产品	休闲人家	泰美庄园
回归自然休闲产品	风景区	
产业观光休闲产品	民俗旅游村	休闲庄园
长城文化休闲产品	国际驿站	

葡萄酒旅游，既是一个项目，也是一个产品。

葡萄酒旅游（Wine Tourism）是指游客对葡萄酒厂及葡萄酒产地的访问，体验其独特的与品尝葡萄酒相关的生活方式，包括品酒、赏酒、美食以及游览参观酒厂周围风景、体验葡萄酒文化等娱乐活动。

在葡萄酒旅游产品开发方面不仅充分依托其自身的葡萄酒特色资源优势，而且深度挖掘了葡萄酒的文化底蕴，开发了许多具有差异性、创新性的特色产品项目。

葡萄酒旅游产品作为澳大利亚吸引国际游客的市场亮点与卖点，取得了良好的市场效果。

（1）葡萄酒庄观光之旅。通过建立连接区域内张裕爱斐堡红酒庄园、御龙东方红酒庄园、丘比特红酒庄园、吉马红酒庄园等 4 家葡萄酒文化酒庄的游线，将葡萄酒庄道路打通，构建葡萄酒产业带迷人的乡村风景。包括以自驾车、自行车作为代步工具。可专为葡萄酒游客与消费者开设自驾车、自行车旅游路线服务。为喜欢曲折、浪漫路线的游客，设计适合自驾车、自行车、摩托车游览的葡萄酒景点的线路。可以请熟悉周围环境的葡萄酒生产商和当地农民担当 101 葡萄酒产业带的葡萄酒旅游的导游。

（2）葡萄酒科技旅游产品。葡萄酒科技旅游指以葡萄酒工业厂区、农业园区的各种科技旅游资源（例如酒厂布局、生产设备、罐装线等）为吸引物，满足旅游者增长知识、开阔视野、丰富阅历等旅游需求为目的，融参观、考察、学习、娱乐、购物等活动于一体的一种专项旅游。酒厂普遍对公众开放，通过向公众展示其高新技术设备及产品、现代化生产流程、高效的经营管理模式，以树立企业品牌形象。开发的具体旅游项目包括：组织游客深入生产一线参观葡萄酒厂现代化的生产设备，例如罐装车间、库房、储藏运输罐；观看葡萄酒酿造工艺生产线，了解葡萄酒制作的全过程，从葡萄的接收与处理、发酵、勾兑酒的澄清、过滤等具体生产流程；各种品牌、不同年代葡萄酒样品的展览与品尝等。

（3）葡萄酒体验旅游产品。葡萄酒体验旅游指以不为都市人所熟悉的乡村葡萄资源为旅游吸引物，以形式多样的参与性旅游活动为主要内容，以满足游客休闲娱乐、身心健康、自我发展等需求的旅游形式。葡萄酒体验旅游在产品特色上更加强调形式的创新、互动以及知识性。

澳大利亚的许多庄园将当地的葡萄资源优势与旅游有机结合，策划开发出了许多融参与、知识、娱乐于一体的特色旅游项目。每年有数百万游客到澳大利亚远离城市的偏远酒庄，住进条件简陋的农舍，品尝葡萄酒产地的特色饮食，欣赏诗情画意的田园风光，参观各种具有特色的农业生产设施；旅游者可以自由参观园内的葡萄作物；参与各种农业健身运动，例如用机械或手工采摘葡萄，用简单的酿酒工具自酿葡萄酒；品尝甜美的葡萄和葡萄酒，还可以学习品酒知识；葡萄酒浴则是美容健身的特色项目；专人授课的农场学校能够让游客在轻松舒适的学习环境中学到很多与葡萄及葡萄酒相关的知识。

在葡萄酒城，游客不但可以亲自当一回酿酒师，体验古法酿酒之秘，还可以在“模拟酿酒加工厂”上过把瘾。亲手制一瓶葡萄酒，作为留念或馈赠亲朋好友，实在是一大快事。

①DIY 个性化项目。

DIY 葡萄酒：参与葡萄酒酿制的过程，如采摘、去梗、压榨果粒以及榨汁等，并可以选择要酿制的时间，在葡萄酒酿成后来酒庄取酒或是快递至家中，品尝自己亲手酿造的葡萄酒。

DIY 酒瓶：可以设计酒瓶的形状、瓶上的花纹，还可以设计独特的标签，无论是自己收藏或是送礼都是很好的选择（还可以考虑让客人们动手制作用来储存酒的小木桶，甚至酒杯等，加深客人们的兴趣），同时，酒瓶的标签（主标、颈标、背标）、木盒、纸带等也可以进行个性化设计。

DIY 葡萄酒食品：一些跟葡萄酒有关的食品，如葡萄酒玫瑰冻、酒心巧克力、葡萄酒蛋糕及葡萄酒冰激凌等，做好后可以在随后的饭局上作为甜点。

DIY 葡萄果酱：由客人亲手制作葡萄果酱，但在葡萄没有成熟的季节，可以参与酿制其他果酒来达到体验的目的。

②亲子项目。可以考虑亲子活动的分量，除去葡萄酒博物馆外，还有讲解员们为小朋友讲解葡萄酒的来历、酿制过程以及一些有趣的故事，之后小朋友

们可以自己动手，要专门配置一些可以让小朋友们操作的工具，一家人一起动手，其乐融融。

(4) 葡萄酒节庆旅游产品。葡萄酒节庆旅游指以各种葡萄酒主题节庆活动为核心旅游吸引物的一种特殊旅游形式，包括葡萄酒庄园庆典旅游产品，包含婚庆、公司庆典等活动。

在澳大利亚的主要葡萄产地，葡萄收获季节和葡萄酒装瓶的日子都是当地重要的节日。在葡萄酒节期间，政府和商家会举办策划一系列的庆祝活动、旅游活动，以吸引游客，扩大地区知名度。例如举办集文化展示、产品推介、销售于一体的葡萄酒会、品酒会、评酒会，传统歌舞表演、音乐、佳肴、烟火等大型庆祝活动。它以其巨大的经济增量效应、关联产业带动效应、综合就业乘数效应、地区形象传播聚焦效应而普遍受到地区政府及企业的重视。

(5) 葡萄酒文化旅游产品。葡萄酒文化旅游是以葡萄酒文化、葡萄酒历史、葡萄酒产地的地域民族风情为主题的旅游产品形式。在葡萄酒博物馆参观者可以通过观看文字材料、图表图片、工具器皿以及不同品牌的陈年酒和新酿酒来感受葡萄酒酿制文化的发展，了解酿酒、葡萄种植历史以及地域历史文化的演绎。在葡萄庄园，星级酒店往往是古建筑式样的民居；葡萄酒专卖店、酒吧、餐馆在店内装饰、服务礼仪、员工服饰等方面都极具地域特色和文化内涵；游客在品尝美酒、美食的过程中可以聆听当地酒窖典故和奇闻逸事。总之，丰富多彩的葡萄酒文化旅游产品不仅丰富了澳大利亚的旅游产品类型，提升了产品附加值，而且满足了旅游者高层次的文化旅游需求。

(6) 葡萄酒品评旅游产品。爱斐堡国际葡萄酒品鉴中心计划为国内政务、商务精英人士提供专业的葡萄酒文化、葡萄酒礼仪和葡萄酒鉴赏课程培训服务，这将成为张裕爱斐堡酒庄在文化推广领域内的一张王牌。

(7) 葡萄酒商务旅游产品。可以吸引政府、企业到此召开各种商务会议，举办年会等，主打冷餐会和酒会，借鉴国外酒会的特点，可分为室内和露天两种。意在中高端客户群中推广葡萄酒文化。通过让客人品尝不同种类、不同年份的酒，体验白葡萄酒、红葡萄酒、干白、干红以及气泡酒的不同，并找到自己喜爱的种类，方便以后享用葡萄酒，且可在品酒过程中为客人讲解品酒的正确方法。根据不同的酒搭配不同的食物，可以作为品酒的后一步，找出自己喜爱的酒后，佐以各种葡萄酒美食，加深体会。

(8) 葡萄酒美体旅游产品。在会议结束之后还可以享受到葡萄酒浴等特色产品，以此吸引客人。

①葡萄酒浴，可以与SPA相结合，并配以不同形式的按摩，同时浴场周围的环境要优雅，客人可以一边洗浴按摩一边欣赏景色——用葡萄酒淋浴，把身

体泡在含有葡萄酒的热水浴缸里。热水的高温令身体毛孔扩张，葡萄酒即时进入表皮下刺激毛细血管，葡萄酒中丰富的葡萄多酚具有抗氧化、促进血液循环的作用，还可以收紧松弛肌肤，同时有美颜功效，促进肌肤吸收养分，让保养成分更快进入肌肤里层，具有抗衰老及预防多种疾病的作用。

②葡萄酒面膜。作为葡萄酒浴之后的一道美容工序，除了为客人做面膜护理外，还可以教客人面膜的制作方法，这样客人在家也可以自行护理。

③开设葡萄酒讲座，为客人讲解饮用葡萄酒的益处，葡萄酒的正确饮用方法，并且提出一些饮用的小技巧，使之更好地发挥对健康的促进作用。

2. 亲水渔乐休闲产品系列

生态渔村以垂钓、品尝和水体景观为主题旅游吸引物，提供特色餐饮、观光游览、休闲娱乐等服务。

3. 农耕体验休闲产品系列

采摘篱园能提供观赏和采摘特色蔬菜、果品或其他特色农作物等休闲活动，具有观赏、采摘、休闲、学习和科普等综合功能。

4. 香草庄园休闲产品系列

香草庄园提供芳香养生环境，供游客漫步、野餐、休憩，让游客体味馨香世界，建有芳香产品加工基地，让游客体验芳香植物的设计和制作过程。

5. 村落农庄休闲产品系列

村落农庄休闲产品主要是民俗旅游村，分为山水人家、养生山吧和民族风苑等业态。

6. 郊野运动休闲产品系列

郊野运动休闲产品是以乡村、山川和平原为背景的室外运动，运动环境的自然景观优美、大多空气清新、植被繁茂、依山傍水，适于有氧代谢类运动。

7. 私家山宅休闲产品系列

私家山宅是山乡村民把闲置的私宅修葺或翻建，然后短期或长期出租给城里人闲住，租住人可以间断或不间断地在此享受山乡休闲的乐趣。

8. 回归自然休闲产品系列

依托乡间山水林泉等自然景观资源、动植物资源和自然现象，发展在自然环境中休憩、观赏、养生、康体等活动。

9. 产业观光休闲产品系列

休闲农庄一般占地100亩以上，以农业生产和乡村生活为依托，以农耕文化为核心，以田园景观为背景，为游客提供住宿、餐饮等乡村生产生活休闲体验。

10. 长城文化休闲产品系列

依托司马台长城和金山岭长城开展司马台长城观光游、徒步长城历史寻踪游、长城摄影游、长城·影视城休闲体验游、长城修学旅游、跨国文化游和古北口温泉度假旅游等。

七、形象与营销策划

(一) 主题形象定位

综合考评101农耕休闲产业带所处资源特点和文化气质、目标客源市场以及未来的发展方向，课题组将101农耕休闲产业带的主题形象确定为：至尊国道·农耕休闲。

(二) 宣传口号

(1) 渔耕休闲，密水云山。

(2) 耕读渔樵，休闲大（国）道。

(3) 庄园大道，耕读渔樵。

(4) 乐渔密（或阳）之水，问耕云之山。

(5) 道东良园道西湖，路边休闲可耕读。

(6) 万顷良园餐宿游娱乐不休，百里大道耕读渔樵皆可闲。

(7) 酒庄渔庄农庄一路庄园，雅酌垂钓采摘百里休闲。

(8) 紫陌傍水·渔耕休闲（紫陌：京郊大道，傍水：水库之滨，意为在水库一侧有大道穿越的地方垂钓、采摘、耕作、品尝休闲）。

(三) 营销策略

1. 事件营销

2010年9月密云水库建成50周年的纪念日，可举办一个以“饮水思源——密云水库建成50周年”为主题的大型展览活动，在全市层面、全国层面进行宣传，并将其提升为近1年内密云县的一个重要宣传工作。通过举办书画展、旅游节、文化节、生态节、农耕科技节等活动，在《人民日报》、《北京日报》、CCTV、人民网、新华网等媒体上建立专栏进行宣传，借此可以推广101农耕产业带的品牌形象，做实各个项目。该活动应做大做实，将密云的经济发展成就，尤其是乡村旅游发展成就进行集中展示。

2. 品牌营销

在密云“生态密云，休闲之都”总体品牌形象的框架下，大力塑造密云101农耕休闲产业带“第一（至尊）国道·农耕休闲”的主题品牌形象。每年根据不同资源特色推出一个营销主题，并针对不同的营销主题策划相应的配套活动和节事项目，逐渐提升密云101农耕休闲产业带的旅游品牌形象，打造升级版的具有密云特色的“京郊人家”品牌。

3. 网络营销

充分发挥网络促销优势，维护建立好密云101农耕休闲产业带的旅游信息网，大力宣传密云101农耕休闲产业带的重点旅游产品和节庆活动。

4. 体验营销

密云101农耕休闲产业带可开发丰富多彩的体验营销活动，如“驻京外国使馆人士体验农家一日游”、北庄的私家山宅、果树认养、私人酒窖、潮河龙灯制作DIY等，注重参与、体验，丰富密云101农耕休闲产业带乡村旅游内容，提高旅游经济效益。

5. 社区营销

通过在社区发放旅游宣传手册、旅游优惠券以及进行小规模旅游宣讲，使消费者体验到密云101农耕休闲产业带细致、独特的旅游服务。

6. 影视营销

利用密云101农耕休闲产业带优美的自然风光和历史遗存作为影视拍摄的外景地，将本地富有感召力的景点、民俗、建筑等元素设计进入影视作品中，邀请名家编写脍炙人口的影视故事，吸引旅游者的目光，增强密云101农耕休闲产业带的情感魅力。

7. 关系营销

定期邀请驻京各国媒体的记者、留学生和科研机构、大专院校的外籍专家、对外交流协会的工作人员等，进入密云101农耕休闲产业带，运用其独特的旅游体验视角，评点及宣传密云101农耕休闲产业带。

八、基础设施项目策划

（一）旅游交通项目策划

1. 公路旅游交通

（1）调整客运站点布局，增设带域公交车路线。调整公交站、长途客运站的布局，改造客运设施，提升旅游客运交通设施的档次和运营水平，为游客接待提供良好的交通条件。增加 101 农耕休闲产业带域的公交车线路，方便游客在农耕休闲产业带域的旅行。

（2）强化 101 国道旅游交通功能，打造黄金旅游线。充分利用 101 国道的良好路况，将其打造成农耕休闲产业带域景区景点和乡村旅游节点之间的黄金旅游通道，为自驾车旅游者提供良好的服务。

（3）改造道路景观。建设潮河干堤沿线的景观，沿河景观质量和交通条件的改善是休闲渔业区建设的基础，将交通条件的改善和景观条件的改善相结合，建设一条具有游览价值的旅游交通通道。

（4）交通引导。在高速路口及 101 国道主要节点和人流集散地、交叉路口、重要景点、主要休息处等设置 30 个交通引导解说牌。

2. 景区（点）游览交通规划

（1）停车场建设。在 101 农耕休闲产业带南入口建设地上停车场，游客可改乘景区环保运载工具。同时增加景区内各主要集散地停车场的车位，调整旅游景区内停车场布局，适当增加车位，初步建成与道路交通容量相匹配的停车系统。

（2）开设景区旅游专线服务。开设有服务规范的观光巴士、旅游公交车等，确保定时、按质服务，对于重要的旅游景点不应局限于一个区域内，可与周边景点成套推出、共同发展。

（3）控制景区（点）旅游交通污染。整个 101 农耕休闲产业带配备 100 辆环保型运载工具，游客在整个游览过程中可全程乘坐产业带配备车辆。

（二）旅游标识与解说系统策划

1. 标识系统

高速公路密云入口设置 101 国道指示信息，101 国道沿线设置各休闲度假区标识。101 国道沿线各休闲度假区建立旅游服务中心和旅游标识系统，在每个度假区入口设置导游全景图、度假区路线图。在度假区内设置导览图、标识牌、景物介绍牌。

2. 解说系统

导游员（讲解员）持证上岗，人数及所掌握语种要能满足游客需要。在各重要景观节点设置解说牌，共增建 20 个创新式解说牌。

（三）旅游环卫设施策划

1. 引入生态旱厕

在 101 农耕休闲产业带积极引入生态旱厕，全程设置 20 个生态旱厕，争取得到欧盟等国际组织的援助。

2. 设置垃圾箱

农耕休闲产业带域的公路主、次干道每 1000 米设置一个垃圾箱，游路每 500 米设置一个垃圾箱。道路节点均设有垃圾收集设施，预计需要设置 50 个垃圾箱，10 处垃圾收集设施。

3. 修建垃圾处理站

对潮河、白河流域重点进行景观建设和生态环境改造，在两个流域的下游分别建立垃圾处理站，进行垃圾的无害化处理。

4. 建设小型污水处理厂

首先，严禁污染，排入潮河、白河的生活污水应符合污水综合排放一级标准。其次，加强治理，分别在潮河、白河入密云水库 1 公里处建立 1 个小型污水处理厂，保证汇入密云水库的水质优良。

九、附　录

附录 1　密云县旅游市场调查问卷

问卷 1:　　　　　　　　　　　　问卷时间________问卷地点________

密云县旅游市场调查问卷

尊敬的女士 / 先生:

您好！为了给您提供更好的旅游服务，使您得到美好的旅游体验，请您协助我们完成这张调查表。在符合您情况的项目内填写或用“√”划定选项 。

谢谢您的合作!

密云县旅游局

首都经济贸易大学

第一部分：出游动机和消费行为

1. 您是第（　）次来密云县旅游。

A. 1 次　　B. 2~3 次

C. 4~5 次　　D. 5 次以上

2. 您此次旅游的主要目的是（　）。

A. 游览观光　　B. 休闲度假　　C. 探亲访友

D. 探险　　E. 科研　　F. 商务

G. 交流访问　　H. 宗教/朝拜　　I. 其他(请注明：　　)

3. 您是通过（　）了解到密云县旅游资源的信息的。(可多项选择)

A. 亲友介绍　　B. 电视　　C. 电台

D. 旅游指南/手册　　E. 旅行社推介　　F. 报纸/杂志

G. 户外广告　　H. 互联网　　I. 其他(请注明：　　)

4. 您此次来密云县旅游的方式是（　）。

A. 单位组织　　B. 个人或与亲友结伴　　C. 旅行社组织

D. 自驾车　　E. 俱乐部组织　　F. 客户邀请

G. 出差顺便　　H. 其他（请注明：　　）

5. 您选择来密云县旅游是因为（　）。

A. 费用更便宜　　B. 距离近　　C. 景点本身的吸引
D. 个人爱好　　E. 综合服务设施齐全　　F. 交通便利
G. 能够得到美好体验　H. 其他（请注明：　）

6. 您此次出行的人均总花费是（　）元/人，其中花费最大的是（　）。
A. 交通费　　B. 住宿费　　C. 门票费
D. 餐饮费　　E. 娱乐费　　F. 购物费

7. 您此次旅游花费的总时间是（　）天，其中在密云县停留的时间是（　）天。

8. 您对密云的哪些旅游资源最感兴趣？（可多选）（　）
A. 长城（司马台等）　B. 民俗村镇（古北口等）
C. 葡萄酒庄园（爱斐堡等）　D. 休闲农庄（采摘、垂钓等）
E. 水库风光　F. 景区（云蒙山、云岫谷等）
G. 现代休闲娱乐设施（高尔夫、酒吧等）
H. 放心食品基地（柴鸡蛋等）　I. 美食（水库鱼等）
J. 节庆（农耕文化节、户外盛典等）

9. 您都游玩过密云境内的哪段长城？（可多选）（　）
A. 司马台长城　　B. 卧龙山长城　　C. 蟠龙山长城
D. 金山岭长城　　E. 古北口商贸旅游区　　F. 遥桥峪古城堡
G. 无

10. 您以前去过哪段长城？（可多选）（　）
A. 八达岭长城　　B. 慕田峪长城　　C. 居庸关长城
D. 山海关长城　　E. 嘉峪关长城　　F. 其他(请注明：　)
G. 没去过

11. 与其他段的长城相比，您认为密云境内的长城的优势有____________，不足有____________。

12. 您一般会选择在什么时间出游？（　）
A. 双休日　　B. 五一　　C. 十一
D. 春节　　E. 休假　　F. 其他

13. 到郊区旅游，您每次能够承受的人均旅游支出是（　）。
A. 100 元以下　　B. 100~200 元　　C. 200~300 元
D. 300~400 元　　E. 400~500 元　　F. 500~800 元
G. 800~1000 元　　H. 1000 元以上

14. 以下旅游项目中，您比较感兴趣的是（可多选）（　）。
A. 游长城　　B. 品尝美食　　C. 农耕体验

D. 健身娱乐　　E. 酒庄观光　　F. 酒庄商务休闲
G. 香草艺术　　H. 迷宫游玩　　I. 村镇休闲
J. 生态民俗　　K. 房车游　　L. 科普修学
M. 户外探险　　N. 节事活动　　O. 养生美容
P. 野炊露营　　Q. 购买土特产及纪念品
R. 宗教活动

15. 基于您的体验，您是否会向您的亲朋好友推荐来密云旅游？(　　)
A. 肯定　　B. 可能　　C. 不确定
D. 不可能　　E. 肯定不会

16. 您是否会购买旅游纪念品？(如果答否，跳过 17 题) (　　)
A. 是　　B. 否

17. 您购买的旅游纪念品是________________。

18. 您此次出行游览过或将游览的景点有________________。

19. 您更愿意如何解决您的住宿问题？(　　)
A. 当天返回家　　B. 普通旅馆/招待所　　C. 星级饭店
D. 青年/汽车旅馆　　E. 木屋、帐篷等特色接待设施
F. 当地农家　　G. 自带帐篷露营　　H. 房车

20. 请您给此次密云旅游的满意度评分（5 分制：很好—5，好—4，一般—3，差—2，很差—1，未曾使用—0）：
A. 自然资源___　　B. 民俗文化___　　C.乡土氛围___
D. 旅游产品___　　E. 服务质量___　　F. 交通___
G. 餐饮___　　H. 住宿___　　I. 购物___
J. 娱乐___　　K. 安全保障___　　L. 环境卫生___
M. 旅游秩序___　　N. 综合评价___

21. 您认为密云县最有价值的旅游景点（区）是________________。

22. 根据您的体验，在密云旅游带给您最深刻的印象是________________。

第二部分：游客特征

23. 您来自：
A. 北京______区　　B. 天津　　C. 唐山　　D. 其他________

24. 您的性别：
A. 男　　B. 女

25. 您的年龄：
A. 18 岁以下　　B. 19~25 岁　　C. 26~35 岁　　D. 36~45 岁

E. 46~59 岁　F. 60 岁以上

26. 您的职业：

A. 公务员　B. 企事业单位管理人员

C. 专业/文教科技人员　D. 服务销售人员　E. 工人

F. 军人　G. 农民　H. 离退休人员

I. 学生　J. 其他

27. 您的月平均收入：

A. 1000 元以下　B. 1001~2000 元　C. 2001~3000 元

D. 3001~4000 元　E. 4001~5000 元　F. 5001 元~8000 元

G. 8001~10000 元　H. 10000 元以上

28. 您的文化程度为：

A. 初中及以下　B. 高中　C. 大专

D. 本科　E. 研究生及以上

再次感谢您的大力合作！

附录 2　密云县旅游市场调查问卷（北京市民）

问卷 2：　问卷时间_________问卷地点_________

密云县旅游市场调查问卷（北京市民）

尊敬的女士/先生：

您好！为了给您提供更好的乡村旅游服务，使您得到美好的旅游体验，请您协助我们完成这张调查表。在符合您情况的项目内填写或用“√”划定选项。

谢谢您的合作！

密云县旅游局

首都经济贸易大学

第一部分：出游动机和消费行为

1. 您认为密云县的下列旅游资源中对您有吸引力的是（可多选）（　）。

A. 长城（司马台等）　B. 民俗村镇（古北口等）

C. 葡萄酒庄园（爱斐堡等）　D. 休闲农庄（采摘、垂钓等）

E. 水库风光　F. 景区（云蒙山、云岫谷等）

G. 现代休闲娱乐设施（高尔夫、酒吧等）

H. 放心食品基地（柴鸡蛋等）　I. 美食（水库鱼等）
J. 节庆（农耕文化节、户外盛典等）

2. 您在决定去密云县旅游时，要考虑哪些因素？（可多选）（　）
A. 费用便宜　B. 距离近
C. 景区（点）的吸引力　D. 个人爱好
E. 综合服务设施齐全　F. 交通便利
G. 知名度高　H. 管理服务水平高
I. 生态环境好　J. 其他（请注明：　）

3. 如果去密云旅游，您会选择什么时间？（可多选）（　）
A. 双休日　B. 五一　C. 十一
D. 春节　E. 休假　F. 其他

4. 如果去密云旅游，您将选择的出游方式是（可多选）（　）。
A. 家人出游　B. 朋友结伴　C. 单独出游
D. 招待客户　E. 单位组织　F. 参加旅行社
G. 俱乐部组织　H. 其他（请注明：　）

5. 您平均每个月出游几次？（　）
A. 1 次　B. 2 次　C. 3 次
D. 4 次　E. 5 次以上

6. 驱车多长时间前往北京郊区（县）旅游景区您可以接受？（　）
A. 1 小时以下　B. 1~2 小时　C. 2~3 小时
D. 3~5 小时　E. 5 小时以上

7. 您通常通过（　）了解北京郊县旅游信息。(可多选)
A. 亲友介绍　B. 电视　C. 电台
D. 旅游指南/手册　E. 旅行社推介　F. 报纸/杂志
G. 户外广告　H. 互联网　I. 其他(请注明：　)

8. 到郊区旅游，您每次能够承受的人均旅游支出是（　）。
A. 100 元以下　B. 100~200 元　C. 200~300 元
D. 300~400 元　E. 400~500 元　F. 500~800 元
G. 800~1000 元　H. 1000 元以上

9. 您去郊区旅游，通常在旅游目的地过夜吗？（如填否，可直接做 11 题）（　）
A. 是　B. 否

10. 您一般住几天？(　)
A. 1 天　B. 2 天　C. 3 天

D. 3天以上

11. 您更愿意如何解决您的住宿问题？（　）

A. 当天返回家　B. 普通旅馆/招待所

C. 星级饭店　D. 青年/汽车旅馆

E. 木屋、帐篷等特色接待设施　F. 当地农家

G. 自带帐篷露营　H. 房车

12. 如果去密云旅游，您将选择的旅游交通方式是（可多选）（　）。

A. 普通公交　B. 旅游专线　C. 私家车

D. 火车　E. 房车

13. 您是否愿意前往密云旅游？（　）

A. 会经常去　B. 一定去

C. 可能去　D. 不去

14. 如果您去密云旅游，预计花费列前三位的是（请选择三项）（　）。

A. 交通　B. 住宿　C. 餐饮

D. 门票　E. 娱乐　F. 购物

15. 以下旅游项目中，您比较感兴趣的是（可多选）（　）。

A. 游长城　B. 品尝美食　C. 农耕体验

D. 健身娱乐　E. 酒庄观光　F. 酒庄商务休闲

G. 香草艺术　H. 迷宫游玩　I. 村镇休闲

J. 生态民俗　K. 房车游　L. 科普修学

M. 户外探险　N. 节事活动　O. 养生美容

P. 野炊露营　Q. 购买土特产及纪念品

R. 宗教活动

16. 您是否会选择景点内的额外收费项目？（　）

A. 会选择　B. 不会选择

C. 很少选择　D. 部分选择

17. 您是否会从景区的购物点购物？（　）

A. 不会　B. 很少

C. 一般　D. 经常

18. 您最喜欢的北京郊区旅游景区（点）是＿＿＿＿＿＿＿＿。

19. 您曾经去过的密云旅游景区（点）有＿＿＿＿＿＿＿＿。

20. 您对密云旅游有什么意见和建议？＿＿＿＿＿＿＿＿

＿＿＿＿＿＿＿＿＿＿＿＿＿＿＿＿。

第二部分：游客特征

21. 您来自：

A. 北京______区　　B. 天津

C. 唐山　　D. 其他

22. 您的性别：

A. 男　　B. 女

23. 您的年龄：

A. 18 岁以下　　B. 19~25 岁　　C. 26~35 岁

D. 36~45 岁　　E. 46~59 岁　　F. 60 岁以上

24. 您的职业：

A. 公务员　　B. 企事业单位管理人员

C. 专业/文教科技人员　　D. 服务销售人员　　E. 工人

F. 军人　　G. 农民　　H. 离退休人员

I. 学生　　J. 其他

25. 您的月平均收入：

A. 1000 元以下　　B. 1001~2000 元　　C. 2001~3000 元

D. 3001~4000 元　　E. 4001~5000 元　　F. 5001~8000 元

G. 8001~10000 元　　H. 10000 元以上

26. 您的文化程度为：

A. 初中及以下　　B. 高中　　C. 大专

D. 本科　　E. 研究生及以上

再次感谢您的大力合作！

十、案例使用说明

（一）案例类型与教学目标

本案例属于旅游项目策划案例，在课堂教学的基础上，通过案例教学、研讨，可进一步提升学生理论联系实际、综合分析问题的能力。

本案例的教学目标包括：

（1）增加学生的行业知识，加深对旅游目的地旅游规划工作的了解。

（2）使学生掌握旅游策划的基本框架和基本内容。

（3）帮助学生了解并掌握旅游项目创新设计的基本途径，深入理解农耕休闲系列产品的内涵。

（4）强化旅游创意策划是一个系统工程的概念。

（二）可供教师在课堂上选用的启发思考题

（1）你赞同对 101 国道的文化解读吗？请谈谈你对农耕休闲文化的理解。

（2）请评价密云县 101 农耕休闲产业带的旅游资源。

（3）请评价密云县 101 农耕休闲产业带的旅游市场定位。

（4）请评价密云县 101 农耕休闲产业带设计的旅游产品系列。根据其资源禀赋及现有条件，以案例中所给出的设计思路和酒店酒庄休闲产品系列为例，请你设计出其他农耕休闲产品的创新系列。

（5）你认为 101 农耕休闲产业带的营销策略还有哪些可以改进或补充的地方？

（三）案例分析路线

旅游策划的含义→旅游策划的基本框架→密云县 101 农耕休闲产业带简介→密云县 101 国道沿线的旅游发展现状及文化解读→密云县 101 农耕休闲产业带的旅游资源调查及评价→密云县 101 农耕休闲产业带旅游策划的指导思想及市场定位→密云县 101 农耕休闲产业带旅游产品系列的创新设计→密云县 101 农耕休闲产业带营销策略→密云县 101 农耕休闲产业带基础设施项目策划。

（四）理论要点

（1）旅游策划的基本框架及内容。

（2）旅游资源的调查与评价。

（3）旅游市场定位。

（4）旅游产品的创新设计。

（5）旅游策划的营销策略。

（五）参考资料

（1）蔡红、李平生等：北京市旅游局 2009 年“一沟一品”项目《北京市密云县 101 农耕休闲产业带创意策划》。

（2）何雨等：《旅游规划概论》，旅游教育出版社，2004 年。

（3）保继刚等：《旅游规划案例》，广东旅游出版社，2003 年。

（4）《北京市密云水库、怀柔水库和京密引水渠水源保护管理条例》，1985 年 7 月 3 日。

（5）《北京市旅游管理条例》，2004 年 9 月 10 日。

（6）《北京市郊区民俗旅游村评定暂行办法》，2003 年 7 月 1 日。

（7）《北京市郊区民俗旅游接待户评定暂行办法》，2002 年 7 月 1 日。

（8）相关文件：

《中共中央关于推进农村改革发展若干重大问题的决定》。

《北京市人民政府关于全面推进北京市旅游产业发展的意见》。

《北京市国民经济和社会发展第十一个五年计划发展纲要》。

《北京市“十一五”时期旅游业及会展业发展规划》。

《北京市密云县旅游业发展总体规划》。

《密云县志》。

（9）《北京市旅游产业发展“一区（县）一色”研究专辑》，《北京调研》，2008 年。

（10）《北京京郊旅游手册》，北京市旅游局，2008 年、2009 年。

（11） http：//www.bjta.gov.cn

（12） http：//www.mylvyou.com.cn

案例15

“服务业制造化”——携程案例分析

李云鹏[①]　郝　钰[②]　吴晶晶[③]　赵　地[④]
宋明曦[⑤]　张要争[⑥]

摘要：现代服务业核心竞争力在于赢得客户。面对日益激烈的竞争环境和日益提升的客户需求，新兴的网络服务商面临着一个困境：如何将服务细化，提供标准化、精准化、个性化“兼备”的批量“产品”。携程旅行网作为国内网络旅游服务巨头，承担业务量之巨大、涵盖领域之广阔、服务范围之宽、联系产业链之长，致使其面临比其他服务商更大的管理、营销、服务困难。服务业制造化，是将制造业的经营管理方法运用于服务业中，即将服务过程细分，以制造化的方法规范批量生产“优质服务”标准，进而保证对每位消费者的服务质量，实现自身成本最低化、供应商效益最大化、顾客满意度最大化的“三赢”目标。

关键词：服务业制造化　携程旅行网　质量管理

① 李云鹏：首都经济贸易大学工商管理学院副教授，博士后。
② 郝　钰：首都经济贸易大学工商管理学院硕士研究生。
③ 吴晶晶：北京东方世纪旅行社。
④ 赵　地：首都经济贸易大学工商管理学院硕士研究生。
⑤ 宋明曦：首都经济贸易大学工商管理学院硕士研究生。
⑥ 张要争：首都经济贸易大学工商管理学院硕士研究生。

一、前 言

“服务化”是许多制造企业追求的目标。当制造企业发展到一定阶段时，企业若要继续保持利润率和市场占有率，除了控制成本、改进生产技术之外，需要更加注重增加产品的服务价值。由于服务企业提供的产品就是服务本身，提升服务（产品）质量就成为服务企业经营的核心所在，制造业对于产品质量进行控制的方法运用于服务业，就可以从根本上保证服务质量的一致性。

对于现代服务型企业而言，谁抓住顾客，谁创造顾客价值，谁就赢得了顾客，也就赢得了利润。尤其对于网络服务商而言，作为联通经销商与客户端的中间商，面对性情各异的客户、参差不齐的供应商，面临同行的激烈竞争，既要尽可能地保障客户成本最低化、供应商利润最大化，又要保持企业利润与良好信誉，而提供标准化、高质量的“批量”服务产品，这正是实现“三赢”的关键所在。

服务型企业可以借鉴制造业的诸多优点，将其提高产品质量的方法运用到服务行业中，从而提高服务质量和服务效率。其中，国内旅游网络服务商巨头——携程网就是将服务业制造化的一个很好的例子，通过对携程网经营理念、经营程序和客户管理的分析，可以了解到携程网是如何在每个环节中渗透“服务业制造化”思想的。

所谓服务业制造化，是指将制造业的经营管理方法运用于服务业中，即将服务过程细分，以制造化的方法规范批量生产“优质服务”标准，进而保证满足每位消费者的需求。就制造化而言，可以包括很多方面：标准化、人性化、规范化、科学化。

标准化是指在某一特定领域达到统一标准的要求，是人性化、规范化、科学化的基础。人性化就是充斥企业经营中的“人性要素”，是指企业在产品设计、客户服务、战略决策等各个环节中始终以客户为中心，最大化满足客户需求。规范化用以改造关系模式，通过分解关系模式，消除不合理的数据依赖，以解决插入异常、删除异常、更新异常和数据冗余问题。科学化是指在生产、提供服务以及决策过程中，始终要遵循客观规律，运用科学手段提高效率。

结合携程网案例探讨服务业制造化，一方面能够对携程网的发展加以梳理和分析，另一方面能够给其他企业以参照和方向。服务业的性质决定其在业务流程中受人为因素影响比较大，导致质量一致性、一贯性比较差，因而从制造业管理模式、管理机制探讨服务业的经营管理创新模式具有实际意义。使企业能够在标准化的交互平台下，规范化的经营模式下，科学化的管理模式下，人性化的服务模式下，提供优质服务。

二、服务流程程序化

（一）采购流程制造化

携程网的主营业务分为酒店预订、机票预订、度假业务和商旅服务四部分，通过自身完备的网络平台、业内的合纵连横战略、跨行业的强强合作形成了目前的规模化、多元化、现代化旅游网络服务商。作为联系供应商与客户的中间商，携程网区别于传统旅行社，与上游的供应商沟通更为紧密，首先双方具有较强的连带作用，中间商向供应商提供客源，同时供应商向中间商支付佣金；其次，双方具有共同的目的——“为客服务”，客户是双方关系得以持续、经营顺畅的纽带，也是培养双方品牌的重要因素。可见供应商的优劣直接影响着各自利润，所以，挑选供应商是携程创造利润的第一步。

2000 年 11 月，携程以数百万元现金加期权收购了北京的传统旅游企业——现代运通，使酒店订房量发生了突飞猛进的增长。2002 年 3 月，酒店预订量创国内酒店分销业榜首。目前，携程已经与全球 28000 余家酒店签订了合作协议。为了保证签约的酒店有绝对的顾客资源，携程通过与酒店签订房源保证协议，建立了“资源壁垒”，扩大了直接收入的 80%，始终保持高出竞争对手 10%的佣金率。为了保证高额利润，携程还与酒店签下合作协议，收取完成协议规定数量的固定佣金和完成超出协议数量的额外佣金。为了确保酒店的服务质量，携程在服务上精雕细琢，当某家酒店扩展到二线城市时，也要根据地域的资源特色和客户需求、消费能力、消费心理，提供相适宜的硬件、软件，保持产品的一致性和连锁业的竞争优势。

除此之外，携程还推出酒店评价体系，鼓励客人对所住酒店进行客观评价，为潜在客户提供客观、真实的住店参考，真正让客人做到“未住先知”。通过携程旅行网预订酒店并成功入住的用户，对入住酒店进行有效点评即可参加“心级酒店”的评价，携程再根据客户评价得出“心级指数”，从而为其他用户在预订酒店时提供参考。

2008 年 7 月 28 日，携程宣布“星程酒店联盟”成立。通过携程强大的网络平台，向协议单体二星、三星酒店输出运营协助管理、营销渠道管理、酒店形象推广服务，通过收取联盟“品牌维护费”获得盈利。“星程酒店”借助携程平台获得了更多客户与利润，但其本身服务水平参差不齐，品牌形象各具特色，因此如何加强执行力，保证服务的标准化，是携程面对的首要问题。

在“星程酒店”管理过程中，首先要做的是分期培训，通过酒店培训部和外聘酒店管理专家，为总经理、中上层管理人员以及客房部、前厅工作人员进行定期培训。其次，运营经理会以每周三四次的频率和每月 7 次的频率分别对上海地区和其他地区的加盟酒店进行考核和监管，以确保酒店运营合乎联盟的要求。同时，联盟成员可以根据淡旺季和地区节庆活动向星程市场部提交不同的促销方案，并得到统一的市场推广的机会，各家酒店可以自行采购用品，但是必须经过星程的检验。此外，星程对加盟酒店每个季度都将有一次不同侧重点的公开检查，包括标识、硬件设施、酒店用品、清洁卫生、服务质量、基础管理在内的 6 大项、283 个小项。

（二）生产销售流程制造化

伴随着国家经济结构的优化和人民生活水平的提高，现阶段中国旅游业的发展出现了“拐点”，休闲度假不仅成为旅游发展的大趋势，更成为了人们新的生活方式的选择。同时，随着国内商贸活动数量的增多和质量的提升，未来商务旅游也将成为主流趋势。面对这一趋势，携程在传统旅游服务顺利开展、拓展之时，逐渐将部分重点转移至度假服务和商旅服务，以下分别以度假产品和商旅服务为例，阐述生产销售制造化过程。

1. 度假产品

携程开展独家产品服务第一步为收购服务产品供应商——本地旅行社，为度假业务打好基础。随后，携程在旅游胜地三亚设立了子公司，计划在丽江、桂林、四川等 10 个主要度假目的地收购旅行社，以真正打入度假旅游市场。

现代旅游活动中，自助游与散客游逐渐成为旅游的主流模式，顺应这一趋势需求，携程除了保有酒店和机票预订方面的价格及品牌优势，还要获得景点门票的优势。因此，携程作为最大的在线旅游服务网，与国内最大的景区票务直销网——驴妈妈签订了战略合作协议，旨在共同为景区输送中高端旅游人群。在连横战略中，两大旅游电子商务经营商充分调动各自领域的优势资源，在联合营销层面展开了深度和广度合作，促进了双方网站产品的市场号召力和影响力，为自助游客户打造了一个具有整合功能的一站式服务平台，也为携程开展度假产品创造了良好的发展空间。

度假产品提供商服务水平参差不齐，仅做好中介工作不足以保证旅客获得满意的服务。因此，携程将度假业务制造化，采取全国统一的采购、管理和营销策略，提供包括供自由行、深度团队游、半自助游、自驾游、签证、自由行PASS等全系列度假产品。目前，携程的“度假产品超市”包括20余个“自由行”专卖店，拥有近千条度假线路，涉及海内外200余个最热门的度假目的地，且大部分路线都包括机场接送、目的地用车、旅游保险等菜单式的自选附加产品。

在产品定制过程中，营销部门与产品部门加大沟通力度，在严谨的市场调研基础下精准营销，在科学的市场预测基础下开发产品，以保障每个环节得以高效有序地完成，进而开发出最具市场活力的个性化度假产品。

携程网创始之初，机票代售点多为实体店，出行者为了得到低价票，不得不逐个打电话进行比较，成本高而效率低；到达异地后，又会遇到食宿、交通等诸多不畅。携程通过市场调研，仔细分析客户在出行前、出行时、到达异地后可能遇到的问题和潜在需求，从出行者的角度出发，以网络为平台，开发出一系列出行服务产品及其衍生产品。携程对旅行中的食、住、行、游、购、娱、导等细节分别做出了具体标准；对海外团队“深度游”和“经典游”旅行过程中的航班、用车、酒店、行程、餐饮、购物和导游等方面做出了详细规定。如“深度游”线路中规定，有直航航班时必须使用直航，否则转机时间不得超过4个小时；旅游大巴要保证空座率不小于20%等等。这些数据都展示了携程用制造业的标准来运营服务业。

为了保证标准的实施，携程建立了举报和监督平台，为了监督“海外团队游标准”的执行，携程旅行网还在北京举办相应的“团队行程大稽查”行动。“携程海外团队游标准”有几十条小细节规定，游客出游的时候，可对应此标准，以维护自身的合法权益，确保服务品质。诸如此类举措，都是携程用制造业的标准来做服务业实事，也是携程得以确立在中国旅游市场上的稳定地位的至真法宝。

2. 商旅业务

2006年开始，携程向极具增长潜力的第四极——商旅管理业务全力进军。公司推出全新的商旅管理系统——“商旅通”。“商旅通”为游客提供了透明的机票、酒店价格和详尽实时的报表，同时运用了电子化的管理流程，确保差旅政策的顺利执行。目前，携程的商旅服务已延伸至索尼、可口可乐、宝钢等300多家中外知名企业，业务量居于国内市场前三。金融危机情势下，大中型企业更加关注差旅成本和效果，引入携程商旅管理服务，差旅费用平均可节省25%以上，如此“便宜”既是企业的绝好路径，也是携程迅速扩展商旅管理服务的契机，系统化、程序化以及与企业系统的实时对接正是商旅管理服务得以实施的保障。

(1)“商旅通”系统化。依托强大的技术研发能力，携程开发了商旅管理系统，公司商旅管理人员可以借助此平台实时、动态地掌握公司员工商旅活动的一手资料，并通过科学的报表系统优化管理。外包的企业从出差前的审批到最终的报销，只需在网上提交申请，即可制订出标准的差旅计划，省去了中间繁冗的过程，最大限度地为企业提供了便利。

2007 年 10 月，携程网与索尼（中国）签订了协议，承担其在华机构的商旅管理服务。在日本本土及其他国家，索尼差旅管理由专门的差旅管理公司承担；而在中国，由于航空代理等方面的资质问题，不得不将这一服务外包。携程与索尼合作流程简单，成本可控，具有不可比拟的优势，员工只需输入出差时间及目的地，携程平台会在一小时内呈报所有机票和酒店的价格信息，同时员工预订的价格及过程也将被如实记录，增加了整个过程的透明度。表 1 就是携程在商旅管理业务方面所制订的差旅费用方案。

表 1　携程全程控制的费用节省方案

旅行前	旅行中	旅行后
协助优化协议价格方案	协议价格优先推荐	差旅数据统计与分析
协助供应商协议价格	差旅政策严格执行	行业基准数据测评
透明的价格体系	差旅数据准确、记录客观	节省分析报告
灵活的支付方式	追踪不符合差旅政策的行为	商旅管理建议

通过以上的计划可以看出，对于每一个商旅外包企业，携程商旅管理业务都是通过这样的过程来达到外包企业所要求的目标的。

(2) 实现与外包企业的对接。携程推出的“商旅通”，实现了“商旅通”的系统和外包企业 ERP 系统的对接，通过数据的流转，制订与之相适的差旅计划，并且所有事项都可以阶段或者年终结算。携程的“商旅通”系统化，为企业减少了大量的成本，也使得能够与所服务的企业对接，为服务业与制造业建立起桥梁。

（三）售后服务制造化

对于携程而言，完备、系统的服务才是提高客户忠诚度的法宝，售后服务才是携程精诚服务的最好体现。携程作为服务代理商，有完备的服务措施，保证旅客的退票、改签等服务的顺利办理，并且采取跟踪措施；携程还通过回访客户等方式不断改善服务内容与形式。客户预订机票后，向客户提供目的地的天气预报；航班出现问题后，向客户提供最新信息，招行作为携程的合作伙伴，在客户每一次消费后发送确认信息等体验性、交互性服务……正是这种简单、贴心的售后服务创造了客户忠诚，获得了更高的客户满意度。

除了机票预订的标准化，携程率先在业内推出酒店低价赔付的承诺，保证客户以优惠的价格入住酒店。携程承诺，若会员通过携程预订并入住酒店，会员价高于该酒店当日相同房型前台价，携程将在核实后进行相应积分或差价补偿。此外，携程还建立了自然灾害旅游体验保障金，用以保障会员的旅游体验不受损害，保障游客顺利、愉悦地完成旅行任务。

呼叫中心的使用是售后服务制造化的又一体现，有利于更好地执行售后服务，增加用户黏性，所以尽管这是在经济低迷的时候做的一项决定，但从长远的投资回报来看，投入非常必要。

携程一直积极地巩固客户资源优势。携程的老客户占到了客户总数的近60%，其中80%的酒店和机票预订收入来自老客户，忠实的客户群带来了稳定的现金流。携程正是通过这一系列举措来巩固和提升老客户的满意度，并且获得了新客户的认可和依赖，从而逐渐赢得潜在客户，不断培育忠诚客户。

三、服务过程人性化

将旅游行业标准化，对于携程而言是“用制造业的标准来做服务行业”。传统服务中所有凭借个人经验形成的判断，都被以技术和流程的方式显性化，并固定下来，携程通过这种方式，达成了服务的标准化与服务的个性化之间的平衡，一言以蔽之，就是服务产品的“个性化构思，大工业生产”。所以，“标准化”到“人性化”再到“顾问式”将成为客户服务模式的一个重要发展趋势。

（一）售前服务

1. 网上预订系统服务

携程的网页设计符合客户浏览习惯，酒店、机票、度假、特惠精选、目的地指南栏目的设置，是按照出游的操办手续层层递进的，简单的逻辑是携程网站遵循的首要原则。此外，从审美和健康角度来看，蓝色的主色调也是非常贴心的考虑。最关键的是网站完备的功能和周到的服务，对于消费者而言，获取最真实的目的地信息和资源的比较是至关重要的，为此携程网站栏目中设置了目的地指南和社区交流两大区域，尽可能地帮助消费者了解陌生的目的地信息，并且绕开商家圈套。见图 1。

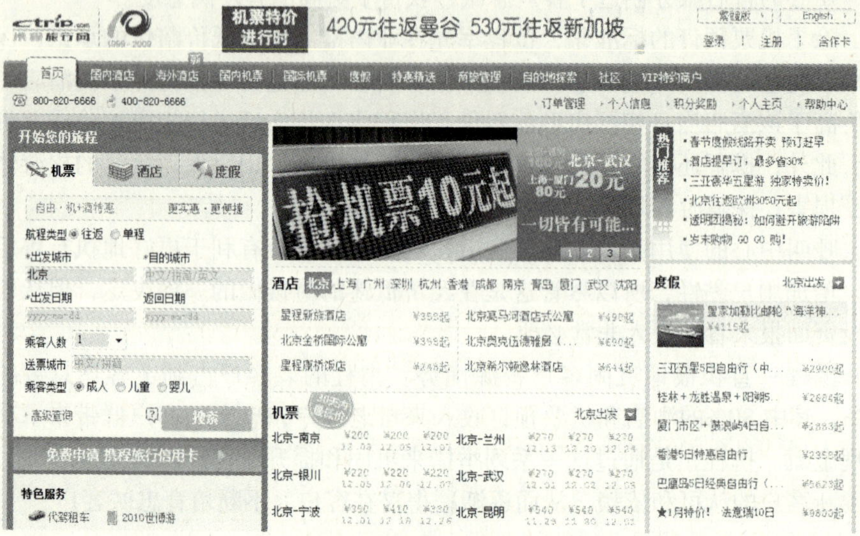

图 1　携程旅行网首页

携程旅行网对酒店预订的界面做出了人性化调整，增加了行政区和商业区的选择条件，使得旅客无论是在熟悉或者陌生的城市，都可以很快预订到适合出行的酒店。同时，携程还根据游览需求的差异化，增加了度假型酒店的选项，帮助度假游客快速筛选合适酒店，同时以城市选择器代替自由输入和热点城市选择。在酒店查询结果页面，携程将酒店全部房型调整在了当前页显示，避免了层层链接的困扰，同时在查询结果中显示综合评分，作为游客预订的参考。

2009 年 1 月 22 日，全新改版的携程旅行网的酒店频道上线，特别强化了酒店搜索、信息查询等功能，可以为客户提供更为人性化的使用体验。见图 2。新版酒店频道增加了"按景区查询酒店"、"地理分区查询"、"多级别城市查询"等众多功能；并在现有的"酒店价格"、"星级"和"推荐酒店"的三种排序方式之外，还新增加了按"入住客人评分"高低进行排序的功能，有效实现了网站与客户之间的互动。同时，新版酒店频道为客人提供了更为丰富的酒店信息，新增了"按酒店设施"、"地区"及"地标"等筛选条件。在强化搜索功能和丰富酒店信息的同时，携程酒店频道还在人性化方面有大幅提升，新版酒店

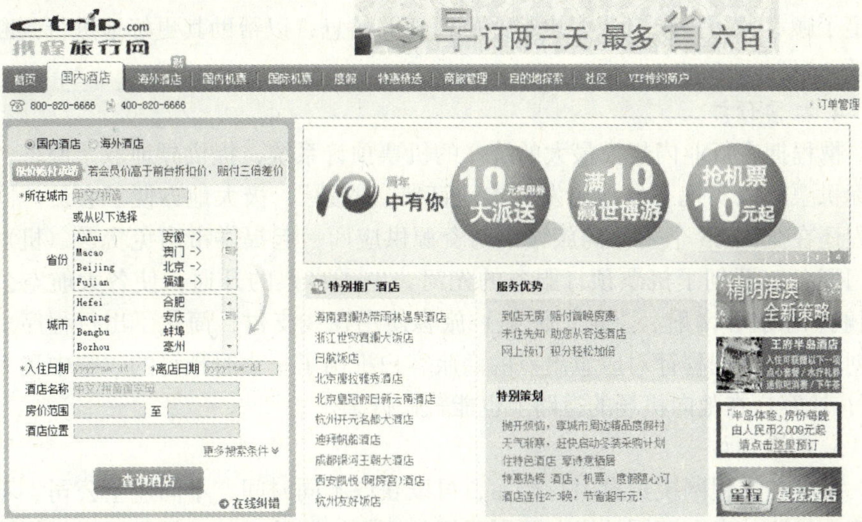

图 2 携程旅行网国内酒店专栏

频道在页面中特别增加了“浏览历史”功能，按浏览时间保留客人最近浏览的酒店。此外，新的酒店频道也更加美观、酒店图片数量更为丰富，友好性和实用性较此前有了较大提高。酒店频道的改版，是在反复调研客户使用感受的基础上开展的，每一个细微的变化都是为了增强客户的良好体验。美中不足的是，游客进入预订页面很难退出，否则必须重新输入信息，造成了不必要的麻烦。

2. 呼叫中心服务

对客户而言，时间是最宝贵的，携程呼叫中心主要从接通电话时间、缩短电话时长、及时反馈信息三方面提高效率。作为亚洲旅游业领先的呼叫中心，携程呼叫中心专业坐席数量超过 3000 个，客流量超过 10 万人次。虽然业务量巨大，但是携程通过六西格玛管理把客人打给呼叫中心电话的等待时间控制在国际通行的 20 秒以内，其 20 秒接通率高达 95%。另外，携程缩短了每次电话时长，大大提高了服务效率，将每次电话控制在 150~200 秒。并且保证在客户下完订单后 10 分钟之内及时确认，高效高质地完成每个环节。

3. 酒店预订

调查显示，除了酒店价格、位置以外的影响消费者选择的一个决定因素是酒店的视觉效果，28%的人都将酒店外观图片列为“非常重要”的因素。对消费者而言，有些人非常关注酒店所提供房间的卫生间情况，有些人关注床铺，而有些人关注酒店的配套餐厅等，但依靠电话是没有办法让消费者感受酒店的实体形象的。针对侧重点各异的消费者群体，携程提供的“酒店 360°全景”满足了顾客这一需求，让客户掌握更精确的信息，以帮助其更好地进行判断和选择。

4. 机票预订

携程拥有行业内规模最大的统一的机票预订系统，提供异地取票服务，其国际机票可以实现“异地出发，本地订票、取票”，极大地方便了会员。同时携程还在全国 43 个主要商旅城市与资源供应商一起提供市内免费送（机）票上门服务，开创了机票预订服务的先河。电子客票的开通，使各大航空公司（国航、东航、南航、上航、海航）旅客使用在线支付，简化了出行程序。更为创新的是，携程针对应急出差的商旅客户推出了一小时预订的“空中飞人通道”，让客户在驰向机场的道路上也能轻松订票。

5. 度假预订

游客在携程网挑选自由行产品，可以获取不同时间、不同航空公司、不同机型的航班信息和不同地段、不同星级的酒店。除此之外，携程还提供便捷的附加服务，如自由行 pass、接送机服务、门票预订、一日游等。确定度假产品后，游客可以在携程的目的地指南中方便地找到目的地的各类资讯。游客出行时，携程也同样提供诸如东南亚 24 小时中文服务、海外团队游标准承诺、自然灾害旅游体验保障承诺等独特服务以保证旅游体验。

6. 接触过程服务

（1）会员卡。携程在各大机场、酒店派发携程普通会员卡，消费者也可以通过网上注册成为携程会员。未经注册的游客在预订机票或酒店时，只要输入手机号即可成功订购，随后会收到确认信息。手机与卡号的结合，解决了客户网上注册的程序，也免除了客户记住卡号的麻烦，这一举措给客户带来了极大的方便。同时，系统还会根据顾客一年内累积基本积分和信用记录的情况，综合评定其会员级别。其升级标准如下：

金牌贵宾：一年内基本积分累积达到 2000，信用记录良好；

白金贵宾：一年内基本积分累积达到 8000，信用记录良好；

钻石贵宾：一年内基本积分累积达到 20000，信用记录良好。

携程同时推出 2000 积分换金色 VIP 贵宾卡活动，主要用于特约商户打折商品，对于商旅客户来说非常适用。公司对客户进行分级，在处理突发事件时，对级别高的客户给予的回应和保障更加及时全面。

（2）度假体验厅。携程在北京首都机场设有“方正——携程度假体验厅”，整个服务区采用“一站式”空间设计，全天 12 小时开放，并且有专职人员现场维护，为旅客提供了周到全面的服务。这一便民措施覆盖到上海、济南、青岛、南京、杭州等全国多个大中城市，为辗转各地的百万乘客提供便利。

“方正——携程度假体验厅”的推出，极大地便利了候机乘客，使用者更是络绎不绝。体验厅设立之初，是基于商务人士对机场上网需求的考虑，方便乘客及时了解最新资讯以及紧急工作的处理。

尝试体验中心服务的客人本身就是对携程或对度假产品有兴趣的潜在客户，邀请他们上网体验预订服务，有利于客户更直观地了解携程的产品，迅速获取海量的度假信息、目的地信息、产品特点等，极大地方便了消费者预订。

（二）售后服务

1. 回访调查

电话回访不仅是客户满意度调查的有效形式，也是携程主动服务的形式之一。除此之外，携程还有许多服务上的“主动”举措，如360°全景酒店、城市电子地图、信息丰富且检索方便快捷的机票搜索页面的推出等。

以中国消费者目前的消费习惯，大多在线旅游的用户仍然依赖能够提供“人对人”服务的 Call Center。携程在 Call Center 上下了苦功，除 CTI 计算机电话综合运用等先进技术保障外，携程提供了多项人性化的服务形式。携程长期组织 Call Center 话务员进行目的地知识培训，在客户预订的同时，主动为客户提供目的地信息。为了避免给用户带来不必要的麻烦，携程对回访电话有严格的控制，平均每个电话限制在 3 分钟以内，整个过程进行电话录音监控，相关标准超过 30 条。携程定期主动邀请的“神秘顾客”，也会随时对携程的服务进行反馈。

2. 携程社区

携程社区频道是人气极高的自助旅游休闲社区，包括游记攻略、有问必答、结伴同游、照片分享、自助线路、携程网友会、七嘴八舌等核心栏目。携程会员可以在此记录自己的旅游经历、提出问题、互相交流旅游信息、自驾游或组织结伴出游，并对酒店、景点、餐馆娱乐场所进行评价等。如图 3 所示。

2009 年 9 月 17 日，人人网宣布即将与同属千橡互动集团下的另一 SNS 网站开心网进行互联互通。实现互联互通后，所有人人网注册用户，均可直接登录使用开心网，免去了重复注册、重复登录的步骤，可直接使用两网为用户量身订制的各种个性化会员服务。实现互联互通的主要目的是将人人网、开心网两个网站的边界打通，实现一个账号两站通行的服务目标。人人网与开心网的互联互通在为用户提供更超值 SNS 体验的同时，与更多垂直领域优秀网站互联互通，在符合用户寻求更佳互联网体验的愿望基础上，也将引领互联网不断融

图 3 携程旅行网社区专栏

合的发展趋势。

鉴于此，携程可以考虑和人人网以及开心网等拥有强大用户群体的网站进行合作，达到网络互通，利用积分（例如人人网的会员可以用自己在人人网的积分换取携程的优惠券）或者朋友间赠送积分或礼物（例如携程的会员可以积累积分然后换取人人网或开心网的某些特殊会员可以享受的权利）等方式可以使人人网和开心网的会员同时也成为携程的会员，最终实现稳定消费群体的目的。

（三）客户管理：用理性思维处理感性服务

携程的核心竞争力是用技术去大规模地制造优质服务。具体措施可以被复制，但是携程的核心理念、品牌优势、精诚服务和潜在标准是不可复制的，自信来源于携程用制造业理念来运作的客户管理系统。

CTRIP 的核心理念概括为 C（Customer，客户）、T（Teamwork，团队）、R（Respect，敬业）、I（Integrity，诚信）、P（Partner，伙伴），其中客户排在了首位，携程希望通过最理性的差错分析、流程改造、员工培训处理最感性的服务。携程把每一个服务环节标准化、流程化之后，借助计算机进行量化指标的考核，制订全方位的服务规范，同时还建立了一套精确的测量和考评体系。考虑到客户的时间紧张，工作人员尽量用词简洁，不可多说一个字，但也不能少提一个问题，避免因疏忽造成客户不必要的损失。

携程网不会盲目尝试新技术，而是要考虑整体效果，科学地追求完美的服务。携程对每道工序、每个细节进行理性解剖，获得了高度的客户忠诚度。携程曾有过很多创新，例如与基于酒店预订的软件系统、基于客户服务的会员卡、基于保证客户量的外部合作策略等，但这类创新很容易被模仿，服务是没有专利的，携程不能阻止他人的学习，所以携程也在不断地寻求创新。携程依靠传统的网络、会员卡、呼叫中心管理客户，同时也将部分重点投向了电子客票这个新业务，预订者登录携程网或拨打服务热线，即可预订所需的电子客票，电子客票的业务量如今在不断攀升。携程在为客户提供便利的同时，也在不断捕捉新的盈利点。

传统制造业建立和客户间的良好关系，通过建立客户档案、记录客户购买习惯和个人偏好等客户信息，为日后的产品策略、促销策略积攒素材。比如品牌化妆品店针对女性爱美的特性，对每一位上门的客户做肤质分析，并推荐最合适的产品，并将此类信息及时记录，为高端消费群定制产品、服务，再配以会员积分活动和节日促销活动，不断提高客户的忠诚度和依赖度。精准的服务、足够的重视、量身打造的独有产品，赢得了品牌忠诚与企业利润，对于服务企业而言，优质的客户管理服务更是企业得以持续发展的有力保障。

四、服务质量管理目标化

服务质量是指服务能够满足规定和潜在需求的特征和特性的总和，是指服务工作能够满足被服务者需求的程度。是企业为使目标顾客满意而提供的最低服务水平，也是企业保持这一预定服务水平的连贯性程度。

（一）服务质量评价制造化

服务规模化是携程旅行网的核心优势之一。规模化的前提就是标准化，企业若是要达到服务标准化，就要先制订出一套科学先进的评价体系。比如衡量销售部不能只参照销售业绩，而更要注重人才培养，综合衡量业绩与客户评价。但也不能完全把客户评价作为参考依据，客户的评价往往受到多种因素影响，客观事实、价格因素、供应商信息都会影响到客户满意度评价。

携程采用了平衡计分卡的评价方法，分四个维度：客户、财务、流程与效率、学习和成长，四个维度相互制衡。此平衡计分卡把客户的感受分解成N个部门都要分担的因素，采用多个量化指标考核服务质量，每个服务的环节都有监测点，每个点都有特定标准。以呼叫中心为例，携程的呼叫中心有严格的考核标准，定期统计“满意接通率”，其考核指标细致到用户等待时间、查询到酒店信息的时间、得到预订确认的时间，以及能否提供酒店最新信息、能否满足用户的特殊需要等。携程的一线服务人员每周要接受34项定性定量的评估：每个接进来的电话都有分类的标准处理流程供参考；订单回复速度有专人监控；订单完成时间由专人统计并改进；每个用户的电话都有录音储存在资料库中，供考核和查询。

（二）服务质量控制制造化

服务业企业所提供的服务就像是制造业企业所提供的产品，具有产品的一切特征，也包括售前、售中、售后对产品的定位，为了能够保障消费者对产品满意，携程在服务质量的控制上下了不少的工夫。

携程在产品推出之前就对其有一个市场定位——向消费者提供最有保障的产品。在产品研发与生产的过程中，利用计算机引导流程的系统化，同时借鉴制造业的流水线做法，将每个业务类别都切分成很多环节，由不同的小组分工合作。标准化的指标，“模具”式的流程生产，保证了服务品质的稳定，同时也给产品的丰富性、选择的个性化提供了更大的可能性。在售后过程中，携程也具有一套标准化的“度量”客户的数据库，储存有上百万会员客户的个人资料、消费模式、消费偏好。这个数据库除了为客户提供全程跟踪的个性化服务之外，还可以对业务进行数据统计、信息归纳、规律提炼以及商业判断方面的支持。

携程善于“用制造业的标准来做服务行业”。看来杂乱无章、没有规律、主要倚重个人服务技巧的旅行服务，携程将其变为分段操作，对其采取标准化流程管理的运作。清一色的殷勤服务，背后可能是20个可量化的服务环节，在严格而明细的指标下，携程将其服务产品的合格率控制在了99.9%以上的水平。

以人为载体的服务，永远不可能像制造业一样如此精确地制造产品，发生在不同时间、不同地点以及不同人身上的服务一定是有波动的。六西格玛就是携程用来观察细微缺陷的“显微镜”，这种致力于将产品的缺陷降低到百万分之一级别的管理工具，是携程能够“大规模生产”高品质产品的关键因素。因此，携程对服务产品的品质管理已经超越了基于管理人员的经验与本能的层面，而开始利用这种源于制造业的具有强大分析能力的工具，将企业的管理精度和品质的稳定性推向极致。

（三）服务质量满意度制造化

服务质量制造化的最终目的就是保证顾客满意。在满足以上两个前提下，携程下一步就是实现客户满意度。携程的客户管理系统包含了所有曾经消费过的顾客档案，记录了顾客基本信息、出行喜好、消费积分，并以多种组合方式提供便捷有序的服务。据统计，一般旅行社的客户满意度大约是 70%~80%，而携程做到了 98%~99%。

客户满意为导向的企业文化是携程基业常青的基础。携程要有更大的发展，做中国旅游行业的龙头，需要展现出充实饱满的企业文化，以企业文化作为企业快速成长的催化剂，用成熟的文化氛围来培养、激励、发展员工。与许多旅游同业过于重视短期利益不同，携程始终把客户的利益放在第一位。2006 年春节，香港迪斯尼发生拒客风波，携程向预订携程香港迪斯尼春节度假产品的游客做出承诺，而未能入园的客人，退回所有费用，携程是内地第一家全额退付旅游款的旅行服务公司。

携程优质的服务带来了良好的口碑。携程相当一部分潜在客户是受口碑营销而最终成为携程客户的，老客户之所以愿意推荐携程，源于大量使用携程的服务并感到满意，从而对携程的品牌产生偏好。可见，优质的服务是携程品牌得以树立的关键因素。

五、服务组织机构科学化

携程旅行网的组织机构分为技术部、销售部、公关部、财务部、客户服务部、人力资源部、境外合作部、酒店业务部、度假产品部等部门。组织机构的设置充分考虑了服务业的特点，创造了一个以客户为中心的网络型组织机构。

传统企业的组织机构是金字塔形，层级按照职务分配，隔级间沟通不畅，平级间合作不够，致使客户的信息反馈滞后，难以保证服务质量。携程采取扁平式组织机构，相较于金字塔式管理模式更为灵活，更有利于整合技术优势、人力优势、资源优势。携程的组织机构图见图 4。这种网络型的组织机构有其优点，但也对各个部门的协调合作能力提出了挑战。要使这种以客户为中心的服务体系有效运转，必须建立一套高效的协调、约束和考核机制。针对这一问题，携程利用互联网建立了一套强大、有效的管理和协调机制，使得各个部门能够做到紧密无缝的合作，围绕“为客户创造价值”的共同目标而工作。

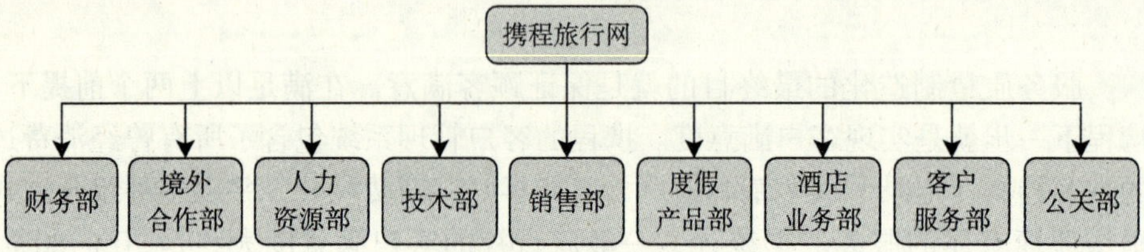

图 4　携程旅行网组织机构图

(一) 考核和激励机制量化

为了保证服务质量，携程要实现对所有的部门进行全方位的监管，这就需要一套考核和奖励机制。监管部门利用互联网建立了一套强大的考核和激励机制，这套机制不同于传统企业的由经理主持自上而下的考核机制，而是由客户开始自下而上地进行考核。携程服务顾问的业绩来源于客户满意度，专家的业绩是由其提供咨询服务的数量和质量决定，中层经理的业绩由其手下的服务顾问的业绩决定。

客户服务部的评价体系就是这种考核机制的典型。客人完成预订后可以在“客户服务”栏目中对该张订单的效率、态度、正确性评分，并提出个人意见。系统自动将其按时间段归类总结，并按照一定的程序对每个客户服务人员作出工作评价、改进意见和奖罚建议。

业务部门的绩效考核相对容易量化，也相对简单，但职能部门的人员考核则要具体情况具体对待。比如携程的人力资源部门针对招聘主管的考核，指标有两个：一个是数据量化指标，另外一个是 360° 考核指标。

(二) 监管部门

携程的管理团队在资源合作、管理技能、业务经验上的完美组合和紧密合作保证了公司稳健的发展。历经一系列的兼并重组，携程的中级管理层空前壮大，成为携程各项业务运营的支柱。携程中层经理的作用和传统公司不同，传统企业的中层经理所起的信息传递工作在携程由网络来完成，而携程中层经理的主要职责是评选和培养人才。

从功能上来说，作为公司的独立部门，监管部门的管理对象不仅仅是市场部、研发部、销售部和财务部几个部门，而是从公司总体层面上进行监管，具有统一的绩效考核标准，也就使得它既有足够的权力和力度，又确保了考核的公平公正。

(三) 人力资源管理

从 1999 年作为一种新型企业出现，到如今的纳斯达克上市公司，从一开始季琦、沈南鹏、范敏和梁建章的四人团队创业，到如今拥有 5000 多名员工的庞大企业，一路走来，越来越多的人认同携程，也有越来越多的人愿意成为携程的员工。

1. 胜任力模型和 360°评价

胜任力模型是从组织战略发展的需要出发，以强化竞争力，提高实际业绩为目标的一种独特的人力资源管理的思维方式、工作方法和操作流程。

360°评价是指通过员工自己、上司、同事、下属、顾客等不同主体来了解其工作绩效，通过评论知晓各方面的意见，综合评价员工的综合素质。

与其他企业不同的是，携程有一套自己独特的胜任力模型和 360°评价模式。2004 年，携程引入胜任力思想，经过自主开发后形成了现有的胜任力模型。该模型把提取出的 30 多项具体的共性的能力要求分成专业技能、决策分析、沟通、敬业和诚信、团队合作、领导和管理六大类。在每一类下分解出详细的胜任能力要求及对各等级的要求，形成了胜任力辞典，并以这些能力项目来指导人力资源管理工作的各个模块。

由于使用单一指标来简单评价员工并发放绩效的模式太过片面，所以携程创新了一套 360°评价体系，评价维度有：主管评价、自评、同事评价和下属评价，根据不同维度的评分加权平均得出该项分值。从多种角度去评判一名员工的胜任能力，可以弥补传统由直接主管考评方式产生的近因效应、晕轮效应、主观偏见等带来的考评误差，并且作为胜任力管理的重要工具之一。

而且，为了提高评估效率，并保证 360°评价的持续性，携程还自己研发了 360°评价软件，使得烦琐的统计工作变得高效，同时也使得 360°评价的持续性得到了保证。

2. 薪酬和绩效评价

携程在胜任力模型和绩效管理的基础上，形成了基于职级和能力的工资体系，而非基于岗位的工资体系。在此模式中，员工薪资 = 基本工资 + 绩效工

资 + 期权。期权让员工能够直接分享公司高速发展的成果，可以最大限度地保留员工并激励员工不断提高自身能力。

传统的人力资源管理以员工的绩效水平来作为对其人力资源管理的基础。而携程选择了关注胜任力，这代表了员工的潜在能力；关注行为过程，它预示了未来员工的能力和绩效。

除了胜任力和360°评价以及期权激励外，携程还引入先进的人力资源管理工具并适时地推出一些重大的管理举措和制度，比如采用平衡计分卡综合考量公司和部门的绩效。

3. 多通道职业发展

携程在员工的职业发展中提供了多种通道。首先，采用职位与职级相对分离的模式，即担任同样职位的员工可能职级不同，职级相同的员工可能会有职位上的上下级关系。相对而言职位比较固定，体现其岗位职责和工作内容；而职级更多的是体现任职者的胜任力水平。员工的职级分为十多级，在职位没有提升情况下，其职级也会不断地上升，公司对其能力的认可和薪资待遇也会提高。当员工不适合原岗位工作，员工可以自主应聘、调动到更合适的岗位，展开更为广阔的职业发展通路。

在提供职业发展通道的同时，辅以完善的培训机制和内部导师制度，特别是“自身培养为主、外聘为辅”的招聘政策，为员工提供更多提高和发挥自身能力、提高职业水平的机会。携程根据胜任力模型开发了一套培训课程，每一门课程都是围绕提高员工胜任力而开设的。

在这样的氛围下，携程形成了一套“专注—严谨—纯真—激情”的企业文化，如文化奖事例分享、年会和运动会等大型员工活动、公司内刊专栏等，公司企业文化成为全体员工共同恪守的价值观和行为规范，从而保证了其基于胜任力的人力资源管理体系的顺利运行。

在制造业中，产品进行低成本复制的最简单的工具莫过于“模具”。携程也有自己的“模具”，那就是详尽的服务流程指导。但是，携程把优质服务制造化，必然会导致员工失去工作的挑战感，枯燥、一成不变、机器式的工作需要别的激励措施来提高员工的满意度与工作效率。

六、服务管理知识化

随着知识经济时代的到来，信息流动的速度和广度以及由此产生的整个社会运作的速度越来越快，知识和时间已经成为新经济时代最重要的资源，知识管理已成为企业组织的基础管理工作，它渗透到组织的各种业务活动中，成为企业组织生存和发展的重要条件之一。知识管理是指以信息技术为依托，实现一个组织所拥有的和所能接触的知识资源的识别、获取、共享和评价，从而提高组织的应变能力和创新能力，使组织持续保持竞争优势的一种管理模式。

作为将服务业制造化的携程，是为了保证对客户服务的一贯性，把其服务管理纳入知识化管理的范畴，不是简单的流程管理，而是从制造化转入知识化，提高质量的一致性。

（一）服务信息化

服务信息化作为转变服务方式、提升服务效能、创新突破发展的一种高站位、高起点、高标准的适应消费者需求的信息化服务平台，在更好地为客户提供高质量的服务方面有着至关重要的作用。携程构建了富有效率、充满活力、彰显人性化特色的信息平台，为服务就业开辟了更加畅通的服务通道，实现了服务的新发展、新跨越。

为了贯彻以客户为中心的服务理念，携程通过信息网络平台的运行，形成了上下贯通、拓展延伸、高效快捷、统一规范的信息服务体系。在此主要强调通过整合企业范围内服务资源，将企业内相对独立、相对封闭的服务资源利用社区信息化转化为开放统一的企业服务；利用服务信息网络打破企业服务的时空限制，使企业内外简单，快捷、方便地获得服务信息与帮助。比如携程可以建立旅游业完善的知识体系，将其服务信息化，将网站信息变换为专家服务，让消费者自主组合内容，变被动为主动，增强和完善客户的自助服务能力，以弥补服务业先天的缺陷——不能100%地服务到每一个顾客。还有客户社区，用户可以在上面交流一些对携程的看法，以及自己的身心体会等，这些做法也就体现着一种把服务信息化，使得客户受惠。同时还可以通过社区网络网站（SNS），比如人人网、开心网，把携程自己的服务信息更多地传播给其他的消费者。

（二）网络化服务

网络化服务既指利用网络技术建立的一整套完善的服务体系，又指以客户为中心的网络型组织结构。网格是构筑在互联网上的一组新兴技术，它利用计算机网络将分布广泛的计算机资源、存储资源、网络资源、软件资源、信息和知识资源等融为一体，作为一台超级计算机，为用户提供一体化的信息应用服务。携程一直将技术视为企业的活力源泉，在提升研发能力方面不遗余力，投入了大量资金逐步建立完善的网络。在网站进入渠道的宽度上，网站采用了与多家大型门户网站联盟，提高在各大搜索引擎上的排名、激励会员主动宣传、向会员定期发送信件，在门户网站上刊登广告的方式，大大地拓宽了消费者进入网站的渠道；在网站深度上，网站建立了大型的数据库、预订中心的技术设施和旅游景点介绍，开展社区活动等方式，加深网站的内容、服务项目与质量。携程将其网站综合定义为四种角色，即一站（携程网站，Crip.com 就是 Chinese Trip）、一社（虚拟的网上旅行社）、一区（旅行社区为用户发表点评、相互交流提供场所）、一部（网友俱乐部），从而在此基础上建立起携程颇具特色的 3C 旅游网站模式。携程旅行网已经是一家集酒店预订、机票预订、度假预订、商旅管理、特惠商户及旅游资讯为一体的综合性旅行服务公司，可为客人提供一站式的旅行服务。

携程公司就是利用互联网建立了一套强大、有效的管理和协调机制，使得各个部门能够做到紧密无缝地合作，建立一整套现代化服务系统，包括客户管理系统、房量管理系统、呼叫排队系统、订单处理系统、机票预订系统、服务质量监控系统等。

（三）服务价值链

所谓的服务价值链是指企业通过基本服务活动和辅助服务活动创造价值的动态过程，形成一条循环作用的闭合链。

携程建立了一套完善的价值链，体现了以顾客为导向的经营理念，表明了内部服务品质、员工满意度、员工忠诚度、员工生产力、为顾客创造价值、顾客满意度、顾客忠诚度对企业创造价值的直接影响及与企业盈利和成长之间的相互关系，同时也反映出企业的服务环境、企业文化、人力资源、经营管理对企业创造价值的支持关系，这为有效整合服务价值链、通过提高服务质量创造更多价值、提升企业核心竞争力、促进企业成长指明了方向。携程经过严格的筛选招聘员工，进行严格的入职培训，并对每个员工进行一对一的职业规划，使每个员工更加清晰地看到自己的职业前景，使其有较高的满意度，这样才能更好地为客户创造良好的服务；建立一切以客户为中心的服务理念，注重提高服务质量，将服务创新做到最好，使顾客的满意度得到提高；以团队间紧密无缝的合作机制，以一丝不苟的敬业精神、真实诚信的合作理念，创造“多赢”伙伴式合作体系，从而共同创造最大价值。

服务价值链是由一系列的环节所组成，这些环节存在着一定的相关关系，能够有效地把交互性、工具性、体验性变成服务环节当中的价值链。携程把一个简单的服务分成很多的环节，然后把每一个环节做到极致，做到最精细，使这些环节形成一个非常好的联动，形成一个有机的整体，真正为顾客创造价值，提供超值服务，保留客户，提升企业发展的潜力。

从携程的服务价值链可以得到一些启示：

(1) 企业服务价值链是由一系列环节所组成的，这些环节存在着一定的相关关系。只有将各环节“链”起来形成一个有机整体，才能真正地为顾客创造价值，提供超值服务，创造和保持顾客，促进企业的发展。

(2) 一个企业要想在服务价值链上处于有利的地位，必须培育和形成自己整体的核心优势。企业在其中一个或几个环节中表现优秀并不困难，但要在所有环节中表现优秀并形成“链”，进而有效转动，则是一项长期而艰辛的“工程”，它不仅需要专业能力，还需要整合能力。

(3) 服务价值链上的关键环节是顾客的满意和忠诚，而让顾客满意和忠诚的关键在于员工满意和忠诚。因此，建塑“以人为本、服务创新”的营销理念，建立一支以顾客为导向、以服务为理念的员工队伍是打造出色服务价值链的基础。

(4) 服务价值链在通过其基本环节创造价值的过程中，还必须依赖于那些辅助环节，通过改善经营环境、提升服务理念、塑造服务文化、加强经营管理等，可以大大促进企业的价值创造。

(四) 全面价值管理

携程一再强调以客户为中心，为消费者提供高质量的服务，来增强整个企业的全面质量管理，并由之提升到全面价值管理。全面价值管理（Total Value Management，TVM）最早应用于制造业，具体是指应用于生产经营中的一套完整的思想理论与技术方法体系，包括基于企业价值链和价值分析法的企业产品价值管理，基于顾客价值链的顾客价值管理，以及基于SA8000标准的企业社会价值管理。以企业产品（服务）价值管理为基础，以顾客价值创造为手段，以企业社会价值提升与可持续发展为理念，以建立价值创造型企业为目标，谋求企业价值最大化创造的管理模式。

携程作为服务类的行业，在其管理模式上，也逐步向全面价值管理转变。携程始终把对客户的服务质量放在第一位，着重以高质量的服务来满足客户的要求，以企业价值最大化为最终目标，以顾客价值创造为核心，重视提高顾客忠诚度；通过发放会员卡等方式，积聚大量的客户群，形成了高效的规模经济，以较低的成本、较高的服务价值含量获得高的经济效益。同时，携程注重回馈社会，在价值创造过程中，兼顾了社会责任，讲求社会效益，坚持以人为本，例如 2006 年 6 月，在全国 14 所大学设立携程阳光助学金等。

由携程的成功可以看到，只有提高顾客价值，企业才能赢得顾客的认可，从而实现企业的服务价值，也才能推动企业的全面进步，增强企业社会价值，从而谋求更高的顾客价值；只有提高企业社会价值才能更好地得到社会的认可，使企业在更有利于自己生存的环境中发展，从而实现并强化企业服务价值。

同时也可以看出携程以客户的需求为核心营销理念，通过客户需求分析开发出符合客户需求的服务产品，然后通过正确的营销策略和营销行为将其服务产品传达给目标客户，再借助其优质的服务质量和强大的资源优势赢得了客户的满意度和忠诚度，从而与客户建立了长期稳定的关系，使自己与同类网站区别开来，形成了独特的竞争优势，成为旅游服务类网站中的领先者。对于更多适合携程或携程自身创造的更好的模式还有待继续探讨。

七、人力资源管理规范化

携程将网络技术和传统旅行服务进行了完美结合。携程呼叫中心拥有专业坐席数量超过 3000 个，包括 24 小时全天候预订、咨询服务、On-Site、专人服务小组、商旅呼叫中心、Online 预订等多种灵活服务模式，覆盖了酒店预订、机票预订、度假预订、商旅预订、客户服务等，每天为超过 10 万人次的出行提供即时、便捷的预订服务。呼叫中心是携程的重要组成部分，每天接待的客户数不胜数，新老顾客都需要通过这个平台才能实现消费，而携程的标准化典型地体现在这个方面。

（一）人员培训

携程有专门的培训部门，主要负责针对员工胜任力培训以及管理干部层的培训。与此同时，各个部门也都有自己的培训人员，主要针对各个部门员工业务方面的培训。携程的所有中层以上干部都要尝试讲课，公司挑选出较为优秀的人物对话员，培养成为公司的内部讲师，组成了公司的内部讲师队伍。携程每年还会从外部聘请一些专家，成为公司的外聘讲师。内部与外聘的结合互补，充分利用各种资源，完善公司的培训体系。对于中高层人员的培训，公司也有自己的独特之处，在对于中层的考评中有一项学习成长指标，规定周期培训时间。这项指标不只针对个人，更针对整个部门，个人成绩与部门成绩相结合，从而督促中层人员乃至整个部门的学习。而高层的培训，公司更强调自我学习，常以座谈会、读书会等形式完成对高层的培训。

（二）员工服务语音

呼叫中心员工与顾客就是通过语言进行沟通，服务人员的语言标准严重影响着携程的服务水平。如果员工的普通话不标准，就会降低服务效率，也会影响客户的消费心情，另外，服务人员要将一些专业知识语言以顾客追求的利益诉求方式传递给顾客，即将产品或服务的属性转化为功能或情感利益，这样可以使顾客更加明确地把握产品利益。

（三）员工服务态度

服务态度是服务人员对顾客的思想情感及其行为举止的综合表现，包括对顾客的主动热情程度、敬重和礼貌程度，服务态度是衡量服务质量的一项重要标准和内容。对服务人员态度标准的制订、实施和监督可能不像对语言和动作标准化那么容易可行，但一定要具备统一性、可追溯性和可检验性。除了培养亲和力、理解力与为客户着想的意识之外，携程还选出一些具有良好服务意识的“标杆”员工，对周围员工进行潜移默化的辐射。

呼叫中心里，每个员工面前都贴着服务理念的标语：“不让客户做重复的事”、“为客户做一切可能做到的事”、“让客户听到我们的微笑”、“让客户感觉我们个个是专家”和“全心全意地为客户着想”。携程要把呼叫中心制造化，就是把员工和客户通话的过程进行细分，通过制订严格的指标来控制不同的环节。其流程如图 5 所示。

对于每一个客户打进来的电话和回访打出去的电话，话务员都必须严格遵守以上的服务程序、服务态度和服务标准。

八、总　结

客户需求在变，竞争格局在变，商业环境在变，而以不变应万变的根本在

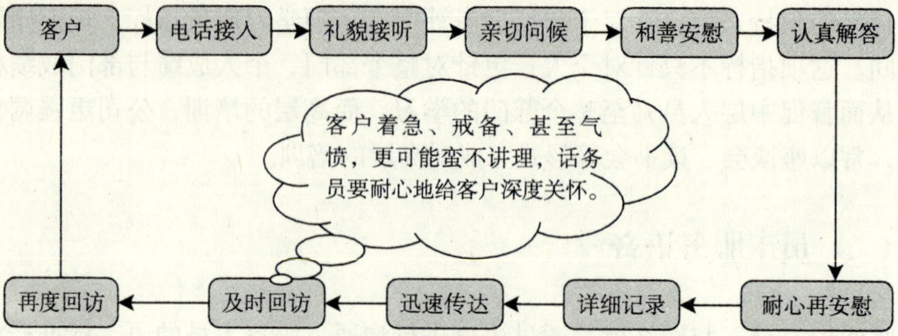

图5 呼叫中心业务流程

于专于品质，精于工作，热于服务。携程旅行网正是秉承“以客户为中心，以团队间紧密无缝的合作机制，以一丝不苟的敬业精神、真实诚信的合作理念，创造一套‘多赢’的伙伴式合作体系，从而共同创造最大的价值”的经营理念，才得以成为国内网络服务商巨头。

面对各种变化与技术的更迭，携程率先将制造业的做法引入到服务中，主要包括服务流程程序化、服务过程人性化、服务质量管理目标化、服务组织机构科学化、服务管理知识化、人力资源管理规范化。“服务业制造化”这一理念用于携程的成功之处在于：一是运用先进的网络资源和业内最大的呼叫中心，实行大规模集中化处理批量服务产品；二是开发客户管理系统、呼叫排队系统、订单处理系统、电子地图查询系统等强大技术，达到生产产品整个过程的程序化；三是打破传统小作坊模式，通过系统化规范，将整个运作过程进行合理分工，使操作流水化；四是对服务人员服务理念的强化，实现服务过程的标准化；五是洞察市场需求，积极开拓商旅管理服务、高端旅游市场。诸如此类“服务业制造化”的策略体现在携程为客记服务、经营管理的各个环节中，用理性的思维做足了感性的服务，具有事半功倍之效。

创新的理念与庞大的根基是携程得以成功的终极秘籍。对携程而言，只有不断维系忠诚客户，精诚服务；逐渐扩展主营业务，培育多元化产品体系；审时度势地创新经营模式，寻找新的结合点，采取“制造业服务化”策略巩固市场地位、渗入客户服务思想，才是立于不败之地的关键所在。而携程在“服务业制造化”方面所做出的各种尝试，也可以被其他服务企业复制，成为服务企业发展、壮大的坚实基础。

九、案例使用说明

（一）案例类型与教学目的

1. 案例类型

本案例属于综合性案例，可用于《旅游电子商务》、《旅游网络营销》等专题讨论。

2. 教学目的

本案例的学习，要求了解和掌握：

（1）服务业制造化的含义和包含的主要内容。

（2）服务业制造化对于旅游企业发展的意义所在。

（3）站在知识管理的高度，如何深化服务业的制造化，达到更好的成效。

（4）携程案例给其他旅游电子商务企业的启示。

（二）启发思考题

（1）“服务业制造化”思想的意义表现在几方面？

（2）携程在“制造化”方面还有哪些问题和不足？

（3）如何通过游客的监督强化和提升旅游企业的“制造化”？

（4）如何通过服务管理知识化进一步提升服务企业制造化的水平？

（三）案例分析路线

制造业服务化的发展趋势→服务业的特点及其对服务质量一致性的需求→提出服务业制造化的经营理念→阐述携程旅行网如何通过制造化的管理思想进行经营管理→总结服务业制造化对于旅游企业发展的意义。

（四）理论要点

（1）服务业的特点及其制造化的主要体现。

（2）制造化与程序化、人性化、目标化、知识化之间的关系。

（3）服务业制造化与制造业服务化之间的关联。

（五）参考资料

（1）张建：《梁建章带领“携程”走天下》，《经营者》，2007（7）。

（2）骆潇：《携程：带员工踏上快乐旅程》，《职业》，2006（9）。

（3）徐辉：《携程：引领“服务 2.0 时代”》，《经理人》，2007（5）：106~107。

（4）林涛：《携程的“第二程”》，《中国企业家》，2008（22）。

（5）马骏：《中银携程信用卡面世》，《中国信用卡》，2007（6S）。

（6）宋新宇：《最会“拷贝”的携程》，《中国电子商务》，2007（8）。

（7）《携程旅行网的服务创新与品牌塑造》，《电子商务》，2008（10）。

（8）许凤婷、刘扬、张沙茫：《新观念新行动——携程要做狼不做羊》，《商业时代》，2009（4），40~43。

（9）《携程旅行网的服务创新与品牌塑造》，E-BUSINESS JOURNAL，2008（10），50~53。

（10）苏醒：《携程：“制造”服务》，《21 世纪商业论坛》，2006（1）。

（11）《平衡计分卡》，http：//baike.baidu.com/view/74591.htm。

（12）http：//www.ctrip.com。

（13）黎冬梅、朱沆：《引起饭店商务旅客不满的服务接触研究——对携程网上北京酒店顾客评论的 CIT 分析》，《旅游科学》，2007（4）：46~51。

（14）孙衍林：《制造业服务化的分析及对策》，《江苏商论》，2009（5）：72~73。

（15）李珊：《携程的人力资源管理》，《管理 @ 人》，2007（5~6）：56~57。

（16）赵一婷、刘继国：《制造业服务化概念趋势及其启示》，《当代经济管理》，2008（7）：45~48。

（17）陈斌：《携程 HR 挖掘员工潜力关注人才成长》，《经理人》，2008（3）：46~51。

（18）张婕、兰丽丽、陈亚兰：《在线商务对旅游者决策的影响分析》，《现代商贸工业》，2008（8）：334~335。

（19）徐瑞朝：《携程电子商务模式组成要素分析》，《电子商务》，2007（1）：63~64。

（20）徐永、赵衍、范微：《携程旅行网案例 2007 年更新版》，《上海管理科学》，2008（1）：92~97。

(21) 林艾涛：《携程网传统业务遭遇挑战转战商旅服务市场贯通产业链》，《IT 时代周刊》，2009（2、5）：94~95。

(22) 赵宏宇、顾力刚：《制造业的服务化分析》，《市场经纬》，2008（5）：57~59。

(23) 曾锵：《制造流程与服务流程的比较研究》，《商业研究》，2005（1）：5~6。

(24) 吴敬琏：《促进制造业的服务化》，《高端视点》，2008（11）：16。

(25) 赵五州、张征：《浅谈服务标准化中的误区》，《专家视点》，2009（7）：46~48。

(26) 关华、殷敏：《旅游网站信息资源用户满意度实证研究——以携程旅行网为例》，《北京第二外国语学院学报（旅游版）》，2007（11）：64~68。

(27) 巴佳慧、周春林、王少峰：《携程旅行网赢利模式研究》，《江苏商论》，2009（2）：92~94。

(28) 刘乃英、李建平、郁鹏、金增祥：《仪器设备采购携程化管理探讨》，《实验室研究与探索》，2009（3）：154~155。